教育資格考試

專業科目建構反應素養導向
試題作答祕笈

吳明隆　著

五南圖書出版公司 印行

序

　　110 年起，教師資格考試考科配合教師五大素養，專業科目統整為「教育理念與實務」、「學習者發展與適性輔導」、「課程教學與評量」三大考科，三大考科各有對應的學科內容，各學科內容重視的是教育情境或學校場域的應用，此種變革與之前的差異很大。

　　對應於專業科目名稱調整，呼應十二年國教課綱的實施與教學評量的創新，教師資格考試題型稱為「素養導向試題」，素養導向的評量內涵有幾個特色：1. 題目為該學科重要的概念；2. 題目評量強調跨領域的統整學習；3. 題目結合教育情境或場域的應用；4. 重視考生的閱讀素養能力，題幹說明或解說字數變多。

　　跟之前題型相較之下，110 年起，專業科目素養導向試題題型包括三大類型：1. 四選一的選擇反應題項，每題有一個正確選項或最適選項；2. 建構反應題項（問答題），包括限制反應試題與擴展反應試題；3. 綜合題型，試題型態可能為選擇題、是非題或配合題，其中綜合題型為新增的試題類型。

　　《教師資格考試—專業科目建構反應素養導向試題作答祕笈》一書的內容主要聚焦於問答題及情境綜合題型的解析，包括作答時間的分配、作答紙空間的規劃、作答內容組織的編排、試題作答範例的觀摩、重要學科概念於教育場域的情境題等。此外，書籍內容提供的範例試題範疇很廣，包含教師資格考試學科重要的學理、學說及重要概念等。

　　本書提供的各個範例題目作答之「擬答參考」，並不一定為標準答案，也不是唯一正確無誤的作答內容，擬答參考只是提供讀者思考的一個參照點，或較佳的作答論述方向。閱讀書籍時，讀者應就各學科重要內容融會貫通，作答時將回應內容轉化統整，建構個人最合理、完整的產出資訊，論述更有創意與具體的內容，這是讀者在閱讀本書時要特別注意的一點或事項。

本書得以出版，要感謝五南及其編輯群的協助，尤其是副總編輯黃文瓊與李敏華編輯的聯繫與幫忙。由於作者所知有限，書中內容若有欠妥或繆誤之處，希望教育先進能加以指導，作爲日後修正之參考。

吳明隆 於高雄師範大學
112 年 12 月 15 日

目 錄

壹

教師資格考試變革

　　教育部在民國 109 年修正之《高級中等以下學校及幼兒園教師資格考試命題作業要點》第二點：資格考試分為幼兒園、特殊教育學校（班）、國民小學及中等學校四類科。第三點：各類科應試科目除國民小學類科為五科外，其餘類科為四科。國民小學類科五個考科為數學能力測驗、國語文能力測驗、教育理念與實務、學習者發展與適性輔導、課程教學與評量。中等學校類別四個考科為國語文能力測驗、教育理念與實務、學習者發展與適性輔導、課程教學與評量。

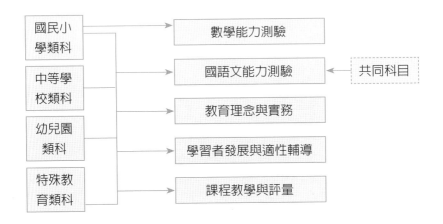

　　三個教育專業考科對應的師資職前教育修讀學科如下：

（一）教育理念與實務

　　主要包括學科：教育哲學、教育社會學、教育概論、學校行政、我國教育行政、教育政策與法規等。

（二）學習者發展與適性輔導

　　主要包括學科：教育心理學、班級經營、發展與輔導（兒童發展與輔導／青少年發展與輔導）等。

（三）課程教學與評量

　　主要包括學科：課程發展與設計、教學原理、學習評量等。

■■■ 考科素養指標

民國 109 年 11 月修正之《高級中等以下學校及幼兒園教師資格考試命題作業要點》（取自教育部網站）部分內容摘取如下：

二、資格考試分為幼兒園、特殊教育學校（班）、國民小學及中等學校四類科。

三、各類科應試科目除國民小學類科為五科外，其餘類科為四科，包括共同科目一科至二科及教育專業科目三科，應試科目名稱如下：

（三）國民小學類科

1. 共同科目：「國語文能力測驗」、「數學能力測驗」二科。

2. 教育專業科目：該類科包括「教育理念與實務」、「學習者發展與適性輔導」、「課程教學與評量」三科。

（四）中等學校類科

1. 共同科目：「國語文能力測驗」一科。

2. 教育專業科目：該類科包括「教育理念與實務」、「學習者發展與適性輔導」、「課程教學與評量」三科。

四、各科試題研發小組應依考試時間與應試科目之不同，訂定各科素養評量指標及題型，並配合課程改革、教育趨勢，將十二年國民基本教育課程綱要、教育政策及重大教育議題（包括精進學生學習成效政策、五育理念、品德教育、性別平等教育、人權教育、多元文化教育等）適時融入各科命題內涵與範圍。國語文能力測驗應同時兼顧本土作家、作品、文化等內容。題型為選擇題、非選擇題及綜合題（得包括選擇、是非、配合與問答題），各科題型及素養評量指標如下：

（一）國語文能力測驗

1. 題型：本考科題型分為選擇題、寫作及綜合題。

2. 素養評量指標

(1) 語文理解：包括語文知識與閱讀理解。

　　A.語文知識：a.字詞理解與運用分析、b.文化常識與應用文書。

　　B.閱讀理解：a.內容意旨、b.篇章結構與風格欣賞。

(2) 溝通表達：能以通順語句、適當結構，抒發主觀經驗並整合客觀資訊，以達成有效溝通。

（二）數學能力測驗

1. 題型：本考科題型分為選擇題、計算或證明題、問答題及綜合題。

2. 素養評量指標

(1) 普通數學

　　A.理解數學概念之意義及概念間連結。

　　B.運用合理方法與步驟執行數學程序。

　　C.應用數學知識來解決數學或生活中問題。

(2) 數學教材教法

　　A.理解國民小學數學課程內容及教材脈絡，並應用於數學教學。

　　B.理解國民小學學童數學概念之發展與迷思，並應用於數學教學。

　　C.理解國民小學數學教學策略與多元評量方法，並應用於數學教學。

（三）教育理念與實務

1. 題型：本考科題型分為選擇題、問答題及綜合題。

2. 素養評量指標〔只呈現中等學校類科及國民小學類科〕

(3) 中等學校類科／國民小學類科

　　A.了解主要教育思潮與理論之意義、規準、本質、

目的及功能，並應用於各級學校教育。

B. 了解並應用教育內外在社會環境與社會脈絡，包括巨觀、微觀二層面，如教育與社會公平、社會變遷、社會關係等。

C. 了解我國主要教育行政與教育制度、教育法規與教育政策、學校實務及教育改革趨勢，並應用於國民小學（/中等學校）教育情境。

D. 了解教師專業倫理與實踐之內涵，並應用於國民小學（/中等學校）。

（四）學習者發展與適性輔導

1. 題型：本考科題型分為選擇題、問答題及綜合題。

2. 素養評量指標〔只呈現中等學校類科及國民小學類科〕

(4) 中等學校類科（/國民小學類科）

A. 了解青少年（/兒童）身心發展理論、不同社經及文化背景之發展差異，以及認知或行為個別差異，並應用於教學與輔導。

B. 了解主要學習理論（包括學習策略）與動機理論，並應用於中等學校學生學習與輔導（/以促進國民小學學生學習）。

C. 辨識特殊需求學生之身心特質及鑑定歷程，並提供適切教育與支持。（/辨識特殊需求學生之身心特質與篩選，並提供適切支持與轉介。）

D. 應用（/了解）班級經營、正向支持的原理與方法，培養（/並應用於營造學生）自律與自治，促進親師生關係及營造友善學習環境。

E. 了解主要輔導理論與技巧、輔導機制與資源、輔導倫理與主要法規，並應用於協助學生適應與發展。

（五）課程教學與評量

1. 題型：本考科題型分爲選擇題、問答題及綜合題。

2. 素養評量指標〔只呈現中等學校類科及國民小學類科〕

（4）中等學校類科（／國民小學類科）：本指標中所指稱之「了解」與「應用」，涵蓋師資生之情境應用、高層次思考、反思修正等表現，包括下列五項：

A. 了解課程主要原理、課程發展與設計、課程評鑑之原則，以應用於中等學校（／國民小學）課程、教學及評量。

B. 考量社會變遷中之重要議題、課程政策與改革趨勢，以發展課程、教學及評量。

C. 了解教學之主要理論與模式，以設計、實施、改善中等學校（／國民小學）教學。

D. 了解多元教學方法與策略、學習科技與資源，以應用於中等學校（／國民小學）教學規劃與實踐（包括探究與實作）。

E. 了解與使用多元評量方法（包括使用科技），以檢視學習進展，促進學生自我成長，及指引與調整教學。

五、各應試科目以一百分爲滿分。命題如爲選擇題型者，應爲四選一之單選題，答錯不倒扣。

貳

素養導向試題特徵

教育專業科目三個考科：「教育理念與實務」、「學習者發展與適性輔導」、「課程教學與評量」之試題題型中，包括選擇題（占50分）、問答題（占30分）、綜合題（20分），選擇題為四選一的單選題，問答題及綜合題為非選擇題，必須在規定的作答紙上作答——非選擇題及綜合題答案卷。

十二年課綱強調自發、互動、共好精神，配合十二年課綱「核心素養」的培育與教學，學習評量方面強調「素養導向命題」，此種題目強調的是基本核心知識與能力的統整應用，及應用於教學情境中之問題解決知能。素養導向題目特徵有以下幾個：

1. 學科的重要內容或核心概念，不重視記憶與背誦。
2. 與教育情境或學校場域相結合，測量中高階層的認知能力。
3. 學科間跨領域的概念整合與應用——跨學科領域／統整知能。
4. 題幹敘述配合閱讀素養知能，有較長的情境敘述與背景說明，題目表述變長。
5. 學科重要內容或概念於教育場域或課室情境的實例應用。

下面以選擇題（均為四選一的單選題）為例說明：

（一）重要學理、概念試題舉例

範例題中為各學科的重要學理、概念、重要教育政策或教育法規等。

1. (C) 測驗評量中的常模參照測驗的信度估計有不同的估計方法，那一種的信度係數一般要配合斯布校正式（Spearman-Brown formulas）加以校正？
   (A) 複本信度　(B) 再測信度　(C) 折半信度　(D) 庫李信度
2. (A) 大腦皮質由左、右兩個半球組成，每個半球各有四個葉

（lobes），那個腦葉受損會喪失語言表達能力？

(A) 額葉　(B) 頂葉　(C) 顳葉　(D) 枕葉

3. (C) 主張「無上命令才具有道德意義，它是一個理性的人必須遵守的道德命令」之學者是誰？

(A) 杜威（J. Dewey）　(B) 洛克（J. Locke）　(C) 康德（I. Kant）

(D) 盧梭（J. J. Rousseau）

4. (D) 十二年課綱課程與教學及教育政策積極推展跨領域統整課程，就伯恩斯坦（B. Bernstein）課程論述而言，為那一種分類與架構？

(A) 強分類、強架構　(B) 強分類、弱架構　(C) 弱分類、強架構

(D) 弱分類、弱架構

5. (C) 根據《國家語言發展法》規定，下列那種語言非國家語言？

(A) 客家語　(B) 原住民族語　(C) 新住民語　(D) 閩南語

（二）重要學理或概念結合教育場域試題

1. (A) 在國中任教 40 年的陳老師退休後騎單車運動，途中被後方車輛追撞，出院回家後，家人發現陳老師似乎有語言障礙，無法明確或連續完整的以口語方式表達個人想要家人幫忙的事件，陳老師這種情況最有可能是下列那個大腦皮質區域受損？

(A) 額葉　(B) 頂葉　(C) 顳葉　(D) 枕葉

2. (A) 小明在下課時與同學跑到操場去玩耍，聽到上課鐘聲響起，急速跑回位於三樓的教室，由於剛下完大雨，樓梯間有點濕滑，小明不小心跌倒，頭撞到地板，學校護理師緊急通知 119 將小明送到醫院診治，小明住院前幾天，都無法明確或連續完整的以口語方式表達事件經過，此種情況小明最有可能是下列那個大腦皮質區域損傷？

(A) 額葉　(B) 頂葉　(C) 顳葉　(D) 枕葉

3. (A) 美雅學習加法方法後再學乘法，任課老師以連加的應用並配合實例說明，美雅很快就學會了，因美雅覺得二種問題情境非常類似，很容易理解。就美雅觀點而言，此種學習遷移情形稱何種遷移？

(A) 低路段遷移　(B) 中路段遷移　(C) 高路段遷移　(D) 逆向式遷移

4. (B) 小明的母親與小明班級林老師的親師溝通很好，熱心協助班級事務，小明母親對於小明在校表現都能掌握，也會協助指導小明功課及教其做人道理，因而小明在班級的表現非常好。根據心理學家布朗菲布列納（Bronfenbrenner）的生態系統論，這樣的生態情境屬於下列那一個？

(A) 微系統　(B) 中層系統　(C) 外層系統　(D) 大系統

5. (B) 九年一班小強看到小明爸爸買給他一台蘋果新手機，小強雖然很羨慕，但卻跟小明講，新手機很多功能你都用不上，價錢又貴，像我現在的手機就很好用，也比較便宜，實在沒有必要跟隨潮流走。從自我防衛機轉類型而言，小強是屬於那一種？

(A) 酸葡萄方式　(B) 甜檸檬方式　(C) 投射作用　(D) 否認作用

（三）融入情境之長試題描述

　　此種試題特徵為教育情境事件或案例說明文字較多，題目型態可能為題組（一般有二題選擇題），或綜合題型。

融入情境之長試題描述──題組

　　因為今天兩位值日生都請假，以致中午班級用完營養午餐後無人可以協助整理餐桶，老師詢問班級同學，誰願意代替請假的值日生幫忙整理餐桶。小鄉立刻舉手問老師幫忙整理餐桶是否可以得到什麼

獎勵？並表示如果沒有獎勵就不想幫忙整理餐桶了。接著小儒也舉手了，小儒表明自己願意幫忙整理餐桶，並說古人說過「正其誼不謀其利，明其道不計其功」，他說身為班級的一分子本來就應該要為班級服務。

根據上述情境，請回答以下問題：

1. (B) 小鄉的想法較趨近於以下那位學者？

(A) 洛克（John Locke）　(B)邊沁（Jeremy Bentham）　(C) 赫欽斯（R. M. Hutchins）　(D) 蒙特梭利（M. Montessori）

2. (C) 小儒的想法較趨近於以下那位學者？

(A) 彌爾（J. S. Mill）　(B) 亞里斯多德（Aristotle）　(C) 康德（Immanuel Kant）　(D) 杜威（John Dewey）

融入情境之長試題描述——題組

林老師為新近數學教師，新學年度學校分派其擔任七年三班級任教師，林老師運用職前教育所學之教師效能訓練學理於班級學生行為管教，當學生出現不當行為時甚少採用嚴厲責罵或處罰方式，而是採取「我的訊息」與學生對話，林老師堅信：「常被處罰之學生，不會在乎多一次的處罰；常被責備之學生，不會在乎多一次的責備。」當班級學生的不當行為影響或干擾教學活動進行，林老師希望問題解決時能是一種師生雙贏局面，教師介入處略為解決問題非製造衝突，加上林老師堅持友善班級氛圍營造的重要，因而班級師生關係非常融洽，班上學生視上學為一種樂趣。

根據上述情境描述回答以下問題：

1. (D) 林老師採用我的訊息與學生對話或表達自己需求，下列何者最可能是林老師使用的話語？

(A) 小明、小強，你們二人上課時能否專心一些！

(B) 美雅，為什麼妳吃營養午餐會那麼慢，之後快一點！

(C) 小強，你回家的作業為什麼都無法準時繳交給組長！

(D) 大雄，學習單常未完成，老師替你擔心平時成績會很低！

2. (A) 林老師堅持友善班級氛圍營造的重要性，就常規管理的型態而言，林老師班級經營強調的是何種常規管理？

(A) 預防性常規管理　　(B) 支持性常規管理　　(C) 改正性常規管理

(D) 懲戒性常規管理

> ## 融入情境之長試題描述──題組

　　陳老師是師資職前教育公費生，畢業後分發至偏遠學校任教擔任教師兼組長，學校地理位置雖然偏遠，但學校硬體設備很完備、空氣清新、環境優雅，任教的班級學生常規表現很好，學校同仁間相處融洽，因而陳老師很快就適應學校生活，也很喜歡教職工作。全縣科學展覽比賽，班上美雅與大偉，從構思主題、操弄實作、撰寫研究、口頭報告等都很有創造能力，讓陳老師十分驚訝，評審給的綜合意見為探究主題新穎、很有價值性，作品得到該類科第二名。偏鄉同學的學習態度與行為展現，更激發陳老師對偏鄉學校教育投入動力。

　　根據上述情境描述回答以下問題：

1. (C) 陳老師在短時間內很快就適應偏鄉學校的教職工作，積極投入，就斯騰柏格（Sternberg）之智力三元論而言，是何種智力的展現？

(A) 組合性智力（componential intelligence）

(B) 經驗性智力（experiential intelligence）

(C) 脈絡性智力（contextual intelligence）

(D) 創造性智力（creative intelligence）

2. (B) 美雅與大偉在全縣科學展覽比賽獲得意見為主題新穎，富有創造力。就斯騰柏格（Sternberg）之智力三元論而言，美雅與大偉展現的是何種優勢智力？

(A) 組合性智力（componential intelligence）

(B) 經驗性智力（experiential intelligence）

(C) 脈絡性智力（contextual intelligence）

(D) 創造性智力（creative intelligence）

融入情境之長試題描述──題組

　　七年級小美媽媽利用假日帶小美回娘家看外公、外婆，小美媽媽告知外公、外婆，小美在學校的演講比賽中得到七年級第一名，還被選為模範生，表現很棒，外公聽了很高興，鼓勵小美要繼續努力，但外公突然嘆了口氣說，他記憶力好像變差了，常忘東忘西，小美聽完立即抱住外公說：「外公，您可以忘記其他東西，但不要把外婆、媽媽與我忘記就好。」

　　根據上述情境描述回答以下問題：

1. (B) 小美在學校的演講比賽中得到七年級第一名，根據教育心理學家卡泰爾（Cattel）與何恩（Horn）的智力理論，小美展現的優勢智力是那一種？

(A) 流體智力　(B) 晶體智力　(C) 經驗智力　(D) 組合智力

2. (A) 小美外公知覺自己的記憶力隨著年齡增加而有退化現象，根據教育心理學家卡泰爾（Cattel）與何恩（Horn）的智力理論，小美外公退化的智力主要是下列何種？

(A) 流體智力　(B) 晶體智力　(C) 經驗智力　(D) 組合智力

延伸閱讀

短期記憶的訊息保存時間很短，約 20 秒附近，其保存的容量有限，記憶廣度（memory span）為 7 加減 2 個意元（5 至 9 個意元），記憶廣度在性質上為流體智力（張春興，1991）。

素養導向問答題應聚焦於認知層次的應用、分析、評鑑與創作，而非記憶與了解二個認知層次，下面之範例題目並非良好之素養導向問答試題。

【範例題目】

古典制約（classical conditioning）強調學習是刺激與反應間關係的聯結，學習或制約過程中的刺激有二種：制約刺激（conditioned stimulus; [CS]）與非制約刺激（unconditioned stimulus; [UCS]），根據 CS 與 UCS 出現的時間序而言，古典制約可分為那四種類型？其中那一種制約類型在學習效果上最佳？舉一教育場域實例說明（張春興，1991；賴惠德，2019）。

【擬答參考】

（一）類型

根據 CS 與 UCS 的時間序出現，古典制約有以下四種類型：

1. 同時制約作用（simultaneous conditioning）

CS（制約刺激）與 UCS（非制約刺激）同時出現並同時消失。

2. 延宕制約作用（delay conditioning）

CS（制約刺激）先出現再出現 UCS（非制約刺激），兩種刺激間有時間重疊，惟兩者停止時間相同。

3. 痕跡制約／遺跡制約作用（trace conditioning）

　　CS（制約刺激）出現後立即消失，當 CS（制約刺激）完全消失後，隔一段較長時間再出現 UCS（非制約刺激）。

4. 倒退制約／逆向制約作用（backward conditioning）

　　UCS（非制約刺激）先出現又消失，之後再出現 CS（制約刺激），與延宕制約作用相較之下，即二種刺激出現的順序相反。

（二）效果

　　經巴夫洛夫實驗證實，四種制約學習中以延宕制約的學習效果最好。CS 與 UCS 出現的時間最好有重疊，二者間的時距差最好在很短時間內（如半秒鐘左右）。

（三）實例

　　小明每次課堂提問林老師講授之教材內容疑惑時，總是被林老師責罵：「這剛剛課堂上不是講過了嗎？你到底有沒有專心在聽！」幾次之後，小明上課時即使聽不懂或有疑問也不敢舉手發問，進一步也討厭林老師教授的課程。小明之所以不敢提問及厭惡林老師的課程，即是古典制約的一種作用。

　　素養導向的建構反應試題，應是學科重要學理及其教育情境的應用，行為主義學派之古典制約強調的制約是同時制約與延宕制約作用，其他二種制約類型（逆向制約與遺跡制約作用）在教育或生活場域中很難形成（張春興，1991）。此種在教育情境中不會應用到的學理或知識作為建構反應的試題較為不適切，若將問答所提問的內容聚焦於古典制約學習在教育情境的應用及其注意事項，或具體策略等，會更符合素養導向試題的意涵。

參

專業科目題型

110 年之前的專業科目（教育科目）題目類型分為二大類：

選擇題（選擇反應型試題，select–response items），分數配分為 60 分，題目數 30/40 題，每題配分 1.5 分或 2 分，個別試題的配分會依題目數而調整。

問答題（申論題）或簡答題（建構反應型試題，constructed–response items），分數配分為 40 分，題目數共有 4 題，每題配分 10 分。

配合新課綱之核心素養導向，110 年起的教師資格考試，試題類型新增「綜合題型」試題，綜合題型不是單一學科知識的評量，而是根據素養評量指標來命題與檢核，其題型為教育情境題並跨學科知識，同一個情境下可能包括是非題、配合題、選擇題及問答題，試題類型為多元題型。

素養導向試題不重視記憶與背誦，強調的是基本核心知識與能力的統整應用，及應用於教學情境中之問題解決知能。若是開放式作答，不會像申論題一樣長篇大論，只要能根據情境描述與題目所問內容，簡要提出個人看法、觀點或合理論述說明即可（參考自國家教育研究院）。

綜合題型可能類似於解釋練習題：

題幹：
圖表或跨領域的情境說明／課室事件描述
題目類型：
選擇題、配合題、是非題或限制反應題項

選擇反應題目為「客觀式測驗」，作答反應均為四個選項的單選題，其中可能包括題組試題，答錯均不扣分，四個選項中有一個「正確答案」或「最適答案」選項。

　　建構反應題目爲「主觀式測驗」，作答的組織、系統編排與論述內容的質及量等都會影響評分者分數的評定。

　　綜合題型之題目可能爲選擇反應題目與限制反應題目（簡答題），其中是非題、配合題與選擇題爲「客觀式測驗」。

　　若是建構反應題目（問答題或簡答題）的分數可以高一點，通過教師資格考試的機率就大增。

【教檢試題 1】⋯⋯⋯⋯⋯⋯⋯⋯⋯⋯⋯⋯⋯⋯⋯⋯⋯⋯⋯⋯⋯⋯⋯⋯⋯

　　依據現行《教育基本法》規定，那四項權利國家應予保障，使學生不受任何體罰與霸凌行爲，造成身心之侵害？並簡述身爲教師如何避免體罰的因應措施（至少三項）（110 年教師資格考試試題，取自網站：https://tqa.rcpet.edu.tw/TEA_Exam/）。

註　　書中的【範例題目】爲筆者自擬的問答題，【教檢試題】爲教師資格考試的試題，均擷取自教育部高級中等以下學校及幼兒園教師資格考試網站，網址爲：https://tqa.rcpet.edu.tw/TEA_Exam/。

【擬答參考】

（一）學生四種權利

　　學生學習權、受教育權、身體自主權及人格發展權。

備註　根據《教育基本法》第 8 條第 2 款：學生之學習權、受教育權、身體自主權及人格發展權，國家應予保障，並使學生不受任何體罰及霸凌行爲，造成身心之侵害。

（二）教師避免體罰的因應措施

1. 教師以正向管教方法及合理處罰策略，並根據輔導與管教辦法注意事項規定處理學生違規或不當行爲。

2. 教師做好個人的情緒控制與情緒管理，隨時隨地檢視個人的情緒狀況。

3. 學生不服教師管教干擾教師的「授教權」時，可求助學校行政人員的幫忙，勿與學生有肢體上的衝撞。

4. 行為事件可能引發教師情緒失控或爆發時，立即請班級幹部至辦公室，請輔導教師或學務處人員至教室協助處置。

5. 訂定明確合理的班規，教導學生遵守重要性及正向品格的培養，違反者採用後果一致性的處置方式，多以輔導取代責罵。

【教檢試題 2】···

　　某教師在教導「閃電」單元時，教科書僅有文字內容說明，為了提升學生之理解，製作了 A 版教材，以動畫搭配語音解說。他擔心學生聽不清楚，又製作了 B 版教材，除了原有動畫及語音解說外，再加上字幕。結果發現：A 版的學習效果優於教科書，而 B 版的成效最差。

從學習觀點，認知負荷的來源可分為：

(1) 內在認知負荷（intrinsic cognitive load）是指理解學習內容所需要的認知資源，主要取決於教材內容難易度。

(2) 外在認知負荷（extraneous cognitive load）是無效的認知負荷。學習過程中，為了處理設計不良的教材或教學設計，所需要的認知負荷。

(3) 增生認知負荷（germane cognitive load）是有效的認知負荷。為了處理良好的教材或教學設計，以幫助認知基模的建立，所需的認知負荷。

　　比較教科書、A、B 版三種教材，在三種認知負荷來源的異同，並說明為何 B 版的學習效果較不理想（110 年教師資格考試試題，取

自網站：https://tqa.rcpet.edu.tw/TEA_Exam/）。

【擬答參考】

　　此試題在評量受試者對於「認知負荷」（cognitive load）概念的理解與應用。

　　「認知負荷」指的是工作記憶負荷，其理論基於訊息處理和工作記憶（短期記憶）特性，因為工作記憶的容量有限與訊息停留時間短暫，學習者在執行特定任務所需要的心智資源能量超過個體心智負荷程度狀態下，任務便無法完成、訊息也無法存於工作記憶中。考生必須理解何謂認知負荷及影響學習者認知負荷的變因才能回答此問題。

　　認知負荷的來源分別是學習者先備經驗、教材特性及教材組織（丁儀馨，2012）：

（一）學習者先備經驗

　　先備經驗的有無，是認知負荷的首要來源。當學習者能將新訊息自動融入既有基模，能夠降低工作記憶的負荷量，提高訊息處理效率與效能。

（二）教材的特性

　　教材內在要素互動性的高低，會影響學習者學習教材時產生的認知負荷。當教材內在要素關聯性較低（難度較低），訊息可被單獨處理，工作記憶就不必占用大量空間整合訊息，產生認知負荷較低，教材愈難，內在要素的關聯愈高，學生因認知負荷高，易會有習得無助感。

（三）教材的組織

　　教材組織若能依照學習材料的特性，考量學習者先備經驗，以適當的組織方式編排並呈現，便能強化學習材料間的統整性，以降低認知負荷的產生。

延伸閱讀──認知負荷類型

1. 內在認知負荷（Intrinsic cognitive load）

主要受二因素影響，一為教材內在要素間的關聯程度，此為教材難易程度；二為學習者的先備經驗、訊息處理及心智能力。若學習者欠缺先備知識，無法將訊息與既有基模結合，工作記憶負荷量會增加；當新訊息不用在工作記憶中單獨處理，內在認知負荷程度較低。

2. 外在認知負荷（Extraneous cognitive load）

它受到教材設計、呈現方式或教學活動本身影響，此種認知負荷來自學習者外部。相同的教材內容以不同方式呈現時，對學習者會產生不同程度的負荷，尤其教材呈現設計不當，會占用大量的工作記憶資源，對學習者產生較高的外在認知負荷。

3. 增生認知負荷（Germane cognitive load）

教學設計者提供有組織的訊息，或安排符合需求的學習活動，看似增加學習者的認知負荷，卻能促使學習者基模建構與自動化，此即為良好的教學設計與教材重組編排，能降低學生的外在認知負荷，又能同時增加其增生認知負荷。

肆

教育專業科目題型與配分

　　110 年起，教師資格考試配合新課綱核心素養，命題強調素養導向試題，其中三種題目類型及配分分別為：

1. 四選一的選擇題，占 50%，111 年、112 年為 25 題選擇題，每題配分 2 分。

2. 建構反應題目（問答題），占 30%，111 年、112 年為 3 題問答題，每題配分 10 分。

3. 綜合題型（包括是非題、配合題、選擇題及簡要問答題），占 20%，分數為 20 分。

綜合題型範例 1 —— 情境說明

　　七年五班陳老師為這學期新進的教師，開學後二星期就班上同學的學習情況相關問題，請教有十年教學經驗的林教師（六班導師），林老師提供以下幾個技巧供陳老師參考：

　　對於常遲交國文功課的小明可請他擔任國文科的小老師，負責收班上國文學科回家功課〔題目 1〕，或許可以改善小明作業遲交情況。若班上同學沒有完成老師規定的事項或活動，老師要堅持原則，讓同學把事件完成才能做喜愛的事情，好像與學生訂定契約一樣，要學生履行〔題目 2〕。教師要讓學生信服，不能對學生有偏見或不公平對待，如認為家長學歷較低的同學，學習較

不認真〔題目 3〕。教師對每位同學都要有正向期待，才能鼓勵學生，之後學生才會有好表現〔題目 4〕。

此外，教師要以身作則，為學生典範，課堂中多表揚好人好事，培養學生正向價值觀與利社會行為〔題目 5〕，平時考在於了解學生精熟或理解程度，平時考卷的題目不要出太難，讓學生有成功經驗〔題目 6〕，故意出難題考倒學生是沒有意義的。對於學生不當行為的處置，最好有合理性，重要的是不要失去理性〔題目 7〕，若要調查事件事實情況，可以採用反覆詢問的方式如：「你有沒有先碰撞同學」、「你有無出手打同學」等〔題目 8〕，了解事實狀況才能有效處理。

陳老師聽完，一直向林老師道謝，對林老師傳授的有效常規管理與做法十分認同。

【題目型態──配合題】

可能為選擇題、是非題、配合題或簡易問答題說明。配合題的範例如下：

請從乙欄中勾選最適合情境描述的學理、效應或意涵說明，乙欄中的每個選項可能用一次、一次以上或完全不用。

甲欄	乙欄
[1]（　　）	A. 普立馬克原則
[2]（　　）	B. 常模參照測驗
[3]（　　）	C. 標準參照測驗
[4]（　　）	D. 替代學習
[5]（　　）	E. 潛在學習

甲欄	乙欄
[6]（　　）	F. 增強相對立原則
[7]（　　）	G. 月暈效應
[8]（　　）	H. 自我應驗效應
	I. 破唱片法
	J. 飽足法
	K. 智力商數
	L. 情緒商數

【擬答參考】

[1]（F） 增強相對立原則	[2]（A） 普立馬克原則	[3]（G） 月暈效應	[4]（H） 自我應驗效應
[5]（D） 替代學習	[6]（C） 標準參照測驗	[7]（K） 情緒商數	[8]（I） （破唱片法）

【題目型態──簡易問答題】⋯⋯⋯⋯⋯⋯⋯⋯⋯⋯⋯⋯⋯⋯⋯

1. 陳老師講述之方法中，對於常遲交國文功課的小明可請他擔任國文科的小老師，負責收班上國文學科回家功課，這樣可能有助於小明作業遲交行為。請問陳老師採用的是行為主義學理中的何種策略法？根據此種策略法再舉一教育場域實例說明。

2. 陳老師所說的教師要以身作則，為學生典範，就課程型態而言為何種課程？此種課程對學生那項學習影響最顯著？
   課堂中多表揚好人好事，培養學生正向價值觀與利社會行為，從學習型態而言稱為何種學習？

【擬答參考】

1. (1) 陳老師採用的方法為增強相對立原則法。

　　(2) 大雄早自修常吵鬧干擾同學閱讀行為，老師指派大雄為早自修閱讀（看課外書籍）時的組長，以管理不守規矩的同學。

2. (1) 潛在課程

　　就認知、技能與情意學習而言，潛在課程對學生的情意、態度與人格行為影響較為顯著。

　　(2) 替代學習。

綜合題型範例 2——情境說明

　　八年級第二次段考剛結束不久，幾位導師在辦公室中閒談：

　　一班老師：「我們班這次段考英文考得很不理想，80 分以上的同學只有 9 位，跟第一次段考比起來退步很多。」

　　二班老師：「我們班也考得很差，同學間的分數差距很大。最近又有一位同學的爸媽離婚，我們班的單親與隔代教養家庭學生合起來有 16 位，已超越雙親家庭同學數。」

　　三班老師：「老師無法涉入學生家庭事務，只要盡我們本分就好。我倒覺得您班上（二班）同學都很認真，外掃區域打掃得很乾淨，不像我們班學習不用心，掃地也不認真，常被我責罵，學期的外掃成績不能給他們打太高。」

　　一班老師：「我覺得每位老師的出題都很不穩定，造成班級間學生段考成績有很大的落差」；「教學有時真的有無力感，不知道我的教學那裡出了問題，我覺得考前已幫同學複習很多次，但同學表現仍讓我失望。」

【題目型態——是非題】

　　根據上述情境事件，於下列題項（　）內填入 ×（錯誤）或 ?（正確）：

( )1. 一班老師的話語：「80分以上的同學只有9位」，就學習評量
類型而言屬於常模參照評量。

( )2. 二班老師的話語：「我們班也考得很差，同學間的分數差距很
大」，最佳代表的差異量數為全距。

( )3. 二班老師的話語：「我們班的單親與隔代教養家庭學生已有16
位，已超越雙親家庭同學數」，其意涵所指的量數為眾數。

( )4. 三班老師的話語：「外掃成績不能給他們打太高」，就學習評
量性質而言是一種最大表現評量。

( )5. 一班林老師說：「我覺得每位老師的出題都很不穩定」，就學
習評量試題分析而言，指的是試題的鑑別度。

( )6. 段考或定期考查評量是一種總結性評量，評量風險程度歸為中
低風險評量。

( )7. 一班老師話語：「造成班級間學生段考成績有很大的落差」，
其意涵所指的量數為標準差。

( )8. 一班老師話語：「教學有時真的有無力感，不知道我的教學那
裡出了問題」，從教育心理學觀點而言為其晶體智力。

( )9. 段考成績評量或定期考查評量的目的在確認學生學習是否達
精熟。

( )10. 領域或學科段考成績評量的性質為最大表現評量。

( )11. 領域或學科段考成績年級學生間的落差愈大，測驗評量的信
度愈高。

( )12. 領域或學科段考成績年級學生間的落差愈大，測驗評量的測
量標準誤也愈大。

【擬答參考】

題號	1. (×)	2. (×)	3. (?)	4. (×)

說明	（標準參照評量）	（標準差或變異數）	（次數最多）	（典型表現評量）
題號	5. (✗)	6. (✗)	7. (✗)	8. (✗)
說明	（難度）	（高風險評量）	（平均數）	（後設認知能力）
題號	9. (✗)	10. (?)	11. (?)	12. (?)
說明	（給予等第或成績報告）	（成就評量為最大表現評量）	（測驗分數分布範圍大）	

【題目型態——選擇題】

1. (　)班級領域／學科段考成績量數中那個最適合作為學生間考試分數個別差異的指標？

(A) 平均數　(B) 標準差　(C) 全距　(D)T 分數

2. (　)三班老師指出二班同學都很認真，外掃區域打掃得很乾淨，就學習評量而言，外掃區域打掃行為採用何種評量最為適切？

(A) 最大表現評量　(B) 次數劃記評量　(C) 典型表現評量　(D) 小組同儕評定評量

3. (　)段考試題若是未經嚴謹命題及審題程序，有時出現試題過於艱難，年級學生測驗分數一半以上不及格，此種段考學習評量情況，就信效度而言何者正確？

(A) 有效度沒有信度　(B) 有信度沒有效度　(C) 沒有效度也沒有信度　(D) 信效度情況無法得知

【擬答參考】

1. (B)

2. (C)

3. (C)

【題目型態——簡易問答試題】..

1. 學校段考／定期考查為總結性評量，命題一定要嚴謹，命題難度最好中間偏易，並根據雙向細目表編擬，所謂雙向細目表指的是那二個面向？

2. 一班老師所指的不知道教學問題是否有問題，從認知歷程而言，表示一班老師的何種能力較為不足？

【擬答參考】

1. 雙向細目表指的是「教學目標」及「學習內容」，教學目標之認知層次為記憶、理解、應用、分析、評鑑與創造；學習內容為考試範圍教材。

2. 後設認知能力，後設認知能力佳的老師會知道教學問題所在，並進行自我調整。

建構反應題目的二大類型

主觀式測驗為問答題（申論題）試題，此試題主要有二大類型：

（一）「限制反應問題」（restricted-response questions）

此種問題與回應內容已被限定在某個主題，或某個範疇之內，受試者作答內容必須明確根據題目主題，或議題具體回應。限制反應題目更聚焦於限定條件或情境下的內容回應，類似「簡答題」或「解釋題」的教育情境應用。

綜合題型中的建構反應問題即為限制反應問答題，作答者必須以精簡文字，具體明確的將所答內容簡要書寫出來，不用長篇大論。

（二）「擴展反應問題」（extended-response questions）

此類型問題受試者作答回應的自由權限較大，但也要根據所問問

題回應、組織及結構化內容，提出合理而周延的論述說明。

　說明　考量到評分的客觀性與作答時間，近幾年問答題題型多為
　　　　「限制反應問題」，此類型的問題，會結合教育情景，讓題
　　　　目所述的情況或事件脈絡更為逼真，因而論述的學術性、合
　　　　理性與完整性十分重要。

問答題強調組織編排

　　問答題（申論題）為一種「補給式測驗」，此種測驗由受試者書
寫個人看法（答案）或觀點給評分者審閱，受試者要思考的一種關鍵
點為：「評分者如何從你書寫的文章段落中，快速找出你所表達或論
述的重點內容？」

　　若是受試者作答內容沒有組織性，評閱者很難快速看出受試者回
應的重要內容或見解，即使書寫內容很有創見與適切性，不佳的編排
也很難突顯受試者作答的看法，這即是問答題組織編排的問題。

明確呈現書寫的重點

　　因為是評分者要評閱受試者論述的內容，受試者要供給回應內
容給評分者知曉，受試者應想一想：「你要評閱委員自己很仔細的找
出來你書寫的重點？」還是「你要自己很明確的列出重點給評閱委員
看？」前者書寫的格式一般為長段落式的敘寫，後者呈現的回應內容
型態為條列式的分點敘寫方式。

　　分點或條列式的敘寫方式比較明確，能把要論述的重點很快地
讓評閱者知道；此外，更能契合建構反應試題（補給式測驗）的題目
特性。

補給式測驗為內容產出

補給式測驗（supply tests）是一種「從無到有的產出」，重視受試者組織、應用、分析與統整能力，但它又不像寫作，主要不偏離寫作主題，寫作內容可以全部自由發揮，但建構反應題型不行，尤其是簡答題題型，受試者陳述的內容必須能回應題目所提問的，如題目所問為「低成就學生的心理與行為特質為何？」，受試者若論述學習扶助的必要性，或差異化教學原則及策略等，都無法回應題目所問的內涵，因而問答題的作答方向要與題目所提問的方向相吻合。

語文學科之作文題寫作時，若是「文不對題」，即使詞句優美、論述深入有獨特見解，閱卷委員給予的分數也會很低，也可能給予0分。

■ 選擇反應與建構反應試題的比較表

	選擇反應試題	問答題（建構反應試題）
測量取向	測量記憶、理解、應用與分析等層次認知能力	能測量高層次認知能力（如應用分析、評鑑及創造）與複雜的學習結果
內容取樣	測驗採用大量的試題，涵蓋教材內容範圍廣，內容樣本代表性高	測驗採用相當少的試題，涵蓋教材內容範圍小，內容樣本代表性低
編製過程	編製高品質的試題不但較難且費時	編製高品質的試題較簡易，花費時間較短
評分程序	評分客觀且簡易	評分主觀且較複雜
影響因素	閱讀理解及盲目猜測	寫作及虛張聲勢能力

	選擇反應試題	問答題（建構反應試題）
學習影響	促進學生理解與應用能力，察覺學習末精熟或待改進地方	促發學生統整與表達組織能力，激發學生創造力與論述能力

修改自余民寧，2011。

伍

問答題作答時間規劃

問答題（申論題）作答時間分配參考

　　專業素養考科的考試時間爲 80 分鐘。

　　110 年之前的題目型態爲 30/40 題選擇題、4 題申論題，111 年後選擇題題項數爲 25 題，每題 2 分；問答題 3 題，每題 10 分，綜合題型占 20 分。

　　較佳的時間分配爲「20 分鐘作答選擇題、60 分鐘書寫問答題（申論題）」。

　　若是建構反應題型有 4 大題（3 題問答題 + 綜合題型），每題預留最多作答時間爲 15 分鐘，問答題較佳的總分配時間爲 60 分鐘；若問答題有 3 題，較佳的作答預留時間爲 45 分鐘（每題 15 分鐘是從經驗法則產出），在考試時間 80 分鐘中，至少預留 60 分鐘作答非選擇題的試題。

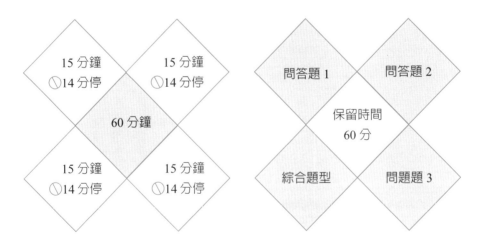

時間分配的策略

（一）做好題目時間的平均分配

教師資格考試問答題作答時間分配最好為 45/60 分鐘，每題最多的作答時間為 15 分鐘（作者建議）。

（二）作答分為二輪來書寫較佳

1.第一輪依個人最有把握或能快速作答的題目書寫，每題作答時間最好不要超過 14 分鐘，各題分配時間約為 13-14 分。

2.第二輪利用剩餘的時間做增補或修正，第二輪各題增補的時間約為 1-2 分鐘，第二輪作答時間可彈性應用。

（三）第一輪於規劃時間內立即換題

第一輪作答已達預訂時間（如已達 14 分鐘），強迫換題作答，絕對不要占用別題作答的時間。

作答時間分配小叮嚀

1.不要頭重腳輕，第 1 題占用太多時間，造成後面題目書寫時間不夠，對應的作答內容過於簡短。

2.根據個人作答情況，將問答題的題數與剩下時間做分配，如四題共 60 分鐘，每題控制在 15 分鐘附近。

3.問答題作答時，單題題項如果 10 分（教師資格考試）可以拿 7 分或 8 分就算高分，有時你認為寫得很好，分數要被評定為 8 分以上也不容易；但如果你某一題書寫回應完很差或合理性不足，分數可能為 1 分甚至 0 分，若是問答題某題分數差距很大，會把總分拉下來，十分可惜。

教師資格考試三大試題類型

110 年起，教師資格考試的題目類型分為三大類：「選擇題」、「問答題」（申論題）、「綜合題型」，分數權重分別為 50%、30%、20%，建議作答的時間規劃為：

1. 選擇題 25 題作答時間為 15 分（此部分時間可與綜合題型彈性使用）。

2. 問答題 3 題作答時間為 45 分。

3. 綜合題型作答時間為 20 分。

選擇題與綜合題型的時間可彈性運用，每題問答題（申論題）預留時間最好為 15 分鐘。

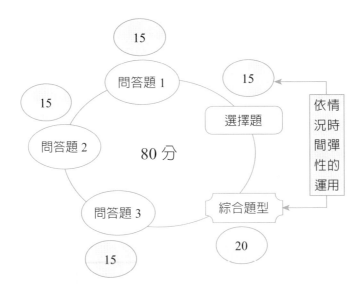

問答題兩輪作答時間分配圖：

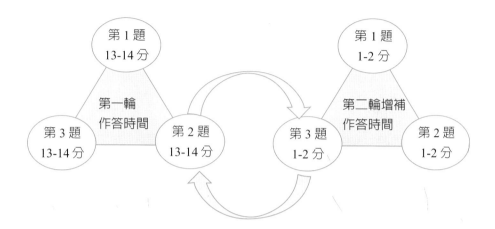

　　作答順序參考圖如下：劃記選擇題答案卡→書寫綜合題型→書寫問答題。

作答順位建議	試題編排順序		
① 1	選擇題	1	• 25 題單選題〔15 分鐘〕
③ 3	問答題	2	• 第 1 題〔15 分鐘〕 • 第 2 題〔15 分鐘〕 • 第 3 題〔15 分鐘〕
② 2	綜合題型	3	• 題型 1〔10 分鐘〕 • 題型 2〔10 分鐘〕

範例情境說明

　　早上晨會，校長介紹了教育部雙語教學政策，晨會結束後，幾位老師在辦公室間聊：

　　陳老師：我用中文教數學，很多學生都學不好了，如果改以英文來教數學、自然科學等學科，我看情況更糟糕。每個班級學生間的異質性很大，就以語文表達而言，許多學生的文學素養與表達能力很好；但有些學生寫作時就很少會用成語，且不擅表述，學生的中文能力間就有很大落差。

　　林老師：沒有辦法，學者官員一致認為中英並重的雙語國家政策，才能提升新生代的國際化視野與國際溝通能力，擁有雙語教學證照的教師會愈來愈多。

　　黃老師：不僅雙語教學而已，我女兒現在大三，加修中等教育學程，最近告知我，她想要加科登記閩南語教師，她說《國家語言發展法》已經通過，未來可能也會增聘閩南語教師。

　　林老師：《國家語言發展法》到底是什麼法令，它的主管機關是教育部嗎？我們在第一線的教師好像都不是十分清楚，應該建議教務處利用週三教師進修研習時間，請專人就最近的中小學教育政策變更作一說明，不然真的跟不上潮流變化。

【題目】

1. 國家語言發展法的主管中央機關為那個單位？

2. 下列那個不是法訂的國家語言？

　　(A) 臺灣手語　　(B) 原住民語言　　(C) 閩南語　　(D) 客家語　　(E) 新住民語言　　(F) 廣東話

3. 雙語教學的模式最常被提及與應用者為那一種教學法？

4. 雙語教學的内涵為何？

5.「許多學生的文學素養與表達能力很好；但有些學生寫作時就很少會用成語，且不擅表述」，就伯恩斯坦之語文類型分類而言，各為何種語言能力。

【擬答參考】

1. 文化部（不是教育部）。

2. (E)、(F)（《國家語言發展法》第 9 條第 2 款：中央教育主管機關應於國民基本教育各階段，將國家語言列為「部定課程」，國民中小學開設之國家語言與八大領域相同，均為部定課程。）

3. 沉浸式（immersion）教學法。

4. 以全英語教授領域／學科教材内容，而非只是特定主題教材，雙語教學教師能以中文教授領域／學科，也可以以英文教授領域／學科，學生經由英文理解領域／學科重要概念，習得領域學科的知識與技能。

5. 精緻型語言（正式語言）；限制型語言（公共語言）。

延伸閱讀

　　1.《國家語言發展法》所稱主管機關在中央為「文化部」；在直轄市為直轄市政府；在縣（市）為縣（市）政府。國家語言，指臺灣各固有族群使用之「自然語言及臺灣手語」。立法目的在於承擔永續臺灣各族群語言的責任，落實多元、包容、尊重之國家文化價值；立法精神從多元語言保存及文化永續發展觀點進行規劃，期使各固有族群使用之自然語言和臺灣手語等，皆能獲得傳承與發展保障，改善「語言消逝或斷層」危機，讓臺灣不同族群的歷史與文化，能夠世代傳承，豐富這塊土地的文化内涵（取自文化部網站）。

2.「沉浸式」（immersion/language immerson）是雙語教育的一個教學理念或專有詞彙。我國中英並重的雙語教學中，以中文為母語（第一語言），英語列為第二官方語言，教學者根據學習者母語習得的情境，透過溝通、表達、互動和學習新的經驗模式，創造一個類似母語學習的環境，讓第二語言（L2）（或外語）學習者沉浸在目標語言環境中，目標語言是用來溝通、互動和學習新知識的工具。

「雙語教育」，讓學生們沉浸在一個教學環境中，教師以英語（非母語）進行授課，沉浸式全英文教學範疇不限於主題式或議題式教材內容，而是學科或領域等部定課程（包括歷史、地理、音樂、數學、視覺藝術、體育和自然科學等）的教學。由於英語是外語，在不影響學科／領域知識的教與學前提下，教學者必須根據班級學生英語程度，適時調整英語教學比重，進行滾動式教學，讓學生經由第二語言（英文）也能充分理解學科重要概念，習得學科知識及技能。為了鼓勵學生自主學習，引導學生觀察、摸索、體驗、反思、解決問題和學習表現，學生可以採中英語言並用的方式，進行師生互動和同儕討論（國教署國民中小學沉浸式英語教學特色學校試辦計畫網）。

延伸閱讀——本土語文及臺灣手語課程規範

民國 108 年為彰顯國家語言平等之理念，並因應《國家語言發展法》第 9 條第 2 項規定：「中央教育主管機關應於國民基本教育各階段，將國家語言列為部定課程」，教育部啟動十二年國民基本教育相關課程綱要修訂工作，以落實《國家語言發展法》之內涵與精神。依據《國家語言發展法》第 3 條之定義，國家語言包含本課綱所列之國語文、本土語文及臺灣手語。修訂後三個教育階段之語文領域課程架構如下（行政院公報，2021）：

■ 各教育階段領域課程架構表

教育階段		國民小學			國民中學	高級中等學習
階段年級		第一學習階段	第二學習階段	第三學習階段	第四學習階段	第五學習階段（一般科目）
領域		一　二	三　四	五　六	七　八　九	十　十一　十二
語文		國語文 *	國語文	國語文	國語文	國語文
		本土語文 * /臺灣手語 * /新住民語文	本土語文 * /臺灣手語 * /新住民語文	本土語文 * /臺灣手語 * /新住民語文	本土語文 /臺灣手語	本土語文 /臺灣手語
			英語文	英語文	英語文	英語文
						第二外國語文（選修）

說明

（一）本土語文／臺灣手語／新住民語文課程規劃簡要（取自教育部 110 年修正之《十二年國民基本教育課程綱要》）：

1. 本土語文包含閩南語文、客語文、原住民族語文、閩東語文、其他具有傳承危機之國家語言。具地區特性之族群語文（如平埔族群語言），由學校調查學生實際需求與意願，於本土語文開設課程供學生選修。

2. 新住民語文課程的開設內容以東南亞地區的新住民語文為主。

3. 國民小學階段本土語文／臺灣手語／新住民語文列為部定課程，每週一節課，學生選擇其中一項語別進行學習，並由學校調查學生實際需求與意願開課。

4. 國民中學階段本土語文／臺灣手語列為「七、八年級之部定課程」，每週一節課，學生選擇其中一項語別進行學習，並由學校調查學生實際需求與意願開課。

（二）為保障學生持續學習本土語文／臺灣手語，九年級本土語文／臺灣手語課程之開設另規範如下：

1. 學校應調查學生之選修意願，學生有學習意願，即於九年級之彈性學習課程開課。
2. 爲保障原住民籍學生民族教育之權益，應於九年級之彈性學習課程開設原住民族語文課程至少每週一節課，供學生修習。

就普通型高級中等學校而言，本土語文／臺灣手語納入部定必修科目 2 學分，學校得在符合校訂科目、團體活動時間及彈性學習時間之學分／節數合計範圍內進行調整。惟三年總上課節數不得超過 210 節。

延伸閱讀——雙語教學法

EMI（English as a Medium of Instruction）係指在母語或第一語言非英語的國家（如臺灣），針對母語非英語的學生，以英語作爲主要使用溝通語言，包括教材內容的傳遞、課堂師生互動、學習成效的評量等全部使用英語爲媒介的一種教學方式。EMI 教學的重要原則（大專校院學生雙語化學習計畫全英語授課（EMI）指引）如下：

1. 主要以英語爲溝通媒介，進行學科內容的學習，教學者英文能力的聽、說、讀、寫等都要達到精熟程度以上（具備 CEFR B2 等級）。

2. 就 EMI 課程而言，授課內容、師生互動、學生學習成效之呈現（如學生口頭簡報或報告）及評量均需以全英語方式進行。

3. 學生間互動及分組討論盡可能也以全英文進行，但爲激發學生創意或腦力激盪的小組討論得短暫使用中文（或母語）。教師仍應確保至少 70% 班級溝通是以英文進行。

4. 課堂中，教師應鼓勵學生盡可能地以英文進行口說表達與書寫內容。

　　5. EMI 課堂並非代表在課室場域完全禁止使用英文以外的語言，必要時也可採用，營造正向優質的教學情境與氛圍，才能有助全英語授課的進行。

　　「學科內容和語言整合學習」（content and language intergrated learning；簡稱 CLIL）並非語言課程學習，而是將標的外語當成授課的用語（medium of instrction）來教授領域或學科等專業科目，即以英語來學習專業科目。CLIL 有三大主軸：「學科內容」（subject content）、「標的語言」（target language）、「學習技巧」（learning skill），CLIL 的教師使用母語以外的標的語言（英語）來教授學科內容，學生則以英語思維來理解學科的內容。「內容導向教學」（content-based instruction; CBI）與 CLIL 類似，但 CBI 是將專業學科內容帶到語言教學課程中，重視的是語言的學習（陳玉蒼、楊政郎，2021）。

　　CLIL 教學法有四個核心主軸（4C）：「內容」（content）、「認知」（cognition）、「溝通」（communication）和「文化」（culture）。一個成功的 CLIL 課程架構應包括上述四個面向（culture）（蒲逸悧、吳國誠，2020）：

　　1. 學科內容教學幫助學生理解相關學科課程內容的知識、技能。

　　2. 溝通語言訓練幫助學生使用語言進行學科內容的對話及課室互動，運用基本人際交談技能參與課堂活動。

　　3. 認知訓練幫助學生發展思考技巧與認知技能，促進概念形成，培養以語言建構新知識的能力。

　　4. 經由學科內容學習，提升文化認知，培養學生發展文化價值觀，擴展國際視野。

　　CLIL 的 4C 核心主軸串聯了學科內容架構，雙語教學課堂需使用到的溝通方法與策略（communication），可有效提升學生思考能

力的認知方法（cognition），涵養素養能力及跨領域課程設計的文化涵養。

■常見四種雙語教學法間差異簡要摘要表

向度	CBI	CLIL	Immersion	EMI
學習目標	語言	語言＋學科內容	學科內容	學科內容
授課教師	語言老師	語言或學科老師	學科老師	學科老師
課堂內容	主題性題材	配合課綱的主題	課綱學科	學科內容
評量標準	語言	語言＋學科內容	學科內容	學科內容

資料來源：取自 https://lttc-li.tw/clil101_003/

陸

問答題作答要領

　　教師資格考試之教育專業科目考科問答題，通常接續於選擇題後面，說明文字為：

第貳部分、問答題（占 30 分）

> 　　說明：本部分共有 3 題（題號 1-3），每一題配分標於題末。作答時應以黑色或藍色墨水的筆於「答案卷」上，由左至右橫式書寫，並自行標註題號。

一 建構反應試題（申論題／問答題）作答要領

1. 完整系統性──標題條列清楚，書寫層次井然

　　作答內容要列舉段落條目，而非如作文式的長篇大論，以大段落文字型態論述，大段落書寫無法突顯作答重點，達到完整明確的表達個人觀點之目的。

2. 字體工整性──字形大小適中，看得賞心悅目

　　字體工整沒有凌亂感覺，讓閱卷委員閱讀容易；硬筆字體的工體性不僅為一項表面效度，更能增加可讀性，展現個人教學基本能力的亮點，無形中有助於閱卷委員的分數評定。

3. 均衡分配性──各題均有作答，無空缺或未答

　　各題問答題的分數均有天花板效應的限制，但未完整回答的題目其地板分數可能很低，各題作答的時間與空間定要合理分配，不要占用別題思考及反應書寫的時間及區域。

4. 學理支持性──學理論點支持，兼顧理論實務

　　作答回應的內容要聚焦於題目所問的內容，不要偏離題目；作答內容要有學理依據，論述要有其合理性與具體性，絕不要書寫與題目所問無關事項。

5. 字詞專業性 —— 展現個人專業，而非常識用語

　　書寫的內容要能展現個人教育專業知能與情境應用能力，詞句表達要善用教育專業術語，而且教育專業術語要是學者們共同一致使用的字詞。

二 有學理依據的論述

　　申論題的論述內容有些要有學理依據（如行為主義、認知行為主義、人本主義、認知學派等），有些可能要有教育哲學的學派支持（進步主義、永恆主義、唯實主義、存在主義、批判理論等），這樣的陳述內容較有說服性；此外，陳述用語不能全為「普通常識」（common sense）語句層次，相關的對應用語為學科專業術語，如評量、增強、普立馬克原則、替代學習、正向行為、先備知識、同時處理、掌握先機、挫折容忍力、自我調整、行為改變技術、可能發展區、文化資本、「找出學生亮點、發掘學生優勢智能」等。

三 優質建構反應試題二大面向

　　建構反應試題作答要同時兼顧二大面向：

1. 良好的表面效度

　　表面效度雖不是效度，但多少會影響評定者的評分，如字體工整、版面排列、整潔美觀、條理是否明確有系統等。

2. 精準的內容效度

　　論述的內容深入有理 —— 作答的深度，包含學理知能的表述與其應用。

　　論述的範圍周延完備 —— 回應的廣度，包含書寫內容合理性與周延性。

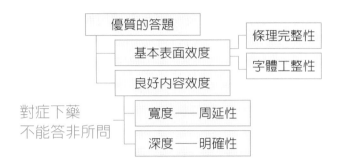

四 掌握條理分明的作答技巧

問答題試題作答內容「切勿長篇大論」，而應「條理分明」，基本原則如下：

1. 作答內容可分「前言」、「主要內容（正文）」及「結語」。其中前言及結語以簡單扼要為主（因為時間與作答空間有限），重點放在「主要內容」上。

2. 主要內容應採「標題列點方式呈現」之方式，視作答回應內容自行決定標題層次。

3. 無法做到增列具體標題字句，要以小點列舉，重要的是「不能答非所問」，或沒有針對題目要項回應，回應內容要明確、周延。

五 論述要有寬廣性與合理性

廣度指論述回應周延性或寬廣性，教育場域中，如學生行為問題多數與個人本身及情境脈絡或文化環境有關，情境脈絡或文化環境包括家庭教育、學校教育與社會教育，以同心圓表示為個人變因、同儕變因、家庭變因、學校變因與社會變因等幾大面向。有關「學習狀況」的因素，包括個人生理因素、教師因素、班級氛圍因素、同儕因素、評量因素、家長因素等。有關事件處理的有關因素包括教師、學校行政處室（學務處、輔導室、教務處、總務處等）、家長（或監護人）、教育行政或社會機構；課室中的策略或方式包括課程教材、教

學、評量、輔導、班級經營、支援服務等面向。

【範例題目 1】⋯⋯⋯⋯⋯⋯⋯⋯⋯⋯⋯⋯⋯⋯⋯⋯⋯⋯⋯⋯⋯⋯⋯⋯⋯⋯

　　教育現場許多年長或教學年資較久的教師，常會覺得現在學生很難管教，問題行為很多，跟之前相較之下，班級經營更為困難。在少子化的趨勢下，目前中小學班級學生數只約早期學生數的一半，班級學生數學生較易教導，常規較易控制，但為何教師反而覺得班級學生不易管教，或問題行為反而增多，對於此種教育場域的情況其緣由為何，請你加以說明（吳明隆，2018）。

【擬答參考】

　　學生問題行為或不當行為的緣由是情境脈絡造成的，並非單一因素，其原因可能有個體生理變因、家庭教育變因、學校教育變因，論述時應從個人、家庭、學校三個面向加以說明，若只從單一面向敘述則廣度不足，論述的周延性不夠。

（一）學生因素

1. 先天生理變因：原生性的內在變因造成學生情緒、行為問題，欠缺與他人有效溝通技巧，促使衝突或干擾事件增多。

2. 價值觀念偏差：許多學生受到網路科技媒介或社會新聞誤導，強烈主觀意識並自以為是，嚴重影響師生間的良性互動。

（二）家庭因素

1. 家庭功能失衡：家庭結構改變，親職教育失調，家庭教育無法展現，促使學生問題的輔導過程失卻家庭教育的支持與配合。

2. 家長不當介入：家長誤用個人專業或過度膨脹介入班級事務，以非理性或客觀的態度干涉，造成教師的困擾。

（三）學校因素

1. 欠缺成功經驗：長期的學業失敗，個人優勢未被發掘，讓學生自尊感受損，厭煩學習，學習動機低落，尋求其他非期待刺激活動，干擾學習活動進行。

2. 班級氣氛不佳：師生關係不良、同儕間過度競爭，班級學習氛圍不好，欠缺同理心及利他精神，學生間爭執衝突事件增加。

　　陳述的標題若是明確、完整，就可以有效代表小段落陳述的內容，標題列的文句只要簡單清晰，能讓評分者很快了解受試者要表達的內容即可。三段式作答型態如下，正式作答時，「前言」、「正文」、「結語」的字語都不用書寫：

前言：簡單一行或二行起始（愈簡短愈好）
正文：條列式的數值起始（有效能的班級經營特徵如下：）
1. 建構人性化的學習情境
　○○○○○○○○○○○○○○○○○○○○○○○○○
2. 規劃趣味化的學習活動
　○○○○○○○○○○○○○○○○○○○○○○○○○
3. 採取多元化的學習評量
　○○○○○○○○○○○○○○○○○○○○○○○○○
4. 營造友善化的學習氛圍
　○○○○○○○○○○○○○○○○○○○○○○○○○
結語：簡單一行或二行總結，若有學者論點或說法更佳（時間有限，不用書寫也沒有關係）

　　上述書寫的格式為動詞起始，中間為形容詞，最後為名詞。
　　以不同格式語句陳述有效能的班級經營特徵，將動詞置於標題最後面：

1. 人性化學習情境的建構
　　＜標題語句內容的簡單說明或補充＞
2. 趣味化學習活動的規劃
　　＜標題語句內容的簡單說明或補充＞
3. 多元化學習評量的運用
　　＜標題語句內容的簡單說明或補充＞
4. 友善化學習氛圍的營造
　　＜標題語句內容的簡單說明或補充＞

　　　　更完整的標題為在前項描述語後增列其目的或功能，如：
1. 建構人性化的學習情境，涵育正向學習的氛圍
2. 規劃趣味化的學習活動，促發學生的學習動機
3. 採取多元化的學習評量，符應新課綱評量原則
4. 營造友善化的學習氛圍，提升學生的學習表現

六　教師資格考試申論題評定分數

　　　　每題最高分會有天花板效應限制，因為建構式回應要作答到百分之百合理且完全周延有其為困難存在（主觀式測驗的限制）。

　　　　每題最低分不會有地板效應限制，組織結構不合理，未聚焦於題目所問回應，或書內寫內容不完整或偏離，最低分可能 0 分、1 分或 2 分。

七　避免時間挪用

　　　　建構反應試題會有考生遇到以下情況：

　　　　「這題我有很多想法或精熟，可以寫很多，儘量寫；拼命寫，寫了很久，也寫了很多。」這樣不僅沒有很大效益，反而占了其他題目書寫的時間與篇幅空間，大大影響其他各題的分數。

　　　　當考生長期聚焦於某個題目時會花費較多時間，尤其是問答題的作答，若是某一題書寫了很大篇幅，會壓縮書寫其他題目的時間與作

答空間，可能讓其他題目回應的內容欠缺完整性。

【範例題目2】

108課綱數學領域明訂「數學教學應培養學生正確使用工具的素養」，明文「重視計算工具的有效運用，計算工具教學應從計算機開始，逐漸引導學生使用各種高階工具。」配合十二年國教課綱的教育變革，高中學測數學學科之考科是否可使用電子計算機，高中教師（或學者）間均有不同的論點。就你的觀點而言，對於大學學測或分科考試之數學學科是否可使用電子計算機的看法為何，請加以申論之。

延展式反應的問題，若是書寫內容較多，可以將文字說明直接書寫於列點標題後面，此問答題在提問作答者是否同意學測／分科考試之數學學科使用電子計算機，題目本身沒有對錯，作答從同意或不同意面向論述都可以，但重點是同意或不同意的緣由，此緣由論述必須有其合理性與周延性。

【擬答參考一】

個人認為不是每個素養都要作為考試內容，所持理由如下：
1. 考試防弊與公平性的問題待解決
    考試首重公平，在目前防弊問題未克服之前，不宜冒然實施；此外，計算機的使用可能無法兼顧特殊考生群體（身生障礙的考生）。
2. 品質良好試題不必運用到計算機
    數學考試的重點在於正確的概念理解與合理解題的策略，不一定要考繁雜的數值計算，解題策略技巧應用重於繁雜的計算過程，答案的產出不必然要用到電子計算機。
3. 計算機之採購及統一規範的問題
    硬體設備問題為如何規範有相同功能的計算機型式，大考中心統一採購經費或學生自備經費，及其公正性等都是待考量的問題。

4. 是否導向更複雜運算試題的問題

若大考開放使用計算機，代表可引進實際數字或更繁雜的數值，題目可能出現各領域中更複雜的數值內容，此種試題可能為學生壓力的另一來源。

5. 計算機對於學習成效提升的問題

採用計算機對於激發學生對數學學科興趣效果有限，教學現場教師教學策略與方法的創新，活潑與結合生活情境及應用，可能才是更有效做法。

【擬答參考二】

個人認為領綱已明定工具素養的內涵，也將其作為教學內容，作為考試內容並無不妥，個人贊同，所持理由如下：

1. 考試時運用計算機符合新課綱精神

計算機作為輔助工具明列在課綱中，開放學生於學測或分科考試時使用計算機應試更符合新課綱精神。

2. 學科或分科考試會導引教學的內容

國內的教學還是考試導向，不納入考試範疇，某些學校就可能跳過計算機教學的學習內容。

3. 目前命題經嚴謹程序試題有高品質

只要試題佳，命題嚴謹把關，不會出現繁雜的數值計算試題，同時讓學生更有足夠時間進行解題策略分析。

4. 由教育部統一採購發放可保公平性

數學課綱強調培養學生正確使用工具的素養，若要預防舞弊、不公等狀況，計算機可由大學入學考試編列經費，統一採購。

5. 技術面考試問題會有合理周延配套

對於身心障礙等考生使用計算機應考時之平等權，乃屬技術層面問題，此種技術面問題在學測或分科考試時均可以克服。

上述素養導向試題在於評量學習者論述的合理性，表述的內容是否可以支持同意與否的理由，若是書寫的合理性不足，分數可能不高。

【範例題目3】⋯⋯⋯⋯⋯⋯⋯⋯⋯⋯⋯⋯⋯⋯⋯⋯⋯⋯⋯⋯⋯⋯⋯⋯⋯

　　八年三班自然領域陳老師被學校指派為第二次定期考查自然領域的命題教師，陳老師想提升成就測驗的效度，以獲得學生精確的評量結果。請問陳老師若想要提升自編成就測驗的效度，其具體做法有那些，請列舉三項以上做法。

【擬答參考】

1. 根據雙向細目標編製測驗
　　依照教材內容與教學目標詳細編擬試題，試題題幹用語要明確，不能出現暗示答案的線索，依照難易及試題類型排列。
2. 讓測驗結果有最佳的信度
　　試題要能有效反映學習教材內容或重要概念，試題難易適中，嚴格遵守各類型試題命題原則，提升試題的品質。
3. 測驗長度與作答時間匹配
　　測驗的整體題目數必須是大多數學生在規定時間內可以作答完畢，讓學生對每個試題有足夠思考反應時間。
4. 請學校安排適切測驗情境
　　測驗情境的物理環境要讓學生感到友善，讓學生的焦慮降到最低，測驗施測程序要公平，以獲得最可靠的測驗結果。

　　延展式反應的問題，若是書寫內容較多，可以將文字說明直接書寫於列點標題後面，上面版面調整編排如下：

陳老師可從下列四個面向著手：
1. 根據雙向細目標編製測驗：依照教材內容與教學目標詳細編擬試題，試題題幹用語要明確，不能出現暗示答案的線索，依照難易及試題類型排列。
2. 讓測驗結果有最佳的信度：試題要能有效反映學習教材內容或重要概念，試題難易適中，嚴格遵守各類型試題命題原則，提升試題的品質。
3. 測驗長度與作答時間匹配：測驗的整體題目數必須是大多數學生在規定時間內可以作答完畢，讓學生對每個試題有足夠思考反應時間。

4.請學校安排適切測驗情境：測驗情境的物理環境要讓學生感到友善，
讓學生的焦慮降到最低，測驗施測程序要公平，以獲得最可靠的測驗
結果。

　　問答題作答時不要畫蛇添足，在作答紙上畫上不必要的標記符號
或線條，如框號或底線，如提高成就測驗效度題目之作答時，在每個
小標題字句上增列底線，或特別畫上框線，此種作答不僅沒有必要也
可能違反相關規定。

【不適切擬答參考格式】

1. 根據雙向細目標編製測驗
依照教材內容與教學目標詳細編擬試題，試題題幹用語要明確，不能出
現暗示答案的線索，依照難易及試題類型排列。

2. 讓測驗結果有最佳的信度
試題要能有效反映學習教材內容或重要概念，試題難易適中，嚴格遵守
各類型試題命題原則，提升試題的品質。

3. 測驗長度與作答時間匹配
測驗的整體題目數必須是大多數學生在規定時間內可以作答完畢，讓學
生對每個試題有足夠思考反應時間。

4. 請學校安排適切測驗情境
測驗情境的物理環境要讓學生感到友善，讓學生的焦慮降到最低，測驗
施測程序要公平，以獲得最可靠的測驗結果。

【不適切擬答參考格式】

陳老師可從下列四個面向著手：

1. 根據雙向細目標編製測驗：依照教材內容與教學目標詳細編擬試題，試
題題幹用語要明確，不能出現暗示答案的線索，依照難易及試題類型
排列。

2. 讓測驗結果有最佳的信度：試題要能有效反映學習教材內容或重要概
念，試題難易適中，嚴格遵守各類型試題命題原則，提升試題的品質。

3. **測驗長度與作答時間匹配**：測驗的整體題目數必須是大多數學生在規定時間內可以作答完畢，讓學生對每個試題有足夠思考反應時間。

4. **請學校安排適切測驗情境**：測驗情境的物理環境要讓學生感到友善，讓學生的焦慮降到最低，測驗施測程序要公平，以獲得最可靠的測驗結果。

柒

問答題作答版面規劃

111 年、112 年教育專業科目非選擇題作答紙略有不同，書寫的總列數一為 59 橫列、一為 56 橫列。

一 111 年非選擇題作答紙說明

111 年度教師資格考試之教育專業知能三個考科的非選擇題作答紙只提供一張 A3 紙張，正反二面都可書寫，總橫列數為 59 列，第一面 25 橫列，第二面 34 橫列（110 年非選擇題作答紙為二張 A3，正反面可書寫的部分共七頁）。（非選擇題的作答紙範例樣式取自教師資格考試網站：https://tqa.rcpet.edu.tw/TEA_Exam/）

二 選擇題答案卡樣式

111 年度「高級中等以下學校及幼兒園教師資格考試」選擇題答案卡的作答說明有以下幾點：

（一）作答前，請先檢視下列事項：

　　1. 檢視答案卡上之准考證號與准考證、座位貼條之號碼是否相符。

　　2. 檢視答案卡上科目名稱與試題本上之科目名稱是否相符。

　　3. 檢視答案卡有無汙損或折毀。

　　如有不相符或汙損、折毀等情形，請立即向監試委員反應。

（二）答案卡劃記時，必須使用黑色 2B 鉛筆，劃記以粗黑、清晰為原則，且劃記須塗滿方格但不超出格外，劃記方式請參照下面正確樣例，若未依正確樣例方式劃記，其讀卡責任自負。

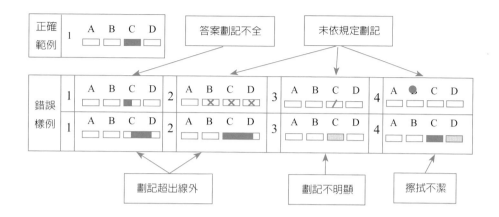

（三）答案更正時，請用橡皮擦將所劃之記號完全擦拭清潔，再行劃記，不得使用修正液或修正帶；嚴禁在橡皮擦上沾口水擦拭，以免卡片破損。

（四）應考人應保持答案卡之清潔與完整，違者依「試場規則」議處。

（五）應考人應依照試題本及答案卡上相關規定作答。答案卡污損、非採黑色 2B 鉛筆劃記、劃記不明顯或擦拭不潔，導致電腦判讀系統無法正確判讀計分者，其責任自負。

（六）答案卡邊緣之黑色條紋及黑點，不得任意塗改劃記或汙損，卡片不得折毀。

（七）應考人必須遵守上列規定，如有發生其他未竟事項或特殊事故時，提請試務相關會議處理。

三 非選擇題及綜合題答案卷型式

111 年度「高級中等以下學校及幼兒園教師資格考試」教育專業知能（教育理念與實務、學習者發展與適性輔導、課程教學與評量）及數學能力測驗非選擇題及綜合題答案卷型式如下：

正面與反面的第一欄為「題號」，第二大欄為「作答區」，題號欄在於標記問答題與綜合題型的序號，作答區為綜合題與問答題書寫

的區域，第一頁的作答區欄的右邊序號為 01、02、……25。

第一頁左上方的作答注意事項文字說明為：

作答注意事項：

一、請核對准考證與答案卷上之號碼是否相符。

二、限用黑色或藍色墨水的筆書寫。

三、由左而右、由上而下，橫式書寫。

四、請勿顯示自己身分或可能暗示身分之訊息與經歷、任何與作答
　　無關之文字符號。

五、無需抄題，但需書寫題號，並依序作答，未寫題號以致評閱人
　　員無法辨識答案所對應之題目，該部分不予計分。

六、請撙節使用，不可另外加紙。

第二頁的作答區欄的右邊序號為 26、27、28、……、58、59。

教育專業知能三個考科而言，59 列的分配以下二種情形供考生
參考：

題型	問答題 1	問答題 2	問答題 3	綜合題 1	綜合題 2
作答列數區	14 列	14 列	14 列	8 列	9 列
列數序號	1-14	15-28	29-42	43-50	51-59

題型	問答題 1	問答題 2	問答題 3	綜合題 1	綜合題 2
作答列數區	13 列	13 列	13 列	10 列	10 列
列數序號	1-13	14-26	27-39	40-49	50-59

若是綜合題型只有一題，則作答紙作答空間分配可調整如下：

題型	問答題 1	問答題 2	問答題 3	綜合題 1
作答列數區	15 列	15 列	15 列	14 列
列數序號	1-15	16-30	31-45	46-59

若綜合題混合了選擇、是非、配合與簡易問答題等題型，一律以黑色或藍色墨水的筆於「答案卷」作答並自行書寫題號。若將綜合題內的選擇題答案填在答案卷登分欄位，答案將不予計分且會被扣分。

下列圖示為第一種作答區域的作答紙分配型態：

（接續背面）

（由此往下接續作答）

（方向請翻轉，讓此由左往作答）

四 112 年度綜合題及非選擇題作答紙

　　112 年教育理念與實務、學習者發展與適性輔導、課程教學與評量以及數學能力測驗四個考科的作答紙為一張 A3（正反兩面，直擺橫書），作答書寫順序「由左而右橫式書寫」，二頁的總列數為 56 列，第一頁為第 01 列至第 23 列，第二頁從 24 列至 56 列（作答範

例樣式取自教育部高級中等以下學校及幼兒園師資格考試網），第二頁必須由第 24 列接續書寫，不能由第 56 列書寫。教育專業知能三個科目，非選擇包括三題問答題及一至二題綜合題，在作答空間中以13-14 列爲一個作答區，最後 13-14 列書寫綜合題內容。若以 14 列分隔，作答紙橫列數分配參考如下：

題型	問答題 1	問答題 2	問答題 3	綜合題
作答列數區	14 橫列	14 橫列	14 橫列	14 橫列
列數序號	1-14	15-28	29-42	43-56

若以 13 列分隔，作答紙橫列數分配參考如下：

題型	問答題 1	問答題 2	問答題 3	綜合題 1	綜合題 2
作答列數區	13 橫列	13 橫列	13 橫列	9 橫列	8 橫列
列數序號	1-13	14-26	27-39	40-49	50-56

第一頁 01 列對應的文字說明爲 「由此開始作答」，作答區欄右邊序號爲 01、02、……、22、23 。

第一頁加註的六點作答注意事項與 111 年大同小異，只做小部分文字修改：

一、請核對准考證與答案卷上之號碼是否相符。
二、限用黑色或藍色墨水的筆書寫。
三、由左而右橫式書寫。
四、請勿揭露足以辨識自己姓名或就讀師培學校之相關資訊，或做
　　任何與作答無關之文字符號。

五、作答時無需抄題，但須書寫題號，並依序作答，未寫題號以致
　　評閱人員無法辨識答案所對應之題目，該部分不予計分。

六、請撙節使用，不可另外加紙，並請勿折毀答案卷影響評閱。

題號	作答區	
		01
		02
		03
		04
		05
		06
		07
		08
		09
		10
		11
		12
		13
		14
		15
		16
		17
		18
		19
		20
		21
		22
		23

（由此開始作答）

（接續背面）

　　　　第一頁翻轉至第二頁後，正確的作答紙順序為序號 24 列，起始
頁開頭對應的文字說明為→「由此往下接續作答」，作答時方向不能
錯誤。第 56 列上方標號標記「（方向錯誤，請勿由此端作答）」提
示語。作答區欄右邊序號為 24、25、……、55、56。

（由此往下接續作答）

題號	作答區
	24
	25
	26
	27
	28
	29
	30
	31
	32
	33
	34
	35
	36
	37
	38
	39
	40
	41
	42
	43
	44
	45
	46
	47
	48
	49
	50
	51
	52
	53
	54
	55
	56

（背面還有試題，請勿由此處作答）

以 13 列分隔作答紙空間、2 題綜合題型的作答紙空間分配範例如下：

題號	作答區	
（由此開始作答）		01
		02
		03
		04
		05
		06
		07
	問答題 1	08
		09
		10
		11
		12
		13
		14
		15
		16
		17
	問答題 2	18
		19
		20
		21
		22
		23

（接續背面）

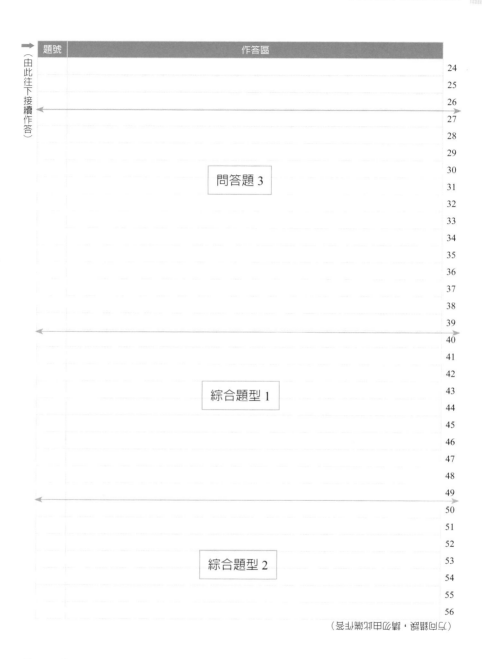

（由此往下接續作答）

【備註】：國語文能力測驗綜合題及寫作卷的型式

112年度國語文能力測驗綜合題及寫作卷有二頁，第一頁有23列，每列23個直欄，中間「綜合題作答區」（書寫區）右邊序號為01、02、……、22、23；第二頁有33頁，每頁25個直欄。作答規定由左而右橫式書寫，不能另外加紙。

（接續背面）

第二頁列數編號為01至33，01列對應的文字說明為→「由此開始作答」，作答時方向不能錯誤。中間「綜合題作答區」（書寫區）右邊序號為01、02、……、32、33，序號列的編碼也是從01開始，在第33列的上方有加註「（方向錯誤，請勿由此端作答）」提示語。

　　不當的版面規劃會造成作答版面凌亂，第二輪書寫時會很難增補內容。

　　區域規劃不當，第一輪作答時題與題間若無空隙，事後沒有空白處可以書寫增補資料，劃線補充不僅凌亂又擁擠，也會影響評分者對內容的評閱。

　　閱卷委員不可能幫忙從別的區域找出你書寫的答案內容，欠缺美觀與有組織性的編排內容，不僅沒有加分功能，還可能被扣分。

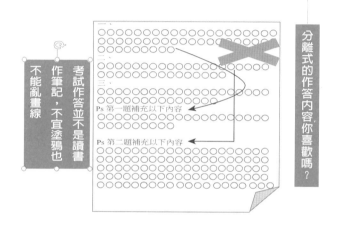

五　答紙區域規劃及書寫小叮嚀

1. 111年後，非選擇題作答紙為一張 A3 作答紙，直式橫寫，作答區域正反面共二頁。

2. 書寫只要標示題號，不用抄寫題目，絕不要將所有作答回應內容只書寫在第 1 頁上，此種結果表示論述回應的內容過於簡略。

3. 將正反面可書寫的總列數平均分割為四個區域空間，作為三題問答題及綜合題型中簡易反應建構書寫的位置（考生可根據當年度 A3 作答紙可書寫的總列數自行調整分配規劃）。

4. 各題問答題分割區域內空間儘量書寫，於規劃時間內盡可能書寫出豐富完整的內容。

5. 運筆速度要快，但又要兼顧字體工整（這要靠平時的練習）。

6. 不能空下任何一題，完全空白沒有作答，個別試題分數一定為 0 分。

7. 各列的起始處不要留太多空白，因為能作答的書寫之區域有限，應考者應將每一橫列空間做最大化的利用。

8. 把題目再抄一篇，沒有意義又浪費時間，因而作答時「絕對不要抄寫題目」，只書寫題號數字。

9. 作答處以線條亂畫線，如第 1 題於一處作答，又把線引至另一個地方，以補充方式書寫，造成閱卷委員的不便；此外，作答內容凌亂，沒有系統性、組織性等都會影響閱卷委員的評定。

10. 字體書寫太小影響可讀性，也影響他人的閱讀評定，因而要注意書寫字體的大小。

11. 字體太凌亂，委員閱讀不易，突顯硬筆字技巧或教學基本能力有待精進，硬筆字書寫之字體工整性或美觀性要靠平時練習，無法速成。

12. 寫錯字，若修改字數不多可以直線劃掉。如是修正的是長列文字要用修正帶（液）擦掉，不要亂塗，時間足夠的話，建議以修正液擦掉重寫較工整。

【範例題目】

　　學生是否需要參加學習扶助，需要經學習扶助科技化評量系統的檢測與評估，篩選的對象為智商與學習能力沒有問題，但學習成就表現落後一般水平，或未達基本程度者，這些學習評量低成就表現的學生其心理與行為特質有明顯的特徵，請問這些特徵為何？請加以說明之。

【擬答參考】

　　學習低成就學生在心理特質、學習行為與社會人際面向等有以下幾個特徵（陸偉明主編，2020）：

（一）心理特質面向

　1. 低自我概念及低自尊心，自信心不足；自我防衛機轉較高，害怕失敗。

　2. 錯誤的失敗歸因，自我設限，不敢嘗試新事物；併隨情緒困擾與焦慮感。

　3. 對活動欠缺積極性，對周遭環境不感興趣，也不知自己興趣所在。

（二）學習行為面向

　1. 長期失敗會造成學習動機低落，成就動機不足，對課業缺乏興趣。

　2. 缺少有效學習方法，上課不專注，常會出現干擾教學活動進行的不當行為。

（三）社會人際面向

　1. 常會違反班規，與同儕溝通不良，造成人際關係不佳。

　2. 缺乏問題解決能力，社會適應不良，常被他人嘲笑或歧視。

　3. 未受到師生的關注，可能出現輕微反社會的行為。

捌

段落式與條列式的作答比較

段落式的寫作方式，評分委員要幫你找出書寫的重點，此種以一個大段落文字作答形式無法獲得評分者青睞，因為無法突顯系統性與結構性編排，此種作答型式，想要獲得不錯的分數十分困難，因而會有考生看到成績時心中出現以下想法：「我寫了很多，為何單題的分數那麼低！」

題號	作答區
1	多數學習低成就學生的心理與行為特質，有以下共同特徵： 　　低自我概念及低自尊心，自信心不足；自我防衛機轉較高，害怕失敗。錯誤的失敗歸因，自我設限，不敢嘗試新事物；併隨情緒困擾與焦慮感。對活動欠缺積極性，對周遭環境不感興趣，也不知自己興趣所在。長期失敗造成學習動機低落，成就動機不足，對課業缺乏興趣。缺少有效學習方法，上課不專注，常出現干擾教學活動進行的不當行為。常會違反班規，與同儕溝通不良，造成人際關係不佳。缺乏問題解決能力，社會適應不良，常被他人嘲笑或歧視。未受到師生的關注，可能出現輕微反社會的行為。

段落式寫作指的是以一個大段落書寫一個問答題的內容，並將作答區間全分配在同一頁的位置中，造成作答紙的浪費與書寫內容周延性的不足，若是為第一輪的作答全書寫在第一頁中，題與題也沒有留列數，則第二輪後各題沒有適當位置可增補內容。

第 1 頁

題號	作答區
1	○○○○○○○○○○○○○○○○○○○○○○○○ ○○○○○○○○○○○○○○○○○○○○○○○○ ○○○○○○○○○○○○○○○○○○○○○○○○ ○○○○○○○○○○○○○○○○○○○○○○○○。
2	□□□□□□□□□□□□□□□□□□□□□□□□ □□□□□□□□□□□□□□□□□□□□□□□□ □□□□□□□□□□□□□□□□□□□□□□□□。
3	◇◇◇◇◇◇◇◇◇◇◇◇◇◇◇◇◇◇◇◇◇◇ ◇◇◇◇◇◇◇◇◇◇◇◇◇◇◇◇◇◇◇◇◇◇ ◇◇◇◇◇◇◇◇◇◇◇◇◇◇◇◇◇◇◇◇◇◇ ◇◇◇◇◇◇◇◇◇◇◇◇◇◇◇◇◇◇◇◇◇◇。
4	△△△△△△△△△△△△△△△△△△△△△△△△△△ △△△△△△△△△△△△△△△△△△△△△△△△ △△△△△△△△△△△△△△△△△△△△△△△△ △△△△△△△△△△△△△△△△△△△△△△△△ △△△△△△△△△△△△△△△△△△△△△△△。

　　次佳的答題類型雖有列點，但每個列點又像一個小段落，各小點內的重點突顯較不明顯：

題號	作答區
1	多數學習低成就學生的心理與行為特質，有以下共同特徵： 　　1. 低自我概念及低自尊心，自信心不足；自我防衛機轉較高，害怕失敗。錯誤的失敗歸因，自我設限，不敢嘗試新事物；併隨情緒困擾與焦慮感。對活動欠缺積極性，對周遭環境不感興趣，也不知自己興趣所在。 　　2. 長期失敗造成學習動機低落，成就動機不足，對課業缺乏興趣。缺少有效學習方法，上課不專注，常出現干擾教學活動進行的不當行為。 　　3. 常會違反班規，與同儕溝通不良，造成人際關係不佳。缺乏問題解決能力，社會適應不良，常被他人嘲笑或歧視。未受到師生的關注，可能出現輕微反社會的行為。
2	○○○○○○○○ ○○○○○○○○○○○○○○○○○○○○○○

　　上述問答題之作答內容，可以歸納為三個面向，將之統整歸納成較佳的答題型式，此種編排有組織系統、條理清晰，閱讀起來能快速把建構書寫內容給他人知曉，如下：

題號	作答區
1	多數學習低成就學生的心理與行為特質，有以下共同特徵： （一）心理特質面向 1. 低自我概念及低自尊心，自信心不足；自我防衛機轉較高，害怕失敗。 2. 錯誤的失敗歸因，自我設限，不敢嘗試新事物；併隨情緒困擾與焦慮感。 3. 對活動欠缺積極性，對周遭環境不感興趣，也不知自己興趣所在。 （二）學習行為面向 1. 長期失敗造成學習動機低落，成就動機不足，對課業缺乏興趣。 2. 缺少有效學習方法，上課不專注，常出現干擾教學活動進行的不當行為。 （三）社會人際面向 1. 常會違反班規，與同儕溝通不良，造成人際關係不佳。 2. 缺乏問題解決能力，社會適應不良，常被他人嘲笑或歧視。 3. 未受到師生的關注，可能出現輕微反社會的行為。

由於書寫空間有限，要論述品質佳、回應適切性與聚焦性的內容，就不能浪費作答紙可以用的空間，但也不能太擁擠凌亂，字體過小。各列起始字詞可空一小格即可，各列點標題文字直接從左邊列書寫，不用空白：

題號	（答案請從本頁第 1 行開始書寫，並請標明題號，依序作答）
1	多數學習低成就學生的心理與行為特質，有以下共同特徵：
	（一）心理特質面向
	浪費太多的作答空間
	1. 低自我概念及低自尊心，自信心不足；自我防衛機轉較高，害怕失敗。
	2. 錯誤的失敗歸因，自我設限，不敢嘗試新事物；併隨情緒困擾與焦慮感。
	3. 對活動欠缺積極性，對周遭環境不感興趣，也不知自己興趣所在。
	（二）學習行為面向
	把握作答空間
	1. 長期失敗造成學習動機低落，成就動機不足，對課業缺乏興趣。
	2. 缺少有效學習方法，上課不專注，常出現干擾教學活動進行的不當行為。
	（三）社會人際面向
	1. 常會違反班規，與同儕溝通不良，造成人際關係不佳。
	2. 缺乏問題解決能力，社會適應不良，常被他人嘲笑或歧視。
	3. 未受到師生的關注，可能出現輕微反社會的行為。

【範例題目】

新課綱教育目標的核心素養內涵之一，就是培養學生問題解決能力，學生問題解決能力與其他高階批判思考能力都需要訓練與實作。如果你是課堂任課教師，如何訓練學生問題解決能力的知能，請列舉三項以上具體做法（張清濱，2018）。

【擬答參考】

題號	作答區
1	訓練學生問題解決能力的方法列舉如下： 1. 口語化表述想法 　要求學生在問題解決的時候，口說自己的想法與做法，會有助於問題的解決與經驗學習。 2. 提供實例參考 　課堂中提供學生相關問題對應解決方式的案例，讓學生了解不同情境問題解決策略的應用情況，從實例中明白策略及方法於問題情境是如何應用的。 3. 善用提問對話 　學生在平時問題解決過程中，教師善用提問與發現式，導引學生內在思考歷程，找出較佳且有效的處理方法，以幫學生學習遷移與問題解決。 4. 分組合作學習 　小組學習時，學生可以進行腦力激盪，分工合作，構思出更可行的方法，有助於其問題解決技巧的發展。

　　若是作答列數較多，可以直接將說明文字直接書寫於列點標題文字的後面，不必另外從新的一列開始書寫，以讓書寫區間做最大化的運用。

【擬答參考】

題號	作答區
1	訓練學生問題解決能力的方法列舉如下： 1. 口語化表述想法：要求學生在問題解決的時候，口說自己的想法與做法，會有助於問題的解決與經驗學習。 2. 提供實例參考：課堂中提供學生相關問題對應解決方式的案例，讓學生了解不同情境問題解決策略的應用情況，從實例中明白策略及方法於問題情境是如何應用的。 3. 善用提問對話：學生在平時問題解決過程中，教師善用提問與發現式學習，導引學生內在思考歷程，找出較佳且有效的處理方法，以幫學生學習遷移與問題解決。 4. 分組合作學習：小組學習時，學生可以進行腦力激盪，分工合作，構思出更可行的方法，有助於其問題解決技巧的發展。

根據作答字數問答題較佳二種作答型態如下：

題號	作答區
1	
2	影響測驗結果分數信度高低的因素主要為測驗的長短、群體變異程度、測驗的難易度、測驗計分型態與估計方法，其中林老師可以掌控的做法如下： 1. 增加社會成就測驗題數 　　測驗愈長（試題數愈多），測驗內容愈具代表性，並可減少猜測因素的影響，提升測驗結果的信度，但同時也要考量學生作答時間。 2. 讓測驗難度為難易適中 　　當測驗試題的難度指標值愈偏向於 1.00 或 0.00，測驗分數的變異愈小，信度愈低，難易適中的測驗試題才能提高測驗結果的信度。 3. 多編製選擇反應之題型 　　選擇反應題型（如選擇題、是非題、配合題等）為計分客觀的試題，此種類型題目的測驗結果之信度較建構反應試題為高。 4. 限制建構反應題型較佳 　　簡易問答題有特定情境、條件或限制，評定的分數較為客觀，信度會較高。

約 13 列至 15 列

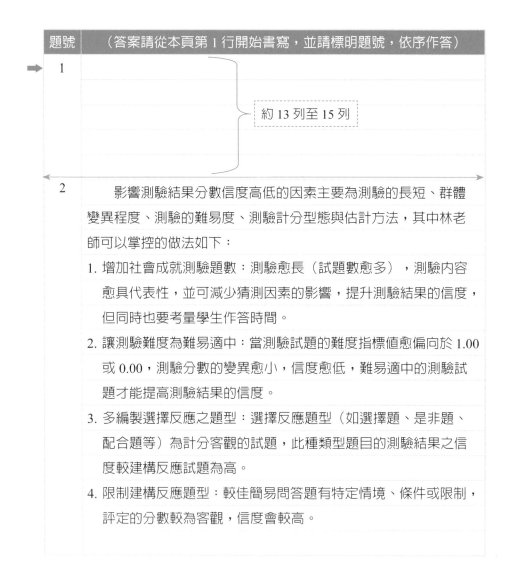

題號	（答案請從本頁第 1 行開始書寫，並請標明題號，依序作答）
1	約 13 列至 15 列
2	影響測驗結果分數信度高低的因素主要為測驗的長短、群體變異程度、測驗的難易度、測驗計分型態與估計方法，其中林老師可以掌控的做法如下：

2 　　影響測驗結果分數信度高低的因素主要為測驗的長短、群體變異程度、測驗的難易度、測驗計分型態與估計方法，其中林老師可以掌控的做法如下：

1. 增加社會成就測驗題數：測驗愈長（試題數愈多），測驗內容愈具代表性，並可減少猜測因素的影響，提升測驗結果的信度，但同時也要考量學生作答時間。

2. 讓測驗難度為難易適中：當測驗試題的難度指標值愈偏向於 1.00 或 0.00，測驗分數的變異愈小，信度愈低，難易適中的測驗試題才能提高測驗結果的信度。

3. 多編製選擇反應之題型：選擇反應題型（如選擇題、是非題、配合題等）為計分客觀的試題，此種類型題目的測驗結果之信度較建構反應試題為高。

4. 限制建構反應題型：較佳簡易問答題有特定情境、條件或限制，評定的分數較為客觀，信度會較高。

玖

建構反應型題目可能類型

一 學科知能的重要概念或學理

【範例題目1】⋯⋯⋯⋯⋯⋯⋯⋯⋯⋯⋯⋯⋯⋯⋯⋯⋯⋯⋯⋯⋯⋯⋯

　　多數學者贊同學校組織結構類似社會學家韋伯（M. Weber）所稱的組織科層體制的內涵，請根據韋伯科層體制概念列舉三項以上，詮釋學校組織具有科層體制的特徵。

【擬答參考】

1. 學校行政組織階層嚴明有序：校長、處室主任、組長、教師、職員等職位階層分明。
2. 學校各部門均依法行事準則：校長、所有處室、組別及成員等都要依相關法規及上級規定行事。
3. 學校部門人員均有其專業性：○○○○○○○○○○○○○○○○○○○。
4. 學校成員任期依法受到保障：○○○○○○○○○○○○○○○○○○○。
5. 學校教育人員有其權利義務：○○○○○○○○○○○○○○○○○○○。

【範例題目2】⋯⋯⋯⋯⋯⋯⋯⋯⋯⋯⋯⋯⋯⋯⋯⋯⋯⋯⋯⋯⋯⋯⋯

　　60年代初教育社會學以鉅觀功能論為主，強調功績主義及社會公平，但教育機等問題始終無法得到完善解決；70年代以後以批判和詮釋為主的衝突學派過度重視決定論點，無法對社會問題做出合理性詮釋。20世紀因多元文化主義興趣，出現後現代的批判理論（批判教育學），批判教育學的論點基礎為「後現代主義」（postmodernism），請求後現代主義主要觀點列舉四項加以說明（譚光鼎，2018）。

【擬答參考】

1. 拒絕後設的敘述：強調以多元、變動的小型論點取代傳統大型、總

體及全方位的理論觀點，以因應情境脈絡的變遷。

2. 統合理論與實務：縮小理論與實務間的差距，進一步結合理論與實務，理論能與現實契合。

3. 重視民主與解放：反對權威主義及總體主義，強調民主、解放及個體主體性，學校是民主轉化的重要場景，要實踐民主化教育。

4. 強調差異的對話：知識有多元及區域性，差異不能視為對立，透過差異進行理性對話，師生盡可能發掘差異現象，增進相互理解與尊重，並進行改變。

【範例題目 3】

一個原有 40 題的成就測驗題目，原測驗的信度為 .80，考量到學生作答的時間，命題老師擬將題目數減少至 20 題，請問減少 20 題後，新成就測驗的信度等於多少？

若是原 40 題的折半信度為 .60，則以斯布公式校正結果，全測驗的信度估計應為多少？（不能整除時請四捨五入至小數第二位）

【擬答參考】

1. $r_{XX} = \dfrac{nr}{1 + (n-1)r}$，其中 $r = .80$，$n = 25/50 = 0.50$

$$r_{XX} = \frac{0.50 \times 0.80}{1 + (0.50 - 1) \times (0.80)} = \frac{0.40}{0.60} = 0.67$$

2. 折半信度的 $r = .60$，$n = 2$（全測驗長度為半測驗的 2 倍）

$$r_{XX} = \frac{2 \times 0.60}{1 + (2 - 1) \times (0.60)} = \frac{1.20}{1.60} = 0.75$$

延伸閱讀

測驗分數之信度類型中，「折半信度」要經校正才能反應原測驗

眞實的信度。

【範例題目 4】⋯⋯⋯⋯⋯⋯⋯⋯⋯⋯⋯⋯⋯⋯⋯⋯⋯⋯⋯⋯⋯⋯⋯⋯⋯⋯⋯⋯⋯
　　與期初評量及形成性評量相較之下，總結性評量被認為是一種「高風險」的評量，為何總結性評量會被視為是高風險的評量，請就其內涵加以說明。

【擬答參考】
1. 總結性評量一般採用標準化成就測驗或是教師自編成就測驗，學校場域的總結性評量多數是教師自編成就測驗。
2. 總結性評量目的在於給予學生成績、等第、排序、升級或做出學習結果報告，有時也會與學校權益有關。
3. 因而若是總結性評量的測驗題目沒有良好的信效度，或是題目試題品質不佳，可能造成其評量給予結果評定的不公，對學生及學校都會造成很大影響及風險，是故總結性評量被認爲是「高風險」的評量。
4. 中小學教育場域的總結性評量一般爲段考／期中考，測驗分數影響學生領域／學科學期總成績等第的評定，試題品質與測驗分數家長與學生都十分關注，評量程序嚴謹性的要求較高。

【範例題目 5】⋯⋯⋯⋯⋯⋯⋯⋯⋯⋯⋯⋯⋯⋯⋯⋯⋯⋯⋯⋯⋯⋯⋯⋯⋯⋯⋯⋯⋯
　　永恆主義（perennialism）可視為是進步主義的一種反動，其代表人物首推赫欽思（Hutchins）與阿德勒（Alder），永恆主義學者特別重視永久不移的人類文化。請就永恆主義學者之教育原理加以簡要論述（簡成熙譯，2019）。

【擬答參考】

1. 教育重視學生理性啟發：教育功能不在於職業或專業訓練，而是在培養學生理性，傳授永恆眞理的知識。

2. 教育經驗是生活的預備：學校不是眞實的生活情境，也非社會的縮影，學校是人爲安排的機構，在於使學生習得文化遺產，啟思理性。

3. 課程教材強調讀寫算：從教材內容（語言、歷史、數學、自然科學、藝術與哲學等）基本學科中，習得永恆的知識。

4. 重視偉大經典叢書傳授：從偉大經典中才能知道人類偉大觀念與發展智性，它是人類知識與智慧的寶庫，與人們生活息息相關。

5. 強調紀律與自制的重要：教育以教師爲中心，教師教學活動有其權威性，應受到尊重，心智練習要輔以紀律來達成。

【範例題目 6】⋯⋯⋯⋯⋯⋯⋯⋯⋯⋯⋯⋯⋯⋯⋯⋯⋯⋯⋯⋯⋯⋯⋯⋯⋯⋯⋯⋯⋯⋯⋯⋯⋯⋯⋯⋯

後現代批判理論的代表學者之一為亨利・吉魯（Henry Giroux），此理論對於課程及教學提出嚴厲批判，理論稱為「批判教學論」（critical pedagogy）。批判教學論認為教師於教育場域中應扮演「轉化的知識分子」（transformative intellectuals）。請就批判教學論的理論體系提出四項具體內涵或主張（譚光鼎，2018）。

【擬答參考】

1. 發展民主化教育：關注的議題以倫理道德爲中心，發展民主化與多元化的教育；此外也能協助師生對弱勢群體有更高敏銳度，找出改革可能性。

2. 重視差異化議題：讓學生認識有關性別、族群、階級等差異議題或不平等之處，知悉其文化脈絡及建構歷程，學會對差異性的尊重。

3. 創造新知識形式：從小型敘述與對話中檢視不平等之處，提供學生

新的社會視野與知識觀點，學會對差異的關注。

4. 運用批判性語詞：經由批判及可能性語言，協助師生發展變革的意識，跳脫大型敘事霸權的框架。

【範例題目 7】⋯⋯⋯⋯⋯⋯⋯⋯⋯⋯⋯⋯⋯⋯⋯⋯⋯⋯⋯⋯⋯⋯⋯⋯

　　精粹主義（essentialism）同時受到觀念論與實在論教育哲學的影響，在 1930 年代對美國所謂的生活調適教育、兒童中心學校及學生學習品質不佳的情況，大聲疾呼，對於進步主義的教育觀點持不同立場與論點，至 21 世紀精粹主義對美國教育仍有重要影響力。精粹主義學者雖然對於學校最好的課程內容沒有完全一致的定論，但對於教育仍有共同立場，請就精粹主義之共同強調之教育原理或觀點提出三項加以說明（簡成熙譯，2019）。

【擬答參考】

　　精粹主義教育哲學家共同的教育觀點如下：

1. 學校最主要任務是教授基本知識

　　初等教育階段重視 3R 教學，中學階段課程目標重視學生歷史、數學、英文、文學及外語能力的習得，學生學習最重要的是精熟基本學科知識與技能。

2. 學習要有成效必須配合常規紀律

　　學習基本學科不能完全依賴學生興趣與需求，或是問題取向教學活動，傳統直接的教學法（如記憶與練習），如何配合常規紀律營造有秩序的學習環境。

3. 班級教師是權威來源非學習夥伴

　　教師不是學生學習過程中的學習同伴或指導者，教師是知識權威者，應受到尊重；此外更應熟悉學科教材的內容與邏輯順序，知道如何有效呈現教材。

【範例題目 8】...

　　課程發展與設計模式中，巴比特認為教育的功能在預備個人未來的生活，他採用活動分析法將人類生活劃分為十種主要活動，每個活動內容都是教育目標內涵；查特斯則採用工作分析法建構課程，從教育理想中決定工作單元，每個工作單元即是教育目標。他們二者發展與設計課程的模式歸屬目標模式。巴比特與查特斯課程理論有相同之點，也有相異之處，請問其間的異同處為何？（黃光雄、楊龍立，2016）

【擬答參考】

（一）相同點

　　1. 都倡導科學化的課程編製程序（活動分析法或內容分析法），重視社會活動的分析與再組織，把教育工作視同一種教育工程學。

　　2. 反對社會重建者將教育視同改造社會重要工具的論點，社會問題不宜作課程內容，偏重領域專家專業判斷的共識。

　　3. 課程理論強調以社會活動為中心，對知識進行再組織。

　　4. 課程要事先用精確的字詞進行陳述，結果要以小的工作單元加以表述，而且每一單元都有明確的達成標準。

　　5. 達成課程單元的手段，皆應以效率的規準進行判斷，也就是減少所有浪費的動作，達成事先界定的結果。

（二）相異處

　　1. 查特斯除重視課程的具體分析之外，也重視抽象的課程理想。

　　2. 巴比特認為活動分析可同時發現課程的目標與課程的內容，但查特斯認為課程目標之決定當屬教育哲學家的工作範疇，課程分析者的工作則是如何將目標轉化成課程理想與具體的課程活動或內容。

3. 再者，由於原初專長領域的不同，巴比特主要從教育行政的角度構思課程，查特斯則是從教學的角度思考課程，且受杜威實用主義知識觀的影響，重視課程組織與兒童學習心理間的契合（鍾鴻銘，2019）。

延伸閱讀重點

■ 課程理論學者及其論點摘要一覽表

理論學者	目的	原則	內容
巴比特（F. Bobbitt）	課程即科學；強調學生需求；為成人生活做預備；澄清目標；成本效益的教育。	以相關的活動將目標分類與安排順序；澄清教學事項與任務。	小學讀寫算基本學科；中學學術科目；教材與教師計畫的相關活動。
查特斯（W. Charters）	課程即科學；強調學生需求（及需求評估）；連結課程的理論與實務。	採用工作分析描述課程歷程；列出目標與相關的活動；透過評鑑確認目標。	教材需與目標有關；教材與教師計畫的相關活動。
克伯屈（W. Kilpatrick）	學校即社會及社區經驗；確認課程為有目的的活動；兒童中心課程；兒童發展與成長。	採用設計教學法以調和行為主義與進步主義；師生共同設計，強調學生；強調教育學或教學活動；創造性專題、社會性的關係及小組教學。	教育通才而非教育專家；統整的教材；問題解決。

理論學者	目的	原則	內容
魯格（H. Rugg）	在社會情境脈絡中的教育；兒童中心課程；完整的兒童；課程專家即工程師。	目標、相關學習經驗與結果的陳述；教師事先計畫課程。	強調社會學科。
卡威爾（H. Caswell）	教育的基礎理論（歷史、哲學等）影響課程發展；三個主要元素間的關係：課程、教學與學習；學生需求與興趣；根據社會功能（主題）、有組織的知識與學習者興趣等組織課程。	課程為一系列經驗的組合；課程指引作為教師計畫的來源；教師協調教學活動以有效實施課程。	教材的組織與學生需求及興趣相關；根據社會功能及學習者的興趣發展教材。
泰勒（R. Tyler）	課程即科學與學校哲學的擴展；以學習者的研究、當代生活、學科專家的建議與哲學及心理學的應用等來澄清目的（目標）；學生需求與興趣；課程與教學的關係。	課程為理性分析的歷程；使用目標去選擇與組織學習經驗；運用評鑑決定結果（是否已經達成目標）；重視課程垂直與水平的關係。	根據知識、技能與價值來組織教材；強調問題解決；教育通才而非教育專家。

資料來源：方德隆譯，2004a，頁 166-167；Ornstein & Hunkins, 1998, pp.94-95。

二 學科知能於情境脈絡的應用

【範例題目 9】⋯⋯⋯⋯⋯⋯⋯⋯⋯⋯⋯⋯⋯⋯⋯⋯⋯⋯⋯⋯⋯⋯⋯⋯⋯⋯⋯⋯

　　八年二班第二次定期考查，英文學科李老師被指派為英文科命題老師，李老師要如何做才能編製一份高品質而較少爭議的定期考查試題，請列舉三項以上的具體做法。

【擬答參考】

　　李老師之編製試題應把握以下原則：

1. 根據雙向細目表命題：命題時根據課程教材內容與學習目標二個主軸構成的細目表命題。

2. 依據命題的原則出題：選擇反應題目的題幹陳述要明確簡潔，試題的型態與所要評量的學習結果要能匹配。

3. 題目要為原創性試題：試題必須為教師個人構思、組織與編擬出來的，不能抄襲之前他校或學校的考古題。

4. 命題後要有審題機制：教師將編擬好的試題給同領域／學科的教師審查，以檢視題目的適切性與合理性，再進行增補修正。

5. 題目難度為中間偏易：題目的整體難度最好是中間偏易，試題由簡易到困難排列，大多數學生均能於時間內作答完題目。

6. 考量作答的考試時間：英文科學習評量卷的總題數應考量到學校規定的節課考試時間，較佳的方法之一是參考之前的題項數進行總題數的規劃。

【範例題目 10】⋯⋯⋯⋯⋯⋯⋯⋯⋯⋯⋯⋯⋯⋯⋯⋯⋯⋯⋯⋯⋯⋯⋯⋯⋯⋯⋯⋯

　　六年五班陳老師上數學課時，小明與坐在旁邊的小強突然打起來，干擾到教學活動的正常進行，若你是陳老師，你會如何處理？請列舉三項以上處理方式。

【擬答參考】

1. 以果斷反應教師姿態，立即阻止二人打架行為，並命令二人立即坐在座位上，或暫時請二人到教室後站立反省。

2. 安撫同學情緒，若同學情緒無法平穩，採用同時處理策略，一面安排學習活動請其他同學練習，一面詢問當事者，迅速了解打架起因並掌握情況。

3. 利用下課時間與二位當事者對話，詳細了解緣由，並施予機會教育，打架無法解決事情，最好的處理方式是告知老師。

4. 課餘時教師採用「我－訊息」讓學生知道打架行為會干擾教學活動進行，更會讓父母親擔心。

【範例題目 11】⋯⋯⋯⋯⋯⋯⋯⋯⋯⋯⋯⋯⋯⋯⋯⋯⋯⋯⋯⋯⋯⋯⋯⋯⋯⋯⋯

　　差異化教學是一種過程導向教學，它是一種有意義及有效的教學，也是一種符應學生需求的理念與教學，目標在於提高學生學習的最大可能性，因而教學需根據學生的先備能力，提供介入與支援。如果你想要進行差異化教學，你的教學設計或流程為何，請簡要說明（林佩璇等，2018）。

【擬答參考】

1. 認識學生差異與起點行為

　　根據新單元所應具備先備知識及核心概念，設計學習評估單進行學生課前評量。

2. 擬定差異化的學習目標

　　根據課前學習評量結果及教材特性，將學習目標分為基礎及進階二種目標，前者為精熟學習課程，後者為加深課程。

3. 規劃差異化的教學流程

　　包括全班共同學習活動、分組討論合作或個別練習自學，根據學

習表現及學生問題，進行補充或補救教學。

4.設計差異化分層學習內容

　　依據分層目標設計不同難度的學習內容，配合分層學習單給予不同層次學生的提示作答與學習。

5.運用多元活動的教學策略

　　配合教學策略運用實作、圖卡、具體操作、分站學習等學習活動，以促進學習效果；最後配合動態評量評估學生學習表現。

【教檢試題 1】⋯⋯⋯⋯⋯⋯⋯⋯⋯⋯⋯⋯⋯⋯⋯⋯⋯⋯⋯⋯⋯⋯

　　教師教學時大多會採用現有的教科書，但有時仍需發展自編教材。試述教師需自編教材的理由（至少三項）（108 年教師資格考試題目）。

【擬答參考】

　　教師發展自編教材有以下幾個理由：

1.學科或領域已有的教科書部分單元，與班級教育情境與課程實際需求不符合。

2.目前的課程包含部定課程與校訂課程，出版業者編著的多爲部定課程，校訂課程（各校彈性課程）因學校間差異甚大，此範疇的教科書編輯甚少。

3.學校本位課程的發展，需要學校自行編輯教材才能與校本課程目標契合。

4.教師爲補充教學內容，自編教材以彌補教科書素材內容的不足。

5.差異化教學或學習扶助所需，自編更能符合學生學習需要的教材。

【作答要領】

　　問答題所提問的內容要考生至少論述至少三項教師自編教材的理由，若因時間關係，最好能列點書寫三項；如果尚有時間，考生最好不要只書寫三項，因為題目所問的回應內容為「至少三項」，論述的內容可以超過三項，只要有其合理性與必然性，可能的理由都可以書寫，但記得論述的條目不要重複，也不要陳述與教師自編教材關係緣由間契合度不高的內容，增補內容的同時也要注意原先分配的時間多寡。

【教檢試題 2】┄┄┄┄┄┄┄┄┄┄┄┄┄┄┄┄┄┄┄┄┄┄┄┄┄┄

　　林老師採用四人一組的異質能力分組，讓學生玩林老師設計的數學桌遊。遊戲中小組的每個人依序輪流進行活動，累積個人分數，小組總分達 250 分就算闖關成功。小組成員在遊戲中可以互助合作，但輪到的人必須自己進行遊戲的動作，其他成員只能提供口頭意見。在過程中，老師發現高能力的學生會找到很多得分的方法，其他組員很快地也會使用同樣的方法；但老師會懲罰取巧的學生，使其他組員不敢再用。最後全部小組都闖關成功，總分最高的小組可以得到獎品（108 年教師資格考試題）。

　　(1) 試在上述學習活動中，找出兩個吻合行為主義學習理論的元素。

　　(2) 試在上述學習活動中，找出兩個吻合社會學習理論的元素。

　　(3) 林老師的設計運用了「合作學習」的那些原理原則？試舉出兩項。

【擬答參考】

　　根據題目所問，分別說明如下：

(1) 二個符合行為主義學習理論元素

甲. 老師會懲罰取巧的學生，使其他組員不敢再用——懲罰（punishment）原理應用（可能採用施予式懲罰或剝奪式懲罰）。

乙. 最後全部小組都闖關成功——精熟學習（Mastery Learning）原理應用，所有學生在評量中都達到教師設定的標準。

(2) 二項符合社會學習理論的元素——觀察與模仿

甲. 高能力的學生找的得分方法，其他組員很快使用同樣方法。

乙. 老師會懲罰取巧的學生，使其他組員不敢再用。

(3) 林老師在過程中使用了合作學習的主要原理原則

甲. 維高斯基鷹架學習理論，學生在同儕協助下，學習表現能從實際發展區進步到近側發展區。

乙. 異質性分組原則（學習者小組成就區分法——STAD）。

【範例題目 12】⋯⋯⋯⋯⋯⋯⋯⋯⋯⋯⋯⋯⋯⋯⋯⋯⋯⋯⋯⋯⋯⋯⋯⋯

學生行為矯正的過程中，班級教師常會使用負增強與懲罰，許多使用者常會將負增強誤認為懲罰，請問「負增強」與「懲罰」的意涵有何不同？請列舉二個課堂教室中使用負增強物的例子。

【擬答參考】

（一）負增強與懲罰意涵的不同

1. 負增強與正增強一樣都是讓反應增加，強化學生正向行為的出現，其中主要是移除或取走學生感到嫌惡的刺激或事物（負增強物），它也是行為強化的一種，由負增強所促進的行為反應，一般稱為「逃離反應」。

2. 懲罰是給予學生一個不喜愛的刺激（施予式懲罰），或是移除一個學生期待的刺激（剝奪式懲罰），以消弱學生反應，減少不當行為出現的頻率。

（二）負增強物使用的例子

1. 小明每天回家第一件事就是把回家功課趕快寫完，而不用煩惱忘記書寫會被老師責罰，小明盡可能每天都這樣做回家功課。

2. 資訊科技課時在走廊上亂哄哄，沒有排好隊伍，班級導師告知全班同學，沒有排好隊伍就不能到資訊專科教室，同學爲了趕快進到資訊專科教師，馬上把隊伍排好。

三 跨領域的學科統整試題

範例情境說明

七年一班林老師英文課程的最後十分鐘，編製一張學習單要同學課堂完成，並告知全班，下課鐘聲響起，學習單全部要繳交 (1)。

小明拿到學習單後一直在看他新買的漫畫書，林老師看到後，請小明坐在前面的特別座就近監督，小明很不願意坐在離老師那麼近的位置，請求老師不要坐到前面，林老師告知小明要坐回原來座位，就趕快把學習單完成 (2)。

小強坐在最後面也在看漫畫，沒有專心書寫學習單，林老師看到後直接沒收漫畫書，告知小強，學習單寫完後再歸還 (3)。林老師看到有幾位同學都不把握時間書寫，跟全班同學講：「少數不用心寫的同學，老師擔心下課時你們寫不完，速度要加快。」(4)

其他同學看到小明與小強未專心書寫學習單被老師的處置行爲，均專心書寫學習單 (5)。林老師告知全班同學，「學習單要好好寫，老師才知道這節課教的內容你們是否學會或懂了？」(6)，「有幾位同學老師教完了，連重點是什麼，或那裡不了解都不知道，要專心點。」(7)

【題目一】..

　　請從乙欄中勾選最適合情境描述的學理、效應或意涵說明，乙欄中的每個選項可能用一次、一次以上或完全不用。

甲欄	乙欄
(1)（　　）	A. 負增強
(2)（　　）	B. 正增強
(3)（　　）	C. 施予式懲罰
(4)（　　）	D. 剝奪式懲罰
(5)（　　）	E. 暗示策略
(6)（　　）	F. 警告訊息法
(7)（　　）	G. 漣漪效應
	H. 期望效應
	I. 我的訊息
	J. 讚賞式稱讚
	K. 評價式稱讚
	L. 總結性評量
	M. 形成性評量
	N. 後設認知能力

【擬答參考】

1. (E) 暗示策略

2. (A) 負增強

3. (D) 剝奪式懲罰

4. (I) 我的訊息

5. (G) 漣漪效應

6. (M) 形成性評量

7. (N) 後設認知能力

【題目二】⋯⋯⋯⋯⋯⋯⋯⋯⋯⋯⋯⋯⋯⋯⋯⋯⋯⋯⋯⋯⋯⋯⋯⋯⋯

1. (　) 課堂中其他同學看到小明與小強未專心書寫學習單被老師的處置行為後，均專心書寫學習單，不敢拿出漫畫書出來看或做其他活動。林老師班級經營採用的策略所造成的現象稱為何種？

　(A) 閃光燈效應　(B) 漣漪效應　(C) 沒收效應　(D) 比馬龍效應

2. (　) 林老師對於小明未能專注於書寫學習單行為所採用的方法策略稱為何者？

　(A) 剝奪式懲罰　(B) 施予式懲罰　(C) 正增強　(D) 負增強

3. (　) 課堂上課中老師常會使用自編學習單以快速評量學生的理解程度，教師自編的學習單十分多元，就學習評量類型而言，課堂學習單的練習是屬於何種評量？

　(A) 診斷式評量　(B) 安置性評量　(C) 形成性評量　(D) 總結性評量

【擬答參考】

1. (B) 漣漪效應
2. (D) 負增強
3. (C) 形成性評量

範例情境說明

　　上英文課時，小明一直在折紙飛機，折好後就直接在課堂中試飛，任課林老師目睹後就告知小明，他那麼愛折紙飛機，第一節課就折十隻送給老師，第一節下課時，小明折紙飛機折到厭煩 [1]；第二節上課時，小明一直詢問老師為何要這麼多紙飛機，林老師均沒有理會，小明見林老師都沒有回應就不再提問 [2]；下課前十分鐘，林老師看到小明沒有專心寫學習單，告知小明，明天早自修時間若要看課外書，下課前必須把學習單寫完 [3]；下

課時，小明的學習單並沒有寫完，為了到走廊跟同學玩，也把學習單交出來，林老師發現後請同學叫小明回來補寫完才能出去玩耍，小明只好回到座位把學習單趕快寫完 [4]。

【題目】..

　　就上述情境範例而言，林老師採用那些教育心理學或行為改變的方法，請逐一說明。

【擬答參考】

　　(1) 飽足法：愛折紙飛機利用課餘折十隻送給老師（此方法要注意不能傷害到學生，或讓學生無法負荷）。

　　(2) 忽視消弱法：老師不回應與教學內容無關的問題。

　　(3) 普立馬克原則：老師與學生訂定契約，以看課外書之活動作為增強物。

　　(4) 反應代價的處罰法：課堂未專心完成的作業或任務，利用下課時間完成。

四 教育領域簡稱詞意涵的提問

　　重要簡稱詞意涵如：

（一）不同知識如 CK、PK、PCK、TPACK 之內涵。

（二）課程評鑑中的 CIPP 模式。

（三）學校行政或教育政策的 KPI 內涵。

（四）跨學科的教學內容或模式—STEM 教育的內涵。

（五）目標管理中常採用戴明圓環（Deming cycle/wheel），其循環歷程簡稱為 PDCA，請就 PDCA 的內涵簡要說明？

（六）問題導向學習 PBL 的定義與特性。

（七）請比較 PISA 與 TIMSS 有何不同？

（八）SWOT 分析法又稱爲態勢分析法，運用 SWOT 分析法可以深入了解教育場域或班級組織的情況，請就 SWOT 分析法內涵簡要說明。

（九）中小學 SIEP2.0 的內涵？

（十）閱讀教學或診斷性評量教學策略之 KWL 表策略爲何？

（十一）FACT 自殺徵候判斷準則。

PCK 等知識意涵

Mishra 與 Koehler（2006）認爲身處數位時代中的教師應當考量到七種知識，方能有效運用教育科技進行教學（陳國泰，2018）：

1. 學科知識（Content Knowledge; [CK]）

教師對領域／學科之事實、概念、原理本身及它們之間相互關係理解的知識。

2. 教學法知識（Pedagogical Knowledge; [PK]）

指教師在教學活動中運用的教學原則、策略與方法的知識。

3. 學科教學知識（Pedagogical Content Knowledge; [PCK]）

指教師統合學科知識與教學法知識之間的關係，有系統地陳述學科內容知識，最佳的表徵形式呈現（如說明、類比、示範、圖表、範例等），進而有效地將特定學科內容知識與技能傳授給學生，讓學生吸收理解並應用。

4. 科技知識（Technological Knowledge; [TK]）

教師應用相關科技時所需具備之技能與操作能力。

5. 科技學科知識（Technological Content Knowledge; [TCK]）

指找尋學科知識與科技知識之相關聯繫與結合應用，教師能運用科技知識以呈現學科知識，藉以輔助教學與學習活動的進行。

6. 科技教學知識（Technological Pedagogical Knowledge; [TPK]）

指教師在教學活動中，使用科技於學科教學的知識，TPK 關注於科技有效應用於教學活動的策略、方法與運用程序。

7. 科技學科教學知識（Technological Pedagogical And Content Knowledge; [TPACK]）

整合前述各項知識而成的科技學科教學知識。TPACK 指教師為有效將特定學科內容傳授給學生，讓學生輕易理解學科內容及增進學習成效，而融合學科知識、教學法知識、科技知識、學科教學知識、科技學科知識、科技教學知識等，以將該特定學科內容予以組織及調整，經由科技的協助以有效進行知識傳遞，達到有效率與有效能目標。

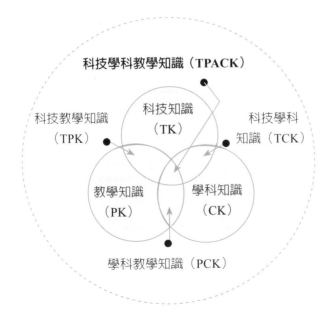

【範例題目 13】

　　教師知識的領域方面，學者格羅斯曼（Grossman）依知識的內容性質，將教師知識分為六種：內容知識、學習者與學習知識、一般教育學知識、課程知識、情境知識、自我的知識；在教師知識的形式部分，則將之區分為典範型知識形式（paradigmatic forms）與敘事型知識形式（narrative forms）。請就典範型知識形式與敘事型知識形式的內涵分別加以說明（譚光鼎，2018）。

【擬答參考】

（一）典範型知識形式

　　1. 科學化知識：偏重普遍的法則或原則，類似自然科學知識，強調建立科學化及跨學科的教學知識，如有效能教師的教學行為與教學表現。

　　2. 普遍性知識：進行大量有效的教學研究資料，發掘最佳的教學模式或最普遍有效的教學方法提供現場教師學習運用。

（二）敘事型知識形式

　　1. 個人化知識：情境脈絡式的個別化知識，主要透過教師傳記、故事及教學檔案來了解教師具有的知識，是一種情境式與個人化知識。

　　2. 省思性知識：知識形式功能主要提供個別教師教學省思與檢視情境的參照比對，不作為教師教學的指導律則，教師經由哲學過濾與察覺，形成個人獨特的教學風格。

　　3. 案例性知識：教師針對各種教學情境所敘寫的記錄或案例，具體反映教育現場的情境脈絡，有效面對複雜性及變動的教育場域。

【範例題目 14】

　　蘇爾曼（Lee Shulman）指出教師的知識可分成三大類：教學知識（Pedagogical Knowledge，簡稱 PK）、學科內容知識（Content Knowledge，簡稱 CK）和學科教學知識（Pedagogical Content Knowledge，簡稱 PCK）。

　　柯克朗（K. F. Cochran）修改蘇爾曼的學科教學知識為學科教學知曉（Pedagogical Content Knowing，簡稱 PCKg），以知曉（knowing）替代知識（knowledge），強調教師對學科教學知識、學科內容、學生特性及學習情境之整體理解的動態本質。教師學科教學知識主要有那些內涵，請加以說明（鍾榮進，2014）。

【擬答參考】

1. 學科知識與信念

　　包括教師對學科教學的內容、目標、學科架構，學科內與學科間概念間關係的理解；教師的意向、教育哲學觀及期待學習目標等之知曉。

2. 課程知識

　　係指教師對於課程發展、設計、組織、選擇與實施；課程目標、計畫，及該學科教學設計、教學方案、水平課程與垂直課程的了解等之知曉。

3. 學生知識

　　指教師對學生的理解，包括先備知識與概念、心智發展、學習式態、學習能力、學習策略、性向與動機、態度與自我概念、人格特質等之知曉。

4. 教學情境知識

　　指教師對學校教育及教學過程牽涉之相關情境脈絡及文化背景的了解，包含對社區文化、族群生態、學校組織情境及行政運作、教室

環境、班級活動、典章制度、家長特性與人力資源等的認識。

5. 教學方法與策略知識

　　指教師為達成教學目標，在教學過程能理解並有效使用各種教學方法與策略，包括班級經營、媒體素養運用，以維持上課秩序、促發學習動機等相關的策略。

CIPP 意涵

　　CIPP 模式之 CIPP 分別指背景、輸入、過程與成果：

（一）背景評鑑（context evaluation）一目標

　　背景為組織脈絡情境的檢視，作用一般或特殊目標訂定的參考與評估。

（二）輸入評鑑（input evaluation）一計畫

　　組織的資源充分性與策略合理性，前者包括設備器具、經費編列、程序方式、參與人員、計畫周延性等。

（三）過程評鑑（process evaluation）一行動

　　計畫實施情況、省思回饋與修正改變情形。

（四）成果評鑑（product evaluation）一結果

　　整體計畫實施之產出結果的評估，執行情形的品質檢視，確認執行結果與期待結果的差異情況等。

KPI 意涵

KPI（Key Performance Indicators）一「關鍵績效指標」

　　KPI 的意思為「衡量一個管理工作成效最重要的指標，是一項數據化管理的工具，必須是客觀、可衡量的績效指標。」

配合「SMART」原則：

「S」Specific（具體）：用一個特定的指標作爲衡量基準。

「M」Measurable（可衡量）：可以透過數據呈現。

「A」Attainable（可實現）：數字不會過高，是可以被實現的。

「R」Relevant（相關性）：與組織的成功息息相關。

「T」Time-bound（時限）：在一定的時間限制內。

跨學科之 STEM 教育意涵

STEM 是科學（Science）、技術／科技（Technology）、工程（Engineering）和數學（Mathematics）的首字母縮寫。

改變以老師爲中心的典型性課堂模式，鼓勵發展一種問題解決式、探索發現式學習的課程模式，這個模式要求學生積極參與，以尋求問題的解決方法。

（一）STEM 主題單元設計舉例

單元：認識南北極，掌握明日地球

1. 活動簡介

認識南北極地理位置及自然資源，過程中學生能夠直接體會到科學、科技、工程、數學之結合。

2. 教學目標

認識南北極地理位置及自然資源

南北極與全球人類生活的關係

3. 本活動整合應用之 STEM 概念

(1) 科學（Science）：了解南北極的地理位置；說明南北極自然環境的差異。

(2) 科技（Technology）：Google earth 顯示南北極位置；利用 scratch 程式，標示南北極漁獲、礦場等等與人類生活相關資訊。

(3) 工程（Engineering）：繪製與製作實體地球儀（平面或圓球體皆可），以南北極為製作重心。

(4) 數學（Mathematics）：利用相關知能算出兩者位置距離；計算南北極面積，求南北極占地球的比例。

單元：氣球小車

1. 活動簡介

認識非動力氣球車，過程中，學生能夠直接體會到科學、科技、工程、數學之結合。

2. 教學目標

牛頓第三運動定律（作用力與反用力）；機構與結構。

3. 本活動整合應用之 STEM 概念

(1) 科學（Science）：作用力與反作用力的應用。

(2) 科技（Technology）：繪製非動力氣球車草圖。

(3) 工程（Engineering）：製作紙板氣球車，著重車體結構與輪胎平衡。

(4) 數學（Mathematics）：度量（學習單位：速率）。

（二）STEM 一般採用 6E 教學策略或模式

1. 參與（Engage）

利用作品、模型或媒體教具引發學生好奇及興趣，促發學生對課程學習的動機。

2. 探索（Explore）

藉由資料說明、分組討論或腦力激盪等策略，提供學生對主題內容的理解，以能活用轉化知能。

3. 解釋（Explain）

經由問答引導學生說出其思考內容及對主題內涵重點的掌握程度，協助澄清迷失概念，建構更有系統性的認知。

4. 建造（Engineer）

學生藉由實作了解課程主題，應用所學知識及技能知能，將概念應用於生活問題原型的解決。

5. 深化（Enrich）

讓學生做更多不同面向的練習，將所學作更深更廣的探究與應用，以解決更複雜的問題。

6. 評量（Evaluate）

設計有效的測驗工具及具體準則，以評估學生學習成效，兼顧歷程與結果。

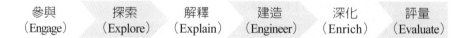

參與（Engage）　探索（Explore）　解釋（Explain）　建造（Engineer）　深化（Enrich）　評量（Evaluate）

PDCA 意涵

一套「目標管理」流程，透過規劃（Plan）、執行（Do）、檢核（Check）、行動（Act）四階段，確保每次的目標都能達成：

1. 規劃：根據要達成的目標擬定詳細的計畫與程序。
2. 執行：根據擬定計畫及程序執行任務。
3. 檢核：任務的管制與評估，檢視問題所在，並找出問題解決或改善的有效方法。
4. 行動：依據檢核結果，重新修正做法，正確執行矯正措施以達成目標。

問題導向學習——PBL

（一）問題導向學習之定義

　　「問題導向學習」（problem-based learning）爲一種以結構模糊且眞實的問題爲中心的課程設計與教學模式，採用小組討論及合作學習方式，以教師爲課程顧問，經由教師引導、學生們對話、討論、批判、探索等進行目標問題的知識建構、分享與整合。學習模式主要有三個階段：1. 問題發展與提出；2. 問題起始與探索；3. 問題解決與驗證（陳志銘，2012）。

（二）問題導向學習之特色

1. 以問題爲學習之核心

　　以問題作爲核心，問題及情境取代課程教材，配合教師所設計之教學環境，提供學習者進行資料的蒐集、思考與討論。

2. 以小組學習方式進行

　　使用分組合作之學習共同體方式，成員可以對話互動，經由腦力激盪思考最佳的問題解決策略。

3. 以討論學習爲主歷程

　　教師角色是引導者，學生依循教師所設計的學習情境批判及主動的討論，以提升學習者高層次認知及問題解決能力。

4. 強調學習者主動學習

　　以學習者爲中心，學生是問題持有者與問題解決者，經由探索與修正歷程建構知識與學會技能應用。

5. 教師爲引導與協助者

　　教師角色由傳授者轉移爲協助者與導引者，教師或師生共同擬定的模糊問題必須有挑戰性，以激發學生創意批判思考能力。

PISA 與 TIMSS 意涵

　　PISA 為國際學生能力評量計畫（Programme for International Student Assessment），由經濟合作暨發展組織（Organisation for Economic Co-operation and Development；[OECD]）主辦的全球性學生評量，自 2000 年起，每三年舉辦一次，其評量對象為 15 歲學生，評量內容包括閱讀、數學和科學三個領域的基本素養程度。

　　TIMSS 為國際數學與科學教育成就趨勢調查（Trends in International Mathematics and Science Study），由國際教育成就評量學會（The International Association for the Evaluation of Educational Achievement; [IEA]）主辦，每四年為一週期，進行數學與科學教育成就的跨國研究，評量方式比較接近課程本位的成就評量。

SWOT 意涵

　　就學校行政或班級組織而言，SWOT 可就組織或個人內部優勢與劣勢，及發展機會與威脅來進行分析，SWOT 四個字分別表示：優勢（Strength）、劣勢（Weakness）、機會（Opportunity）、威脅（Threat）：
1. 優勢：組織或個人競爭優勢或亮點等。
2. 劣勢：組織或個人不利或不足之處。
3. 機會：組織或個人在競爭條件中有利的因素，潛在的發展條件。
4. 威脅：可能阻礙潛在發展條件的變因或限制等。

學校本位國際教育計畫——國際教育 2.0

SIEP 為「學校本位國際教育計畫」的簡稱（School-based International Education Project）。中小學國際教育 2.0 的願景為「接軌國際、鏈結全球」，前者指中小學教育的內容、過程及結果，都能與國外主要國家的學制相互轉銜；後者指中小學的教育主管機關、學校、教師及學生，都能與全球支持教育國際化的組織、機構及企業建立夥伴關係。

接軌國際、鏈結全球的中小學教育具備以下三個意涵：1.「人才培育」、2.「環境整備」、3. 對外機制（體驗教育），政策訂定的教育目標為：「培育全球公民」、「促進教育國際化」及「拓展全球交流」。國際教育 2.0 基於以下四個理念進行規劃與推動：1. 十二年國教課程綱要為基礎；2. 中小學國際教育普及化；3. 跨域資源之整合運用；4. 教育主管機關扮演關鍵角色。未來 SIEP 將從課程發展與教學、國際交流及學校國際化三個面向，推動各項行動方案（擷錄自國際教育政策白皮書）。

KWL 圖表意涵

KWL 採用建構主義論點，強調學習者在認知與學習過程中的主動性與建構性，對教師而言是一種教學策略，對學生而言是種學習策略。教學活動在於喚起學生的先備知識與舊經驗，學生經由主動操弄、實作、觀察、閱讀、小組討論等活動，習得新知識與解決問題。

1.「K」——我知道什麼？（What I know?）

活動在於引導學生喚醒與教學內容有關的先備知識，教師可透過提問、腦力激盪等方式協助學生思考並回憶舊經驗。

2.「W」── 我想學什麼／我想要知道什麼？（What do I want to know?）

鼓勵學生主動提出問題，作為學習時關注的焦點目標或任務，問題導因於學生所好奇的與想要知道的，問題探索過程中，學生會更為投入。

3.「L」── 我已學到什麼／我已學會什麼？（What did I learn?）

它是學習行動後的一種反思階段，檢視目標達成成效，作為自我學習的調整回饋。

我知道的（K）	我想要知道的（W）	我已經學會的（L）	如何習得更多
What do I KNOW?	What do I WANT to know?	What did I LEARN?	（H）How can I learn much more?

延伸閱讀

KWLQ 中的 Q 為問題的展延性（more questions），鼓勵學生提出更多的問題，持續探究。K-W-L-H（How can I learn more?），思考如何讓學習內容更豐富，有那些方式可以學到更多，思考新問題如何解決。

FACT 準則

自殺的警訊（FACT）判斷法則：
（一）感覺（feelings）
（二）行動或事件（action or events）
（三）改變（change）
（四）惡兆（threats）

➢【介入輔導回應延伸思考】

若教師從 FCAT 四個面向發現同學可能出現自我傷害行為，要立即介入處置，介入輔導策略從四個面向書寫：

1. 教師——學生

個別晤談、開導、關懷、觀察……

2. 教師——家長

親師合作、找出問題所在……

3. 同儕——學生

好友關懷注意、陪同、通報……

4. 尋求行政支援

轉介到輔導室請輔導專任教師介入輔導（介入性輔導）……

拾

問答題擬答方向舉例題 I

【範例題目1】⋯⋯⋯⋯⋯⋯⋯⋯⋯⋯⋯⋯⋯⋯⋯⋯⋯⋯⋯⋯⋯⋯⋯⋯⋯⋯⋯⋯⋯

　　一般而言，參與學校學習扶助（補救教學）之學生，其學習表現、學習態度與日常行為與沒有參與學習扶助的學生有很大差別。請從學業表現、學習態度與日常行為三個面向說明教師初步的判別準則。

【擬答參考】

（一）學習表現方面－學習成就表現與一般學生間有一段落差：

　　1. 無法達到基本能力指標。

　　2. 學業表現低於發展標準。

　　3. 測驗分數落後年級常模。

　　4. 應具備的能力未能具備。

　　5. 數學語文基本程度落後。

（二）學習態度方面－負向

　　消極退縮、學習動機很低、沒有信心、低自尊等。

（三）日常行為方面－厭惡學習活動：

　　1. 低出席率、學科作業常缺交。

　　2. 班級適應困難，伴隨不當行為出現等。

【範例題目2】⋯⋯⋯⋯⋯⋯⋯⋯⋯⋯⋯⋯⋯⋯⋯⋯⋯⋯⋯⋯⋯⋯⋯⋯⋯⋯⋯⋯⋯

　　當前青少年接受更多的刺激，與之前其次文化面貌相較之有很明顯轉變，從實徵研究與報導中，青少年次文化有以下幾點實踐形貌：勇於消費文化、重視服裝造形文化、偶像崇拜文化、關注漫畫閱讀文化、喜愛嘻哈文化、使用流行話語文化、沉浸網路文化等。青少年次文化實踐形貌十分多元，請以相關學理解讀青少年次文化的意涵（吳瓊洳，2008）。

【擬答參考】

1. 生態模式

青少年次文化受到所處社會脈絡的影響，反映成人主流文化特性，因而喜愛新鮮事物與求新求變，追求感官刺激與享樂主義型態的消費文化等。

2. 場地理論

青少年想要逃離外在環境與成人的限制與壓力，透過次文化找尋安全與較自由舒適的生活方式，關注漫畫閱讀與喜愛嘻哈、迷戀網路世界等都可以讓個體解放。

3. 社會學習論

青少年渴望獲得同儕團體的認同感，同儕團體提供青少年行為參照的標準，讓青少年的不確定或迷惑暫時獲得解決，偶像崇拜、服裝造形、流行話語、音樂品味等都是。

4. 文化決定論

青少年藉由次文化表達其個性化的自主風格，標榜自我意識與追求個性，藉以尋求自我認同，同時也有可能是對成人權威與現實生活不滿的另類行為表現，次文化是青少年另類文化風格。

【範例題目 3】

「青少年次文化」（adolescent subculture）有積極功能與消極功能，它與大社會之主流不同，次文化是一種獨特文化，為某一群體的集體行為，其目的通常是為了解決所有成員面對的社會適應或學習問題。如果你是教育場域的教師，如何有效讓青少年次文化發揮正向的教育效益，請列舉三項加以說明（陳奎憙等，1998；譚光鼎，2018）。

【擬答參考】

1. 接納並了解緣由

接納學生的觀念、行為與言語，確切了解與掌握青少年次文化的特質，進而察覺其成因，若可能有負向性功能產生，教師要積極關注並適時介入輔導改變。

2. 同理並充分溝通

站在學生立場、考量學生需求與處境，體諒他們的感受與做法，以包容取代禁止，以理性溝通取代責罰批評，透過正式與非正式管道的對話排除歧異，以導向學生朝向理想目標努力。

3. 課程改進與輔導

採用創新多元的教學活動，善用合作學習，讓每位學生都有成功經驗與良好的同儕關係；給予學生關懷與協助，防止不良次文化的產生，教師察覺及鼓勵是重要的關鍵因素。

【範例題目 4】⋯⋯⋯⋯⋯⋯⋯⋯⋯⋯⋯⋯⋯⋯⋯⋯⋯⋯⋯⋯⋯⋯⋯⋯⋯

艾肯德（Elkind）認為早期青少年發展了新的認知能力使他們能夠思考他們自己的及他人的思想，其重要發展特徵為青少年的「自我中心主義」，請問根據艾肯德觀點，青少年的「自我中心主義」有那些特徵，請列舉三項，並分別加以說明（吳明隆、蘇素美，2020）。

【擬答參考】

艾肯德認為青少年的「自我中心主義」有四大特徵：

1. 想像觀眾

青少年過度專注於自己，他們總是認為別人也會特別專注於他們的外表以及行為，他們總是想像自己是位演員，會有一群「觀眾」（audience）持續在注視著他們的一舉一動（包括儀表和行為）。

2.個人神話

　　青少年過度強調自己的情感與獨特性，或是過度區分自己的情感，堅信自己的情感是與眾不同的。由於「個人神話」的作用，使青少年認為他們是不朽的、特殊的、獨特的存在個體。

3.假裝愚蠢

　　在探索性的環境當中會表現過度的理智化，表現出大智若愚的樣子，「假裝愚蠢」（pseudo stupidity）（或裝笨）來操弄別人。

4.明顯偽善

　　青少年認為他們不必遵從絕大部分人都要遵守的規定，他們希望能夠與他人不同（此心理歷程與個人神話有相似之處）。青少年容易虛情假意，顯現表裡不一的樣子。

延伸閱讀

　　「個人神話」之自我中心現象有三種表現方式：

1. 獨特性

　　「獨特性」（uniqueness）係指想法對個體而言是新的，因此青少年不認為他人也會有此想法，或是曾經有過這樣的想法，因而沾沾自喜於自己想法的獨到新穎之處。

2. 不可毀滅性

　　「不可毀滅性」（indestructibility）指青少年認為自己有著巨大無比的抗爭力，可以讓個體免於危難，遠離任何損傷，此種感覺深深影響他們對事情的判斷，無法聽進他人勸告，依然我行我素。

3. 理想主義

　　青少年只想以「紙上談兵」、「書生論政」的理想模式來解決問題。由於青少年獨特的思考方式，思考運作時雖會衍生許多抽象假設，但同時也忽略了現實環境的限制。當實際現況無法回應個人構想

時，便產生怨天尤人、憤世嫉俗的態度。

【範例題目 5】

青少年時期生理快速發展，造成生理與心理發展的不平衡，此時期稱為人生狂飆期，其情緒發展與之前相較之下，有很大不同。請問青少年其情緒發展有何特徵？請列舉三項，並分別加以說明（吳明隆、蘇素美，2020）。

【擬答參考】

由於青少年期的認知能力及意識水平的提升，其情緒發展有以下特徵：

1. 延續性

青少年期的學生情緒發作時間延續較長，可長達數小時至數日，有些情緒體驗會長期影響他們的成長。

2. 豐富性

青少年期的學生，各類情緒表達的強度不一，其層次間的差異很大，這種不同程度的情緒發展，讓他們對事物的體驗感受更豐富且多樣化。

3. 差異性

個體間、兩性間的情緒體驗有很大差異性，不同人格特質（內向與外向）與年齡者，其情緒表達也會有不同。

4. 兩極波動性

由於青少年在身體、經驗及心理發展的成熟度不足，情緒表達會出現明顯兩極化現象，挫折時垂頭喪氣、成功時得意忘形，情緒反應兩極化。

5. 隱藏性

隨著青少年的社會化與心理成熟，青少年能根據特有條件、規準

或目標來表達自己的情緒，此時會形成外表情緒與內心體驗不一致的情況。

【範例題目 6】⋯⋯⋯⋯⋯⋯⋯⋯⋯⋯⋯⋯⋯⋯⋯⋯⋯⋯⋯⋯⋯⋯⋯⋯⋯

　　學生在自殺之前都有徵候出現，老師若能仔細觀察立即介入處置或輔導，則可以減少學生自殺行為，請問一位有自殺傾向或意念的學生，會有那些行為特徵出現？請加以說明。

【類似題目敘述】⋯⋯⋯⋯⋯⋯⋯⋯⋯⋯⋯⋯⋯⋯⋯⋯⋯⋯⋯⋯⋯⋯⋯⋯

　　當事者在自殺或做出自我傷害行為之前，其行為或學習會透露相關警訊或訊息，教師若能察覺提前介入輔導，可以大幅減少校園學生自我傷害事件。請依自殺的警訊（FACT）判斷法則，分別說明有自殺傾向同學在做出自我傷害行為前的症候（社團法人台灣自殺防治學會）。

【擬答參考】

（一）感覺（feelings）

　　1. 悲觀的信念：對人生抱持悲觀看法、對學習持消極態度、過度的罪惡感和羞恥感、痛恨自己、持續的個人焦慮與憤怒。

　　2. 無望的態度：如「事情不可能變好了」、「已經沒有什麼好做了」、「這個世界對我而言沒有好留念的」等。

　　3. 無價值感想法：如「沒有老師或同學在乎我」、「沒有我的班級會更好」等。

（二）行動或事件（action or events）

　　1. 聚焦自我傷害事物：談論或撰寫有關死亡或毀滅的情節、在閱讀習慣方面常以電腦網路查看自殺事件的資料，閱讀關於描述自殺事件的小說或故事等。

2. 盲目自殺傷害崇拜：對某位已經自殺身亡藝人明星的舉動表示可佩，或是認為其很勇敢；進一步的行動會焦躁不安、或魯莽濫用藥物或酒精等。

（三）改變（change）

1. 不在乎與不珍惜：學習行為突變，課業隨便應付，被老師責罵也不當一回事，對於同儕朋友、嗜好或之前喜歡的活動完全失去興趣。突然將自己最喜愛的物品或東西送給同學，請同學作為紀念或代為保管。

2. 不回應與少互動：個性突然變得沉默不語，課堂行為表現退縮、厭倦、冷漠，不與他人交談或很少互動，不重視師長及同學評價。

（四）惡兆（threats）

1. 言語：如言談中不經意會談及人死後的去處、「流血流多久才會死？」等。

2. 威脅：如告知同學：「他／她很快就可以到自己喜愛的世界去」、「過不久班上就會少一個人」、「沒多久我就不會在這裡了」（多數同學聽到此種語言，會認為當事者是在開玩笑或是在講氣話）。

3. 計畫：安排事務、獲取武器或器物，做出自我傷害行為。

【範例題目 7】⋯⋯⋯⋯⋯⋯⋯⋯⋯⋯⋯⋯⋯⋯⋯⋯⋯⋯⋯⋯⋯⋯⋯⋯⋯⋯

　　陳老師為七年三班的導師，從許多症候判別班上小美同學可能有自我傷害（自殺）意圖，如果你是陳老師要採取那些策略或方法，才能預防小美自我傷害行為的發生？

【擬答參考】

　　學生透露自傷意圖，可視為一種學生經歷困境的求救行為，而認定自傷是唯一可以讓他們不再痛苦的方法，通常會透過直接或間接方式表達自傷意圖。教師若已察覺可從下列幾面向著手：

（一）基本態度：學生需要一個信任且安全的環境訴說自己的狀態，教師宜掌握下述回應態度：

1. 平常心但謹慎：「平常心」指的是不慌亂的神態，當學生表達他有自我傷害的想法時，老師不要表現出訝異或緊張的表情。

2. 同理關心學生：讓學生感受到老師重視這件事情，如：「你會想用傷害自己的方式來對待自己，是不是遇到極大的困擾，你一時想不出更好的解決方法？」

3. 不評價的傾聽與回應：真誠的傾聽，但不任意評價學生描述的內容，否則可能阻斷師生之間的溝通。

（二）輔導技巧－風險評估：輔導以風險評估為主軸，目的在協助學生免於自我傷害之危機，具體做法：

1. 直接討論，不要逃避：學生願意告訴導師，表示信任導師，陪學生共同找出行為困擾的原因，只要學生願意談，就是轉捩點。

2. 接納的傾聽：當學生在描述自身所遇到的問題時，老師多傾聽不去評價，讓學生可以放心的將問題說出。

3. 了解憂鬱情緒的持續性：詢問並評估憂鬱情緒出現的頻率、強度及持續時間。

4. 探問學生對生命的態度：詢問學生對於死亡或自我傷害的想法。

5. 了解學生是否有具體的自傷／自殺計畫：包括學生是否已考慮特定的自傷／自殺方法？評估自傷／自殺的可能性？詢問學生於近期內是否會付諸自傷／自殺行動，及付諸行動、不付

諸行動的原因？學生如果只是初淺的想法，危險程度較低，如果細部計畫非常具體，危險程度就較高，需要通知家長及適時轉介輔導中心。

【範例題目 8】

潛在課程在學生學習過程中扮演著重要角色，請問何謂潛在課程？潛在課程有何特性？請列舉三項以上（吳明隆、陳明珠、方朝郁，2019）。

【回應方向】

回應內容要包含二個部分：

（一）潛在課程意義○○○

（二）潛在課程特性或特徵（配分為 6 分，書寫內容要較意涵為多）

　　1.○○○○○○○○：

　　2.○○○○○○○○：

　　3.○○○○○○○○：

　　4.○○○○○○○○：

【擬答參考】

（一）意涵

　　1.潛在課程指的是學習過程中未事先預設會對學生身心發展有所影響，或未在預設的學習目標之內，或是教師有意設計展現，但不知其成效為何，或是未存在教師意識的部分。

　　2.內涵如教師的言教、身教與境教，這些影響作用是從潛移默化、或模仿作用發揮教育的功用。

（二）特性

1. 意圖性：潛在課程是一種間接的學習，而不是直接的教授。

2. 內涵性：潛在課程常是情意、態度的陶冶，包含態度、價值、信念、人格等，較少認知的層面。

3. 功能性：潛在課程的作用結果有正向的教育功能，也有可能對教育形成負面的作用。

4. 影響性：潛在課程的影響只是一種可能結果，而非是絕對的。

5. 持久性：潛在課程比外顯課程對學生的影響更持久，更不會忘記。

6. 來源性：潛在課程影響來源方面是多元的。

【教檢試題 1】·····

教育觀念的闡述常運用比喻或隱喻，試針對「教育即塑造」、「教育即生長」分別說明其意義及優、缺點（108 年教師資格考試試題）。

【擬答參考】

回應內容包含二個部分（參閱吳明隆、陳明珠、陳朝郁，2019），二種隱喻（metaphor）與優缺點分述如下：

（一）隱喻為塑造

1. 意涵：從行為主義論－環境制約論，教育為行為塑造觀點論述。

2. 優點：○○○○○○○○○○○○○○○○○○○○○。

3. 缺點：○○○○○○○○○○○○○○○○○○○○。

（二）隱喻為生長

1. 意涵：從杜威進步主義－教育即生長的觀點論述。

2. 優點：○○○○○○○○○○○○○○○。

3. 缺點：○○○○○○○○○○○○○○。

【作答注意】

題目沒有提問二種隱喻的差異或相同，也沒有問二者間的比較，不要多此一舉，進行二者異同點的比較書寫，或是論述那一種隱喻較為適切或比較適合教育意涵。

延伸閱讀

隱喻類型	隱喻意涵	優點	缺點／限制
接生的隱喻	學生具有先天觀念或原則，教育過程類似產婆為產婦接生，採用詰問法，由內而外引出。	承認教育有限性，受教時，客觀天生擁有的特質可以幫他們引出發展，沒有的教師也不一定能由外而內訓練。	玄思假定人們的先天觀念與原則，無客觀學理的證據，只能作為教育信念，而非真確教育知識。
塑造的隱喻	心靈或人格的塑造，過程如泥土／陶土的塑造，論點為經驗主義或行為主義看法。	肯定教育是萬能，不論學生身心特質或能力為何，皆可隨心所欲塑造學生的品德與其他身心特質。	漠視學生先天與後天身心能力與特質間的差異，假定所有學生的紋理都相同，是同質性，忽視學生有機體，有很大異質性存在。
雕刻的隱喻	教師是心靈雕刻家，或人格的雕刻師，教師根據先天木石紋理雕刻，可創造良	承認學生的先天資質、身心特質間有個別差異存在（不同紋理），教育應考量個別差異、因材施教，	教育過分強調由外而內的訓練陶冶，忽視學生本身的自主性；德育上重視外在控制的他律，輕忽了學生

隱喻類型	隱喻意涵	優點	缺點／限制
	品，論點偏向理性主義看法。	強調由外而內的雕琢或陶冶。	內在的自律與其有機體動態的特性。
生長的隱喻	強調受教者有機生長與主體性，教育過程與園丁栽培花木無異，學生如花木，教師如園丁，要根據學生資質與特質加以施教。	能考量到學生主動求知的興趣與需求，及活潑動態的身心發展現象，考量到受教者的主體性，與外在環境的互動溝通。	教育歷程、受教育的學習歷程，或人格的養成習得過程，與生物命定成長固定過程並不完全相同，若只關注生長，忽視價值性與認知性發展，則失卻教育功能。

參考自歐陽教主編，2004。

【教檢試題 2】..

　　教師權威有效應用與教學效能及常規管理有密切關係，請你列舉三項教師權威，並說明其意涵（108 年教師資格考試試題）。

【擬答參考】

　　三項教師權威列舉如下──社會學家韋伯（M. Weber）：

（一）傳統的（traditional）權威：來自於對傳統習俗的信念，或神聖傳統的遵行。

（二）理性／法定的（rational）權威：來自於對一些經過合理程序，並為公眾認可規定的信服，或規範合理性的服從，此權威來自現代社會的科層體制。

（三）領袖魅力（charismatic）權威：來自於具有某些超凡特質個人魅力者的遵從。

延伸閱讀

　　韋伯權威合理劃分：傳統的、領袖魅力的、法定的與專家（或專業）的權威。教師權威的統合應用，必須兼顧法理情：「依法行政、依理行事、依情管教」，多用影響力大的權威，少用控制權大的權威。

　　教師權威也可從教師權力結構五種類型敘寫：

（一）專家權威（影響力最大）

（二）參照權威

（三）法制權威

（四）酬賞權

（五）強制權（控制力最大）

【範例題目9】

　　下表資料為啟大國中第二次定期考查數學領域考科中，選擇題第2題試題分析結果，請問試題的難度與鑑別度指數各為多少？選項誘答力的情況為何？

試題	組別	選項					總數	答對率	難度指標 P	鑑別度指標 D
		A	B*	C	D	未答				
2	高分組	8	25	0	7	0	40	0.625	（　）	（　）
	低分組	10	25	0	5	0	40	0.625		

註：＊試題的標準答案選項。

【擬答參考】

1. 難度 $P = \dfrac{0.625 + 0.625}{2} = 0.625$，試題難度為中間偏易。

　　鑑別度 $D = 0.625 - 0.625 = 0$，試題鑑別度為0，題目的鑑別度很差。

2.誘答力分析

(1) 選項 C 低分組都沒有受試者選填，表示選項 C 完全沒有誘答功能，此選項非常不理想。

(2) 選項 D 高分組選答的人數（7 位）多於低分組人數（5 位），表示此選項的誘答功能也不佳，可能選項內容的敘述欠明確或字詞模糊不清。

(3) 選項 A 高分組與低分組均有受試者選答，低分組選答人數多於高分組，選項 A 的誘答力尚可。

【範例題目 10】⋯⋯⋯⋯⋯⋯⋯⋯⋯⋯⋯⋯⋯⋯⋯⋯⋯⋯⋯⋯⋯⋯⋯⋯⋯⋯⋯

　　「翻轉教學」（翻轉教室）是最近幾年教育場域或教學創新推展的教學法之一，與傳統教學相較之下，「翻轉教學」（翻轉教室）有那些特性或特徵，請加以說明。

【擬答參考】

　　翻轉教學為教學創新的一種，改變以往教師講、學生聽的學習方式，此種教學法有以下幾個特性：

1.以學生為中心的教學模式，學習主體從教師轉移至學生。

2.使用問題導向的學習方式，而非教師直接傳授知識技能。

3.強調合作學習的學習模式，學習型態多為分組合作學習。

4.問題配合學生的認知結構，從問題解決中主動建構知識。

5.重視教師引導與回饋作用，採用類似布魯納發現學習法。

6.關注培養高層次認知能力，以批判思考及應用分析為主。

7.改變傳統單方向學習方式，聚焦知識社群自我導向學習。

延伸閱讀──認知歷程向度

1.〔知識〕／記憶─2.〔理解〕／了解─3.〔應用〕／應用─

4.〔分析〕／分析─5.〔綜合〕／評鑑─6.〔評鑑〕／創作

【範例題目 11】

班級學習評量中，形成性評量與總結性評量在學校班級評量中是最常使用的的二種評量型態，請問這二種評量的差異為何？請列舉三項以上二種學習評量型態間的差異處（吳明隆，2021）。

【擬答參考】

從下列表格中列舉三項以上的要素書寫：

特性或類別	形成性評量	總結性評量
目的	教學中提供回饋與教學改進	給予學生精熟的文件，判斷教學結束後是否成功
運用時機	教學進行中	教學結束後
教師角色	立即診斷、提供回饋與對未來學習活動作出建議	計畫、管理與記錄實作成果，作為隨後的教學使用
結構	彈性的、有適應性的、可改變的、非正式的	嚴密僵化的、有結構性的、正式的
影響方式	直接地影響教學與學習	間接地影響教學與學習
計分標準	標準參照計分型態	常模參照計分型態
等第排名	無關成績等第或排名	影響成績等第或排名
風險程度	低風險	高風險
評量類型	非正式觀察、臨時測驗、家庭作業、小考、課堂作業	正式測驗、期末報告、計畫、學期考試或學習檔案

【範例題目 12】┈┈┈┈┈┈┈┈┈┈┈┈┈┈┈┈┈┈┈┈┈┈┈┈┈┈┈┈┈┈┈┈┈┈┈┈┈┈

　　「角色扮演法」（role playing）在教育場域中經常被現場教師採用，請問角色扮演法於課堂實施時要注意那些事項？請列舉二種適合角色扮演法之案例或活動（吳明隆、陳明珠、方朝郁，2019）。

【擬答參考】

（一）注意原則

　　角色扮演法是結合戲劇和遊戲特點，在教育情境中應用時要注意以下的原則：

　　1. 要先依據故事情境的人物多寡決定角色人選，角色人選以學生自願擔任者為優先；也可以配合分組合作之角色扮演方式抽籤實施。

　　2. 各組角色扮演後之成果評定由各組或同學擔任。

　　3. 如果是真實生活人物故事的角色扮演，要避免有對人歧視或嘲弄的現象產生。

　　4. 不論何種人物，最重要的是同學的角色扮演應有助於促發班級凝聚力。

（二）案例說明

　　1. 體驗母親懷胎十月的辛苦，將球放進衣服中，從事學習體驗活動。

　　2. 坐輪椅參與學習活動，讓同學體會無障礙設施的重要，及對生理障礙同學行動不便的感受，讓學生有更多的同理心。

【範例題目 13】┈┈┈┈┈┈┈┈┈┈┈┈┈┈┈┈┈┈┈┈┈┈┈┈┈┈┈┈┈┈┈┈┈┈┈┈┈┈

　　多元文化教育（multicultural education）是一種涉及確認、接受和肯定人類關於性別、種族、殘障、階級和性別偏見之差異和相似性的教育實踐（呂美慧，2012）。多元文化的實踐與落實除關注弱勢

或文化資本不利的學生外，就課程與教學而言，有那些具體做法，請列舉三項以上加以說明（周新富，2018）。

【擬答參考】

1. 教師應審視並補充教科書的內容，提供多樣化的角色楷模，以保障少數族群能確實地、平衡地在教材中呈現，以培養學生多元文化的價值觀。

2. 課程教材應避免各種形式偏見與優勢文化的再製出現，納入深層的種族與不同文化的議題，配合教法設計讓課程有更多包容性與真實性。

3. 教學活動採用多元及不同的教學方法，包括族群原始學習的型態，以符應因文化不同學生所需的學習式態需求（視覺的、聽覺的、觸覺的等）。

4. 善用各種機會，提供學生有關多元文化的知識、經驗與訊息，創造一個有利於班級組織進步及不同族群共學的友善環境。

5. 採用認同感與凝聚力策略，鼓勵學生尊重他人及與不同族群成員進行良善的溝通互動。

6. 教師對學生都應有高度期許，提供學生正向的學習經驗，發掘每位學生亮點，讓學生優勢智能都能展現。

延伸閱讀一

　　隨著女性主義以及尊重性少數的理念受到關注，我國的多元文化教育加入了性別平等教育的內涵，並正視多元性別的現象。多元文化教育是一種追求平等、社會正義和民主的運動。班克斯（Banks）認為多元文化課程與教學包括五個構面（呂美慧，2012）：

1. **內容的統整**：指教師使用不同族群及文化的內容與實例來說明重要概念。

2. **知識的建構**：協助學生了解、探索某一領域隱含的文化假定及當事者觀點對知識建構歷程的影響，進而改變學校知識結構。

3. **偏見的減少**：教師藉由教育發展學生正向的種族態度，消解對族群偏差的態度與看法。

4. **均等教學論**：教師調整自己的教學，以讓來自不同種族、文化、性別與社會階級的群體，能夠在學習表現上獲得成功。

5. **增能的文化**：檢視學校活動運作，重構互惠尊重的學校文化，使不同族群、文化及性別等群體的學生獲致平等的教育經驗。

延伸閱讀二

班克斯（Banks）提出的多元文化課程的統整模式有四個不同取向的階層（周新富，2018）：

（一）階段一：貢獻取向（contribution approach）

選擇在適當的機會或特殊節日，將少數特定族群或文化團體的節慶、儀式、英雄人物事蹟、生活服儀等增列在主流課程中，透過講授或展覽活動，讓學生接觸少數族群的文化。如端午節前夕，教師於課堂中除介紹一般常見的粽子之外，也介紹原住民的小米粽。

（二）階段二：附加取向（additive approach）

不改變課程主要結構下，將文化內容、概念、主題或觀點加入於既存的課程結構中，如以一本書籍、一個單元或一門課的方式達成。如在英文學科或國文學科課程中加入少數族群有關的專書、文章來討論或作為補充教材。如老師採用協同教學，利用二節課時間，邀請班上印尼及越南籍家長講述東南亞文化特色。

（三）階段三：轉化取向（transformation approach）

改變既有的課程結構，讓學生從不同族群、文化觀點來看概念、議題、文化現象、社會問題與事件等等，主流文化的觀點只是其

中之一，此種轉化取向可以讓學生從不同文化族群的觀點出發，重組主流課程結構與知識的社會建構，如哥倫布發現新大陸，從新大陸的原住民而言，並非是「發現」。

（四）階段四：社會行動取向（social action approach）

除包含轉化取向的方式外，又增加對種族問題、性別、歷史事件、社會事件等重要社會議題的省思與討論，以澄清自己的價值觀念，建構統合性的評價論點，經由反省性的思考，做出自主性決定，採取個人的、社會的或公民的行動。

【範例題目 14】．．．

班級評量中，教師均會根據單元目標編製成就測驗，此種教師自編成就測驗與標準化成就測驗間有何差異，請列舉三項以上的差異點加以說明（吳明隆，2021）。

【擬答參考】

面向	教師自編成就測驗	標準化成就測驗
學習的產出及測量內容	測量特定的或小區域之課程的學習成果，注重特定的知識評量，忽略複雜的學習成果。	測量一般的學習成果，適用於大區域，測量普遍的技能與理解能力。
試題品質	試題品質不明，因為教師編寫的時間有限，與標準化成就測驗相較之下，試題的品質通常較差。	試題品質優良，由專家擬訂，並經由前測及量化的試題分析結果進行題目的篩選，題目有很佳的鑑別度。
信度	信度無法得知，但若細心編寫試題，測驗仍有高信度。	測驗的信度高，通常介於 .80 至 .95 之間，一般會大於 .90。

面向	教師自編成就測驗	標準化成就測驗
施測與計分	施測與計分具有彈性或者未以說明，通常沒有標準化的程序。	程序標準化，並提供施測與計分有關的指導說明手冊。
測驗分數的解釋	測驗分數的解釋與比較受限於特定的班級或學校，甚少提供分數解釋的指導手冊。	測驗分數可以和常模比較，提供測驗使用手冊及相關的指導說明，協助分數的解釋與使用。
常模建立	沒有建立分數常模	建立常模與百分等級

【範例題目 15】

七年三班小強下課時因為受到鄰居好友小明的蠱惑，下課時在廁所抽菸被同學發現，同學將看到的過程告知導師，如果你是班級導師會如何處理（吳明隆、蘇素美，2020）？

【擬答參考】

教師處理的重要在於讓學生自知錯誤及誠心悔改，而不是一味責罰學生，個人處理的具體策略為：

1. 了解學生行為的緣由，告誡已觸犯校規

配合生教組長與學生私下對談，了解其抽菸的動機與緣由，讓學生知道自己已違反校規，明白做錯事情。

2. 口語告知行為的危害，讓其明白嚴重性

告知學生抽菸對身體的危害及其嚴重性，抽菸是百害無一利，抽菸等於對個人身體的殘害，學校更是禁菸場所。

3. 播放菸害傷害的影片，以省思行為意義

若是口語解說告誡，學生還是無法理解其利害關係，再請學生觀看禁菸宣導影片，讓學生從影片中省思自己的行為並改進。

4. 依校規處理學生行為，以示公平一致性

　　以理告知學生後，要學生依規定寫下行為自述表及悔過書，承諾不再犯並願意悔過，接受老師的處置。

5. 所有的處置不宜公開，以免傷及其自尊

　　以上所有的處理方式都不應在公開場合下進行或於班級中公開責罵學生，保留學生顏面，以免學生自尊受損。

6. 配合學校相關的措施，給予其銷過機會

　　教師告知學生及家長雖已校規處置，但會給予銷過的機會（勞動服務銷過），請學生及家長不要擔心，重要的是學生要誠心悔過。

7. 親師持續密切的合作，共同督促其行為

　　親師密切合作，請家長協助督促但不能一味責罵，否則學生可能會逃學或翹家，若時間允許，依校規處理後的那星期到校接送孩子回家。

【範例題目 16】⋯⋯⋯⋯⋯⋯⋯⋯⋯⋯⋯⋯⋯⋯⋯⋯⋯⋯⋯⋯⋯⋯⋯⋯⋯⋯⋯

　　教學模式的翻轉是另外一種創新教學方法，中小學教師也知道教學創新與翻轉教學的重要性，但中小學教學場域顯示，多數中小學教師還是喜愛採用講述法，將教材主要內容傳遞給任教學生，其緣由為何？請加以申論之（潘奕叡、吳明隆，2016）。

【擬答參考】

　　中小學教師並非不知道教學創新的重要，只是以升學主義為導向的教育制度，教師要考量的面向較多，個人認為其緣由如下（潘奕叡、吳明隆，2016）：

1. 教材進度掌控較易：以教師為中心的講述法，較能有效掌控學習進度與安排學習活動。

2. 學習型態改變不易：要求每位學生改變學習型態，並不是簡單的事情，加上學生異質性高，程度差異很大。

3. 學習表現難予預測：領域／學科的學習，如果改變以學生爲中心的教學模式，是否會影響教學進度，學生的學習表現（如評量成績）如果沒有如預期般的進步，是否會受到家長質疑。

4. 家長心態調整問題：課前額外的學習準備活動，可能增加學生學習壓力，造成學生或家長的議論，多數家長認爲教師有系統地傳遞知識是其主要職責。

5. 升學導向制度影響：極大多數家長重視的是學生的學習成效或考試結果，並不關注教師的教學方法或創新策略，講述法最能快速而有效將領域或學科重要內容傳遞給學生知道。

【較差的擬答】

　　中小學教師並非不知道教學創新的重要，只是以升學主義爲導向的教育制度，教師要考量的面向較多，個人認爲其緣由如下（作答者書寫的條列式文句表述不完整）：

1. 教材進度掌控較易。

2. 學習型態改變不易。

3. 學習表現難予預測。

4. 家長心態調整問題。

5. 升學導向制度影響。

　　若只書寫條例式字詞時，條列標題文字不能太簡短：

1. 與傳統教學相較之下，翻轉教學的教學進度較難掌控。

2. 要全部學生改變傳統的學習型態，對很多學生而言有困難。

　　……。

【範例題目 17】⋯⋯⋯⋯⋯⋯⋯⋯⋯⋯⋯⋯⋯⋯⋯⋯⋯⋯⋯⋯⋯⋯⋯⋯⋯⋯⋯⋯⋯⋯⋯⋯⋯⋯⋯⋯⋯

　　教育現場常有許多教師以行為目標（behavioral objective）作為學習者在教學活動後能達到的期待結果，因為行為目標是具體檢核學生的學習表現，又稱為表現目標（performance objectives）或具體目標。行為目標敘寫包含的要素，學者觀點有稍許差異，其中梅格（Mager）提出三要素的行為目標敘寫較為簡易與實用。請問其所提行為目標包含的三要素為何，請簡要說明。並根據行為目標三要素內涵列舉二個行為目標。

【擬答參考】

（一）三個要素分別為可觀察的行為（observable behavior）、情境條件（conditions）、標準（criterion）：

　　1. 可觀察的行為

　　以外在可觀察的動詞描述學生要展現的行為，如寫出、能分類、能說出等，來判斷檢視學生是否學會學習知能或技巧。

　　2. 情境條件

　　情境條件為教師指派的任務或作業，其中包含使用的設備或器具、行為展現的地點、情境脈絡或時間限制等，如使用地球儀、校園中、十分鐘內。

　　3. 標準

　　期待學生展現的參照標準，此標準必須是多數學生都能達成的，如答對率 85% 以上、十種農作物名稱。

（二）範例

　　1. 提供二十題臺灣地理的選擇題（情境條件），學生能夠作答回應（可觀察的行為）並答對 15 題以上（標準）。

　　2. 學生能從六個不同的三角形圖形中（情境條件），正確指出（可觀察的行為）那些為直角三角形（標準）。

【範例題目 18】⋯⋯⋯⋯⋯⋯⋯⋯⋯⋯⋯⋯⋯⋯⋯⋯⋯⋯⋯⋯⋯⋯

「表意目標」（expressive objective）為艾斯納（E.W. Eisner）所提，他認為從事課程設計時除以行為目標用以標示課程實施的成果外，另有表意目標。表意目標歸屬一種「歷程目標」，表意目標與行為目標不同，請就表意目標的意涵簡要說明。根據說明意涵，列舉三項表意目標。

【擬答參考】

（一）表意目標與「目標─結果」採用之行為目標不同，行為目標預設固定的認知或行為表現課程模式，其意涵如下：

1. 表意目標指經由學生設計好的學習活動，所產生的可能結果，這些結果並非事先設定，也無預先建立的評鑑標準。

2. 表意目標為一種「使創意或構想、意見盡情表達」的課程目標，它鼓勵學生運用各種感官系統，獲得經驗、意識與感受。

3. 學生除認知能力成長外，更要發展情性的活動與經驗，以培養廣泛的智慧與素養，它是一種情性或情意的養成，也是個人的心靈感受與情懷（周淑卿，教育大辭書）。

（二）表意目標的敘寫範例

1. 三天的戶外教育活動，讓同學記憶較深刻的事件是什麼？

2. 從這次參加之獨立研究競賽的過程中，同學學習到那些經驗？

3. 以直笛自行選擇和學習吹奏一個曲目。

【範例題目 19】⋯⋯⋯⋯⋯⋯⋯⋯⋯⋯⋯⋯⋯⋯⋯⋯⋯⋯⋯⋯⋯⋯

布魯納（Bruner）的認知發展論提出三種表徵模式，教學的任務是以兒童的觀點呈現學科的結構，學會了結構就學會了事情的關聯性。他認為學習的行為是由三個相關的歷程組成，請問這三個相關的

認知歷程為何？它們分別與皮亞傑認知發展論的那些概念相呼應，請簡要說明。

【擬答參考】

布魯納認為學習的行為是由下列三個相關的歷程組成，與皮亞傑的認知歷程類似：

1. 獲得

「獲得」（acquistion）為獲取新的資訊，此類資訊對學習者資料儲存而言是新的，它可以取代先前所獲得的資訊，或只是重新界定或進一步之前資訊的品質，這個歷程呼應皮亞傑的「同化」（assimilation）學習概念。

2. 轉換

「轉換」（transformation）是個體處理新資訊並超越新資訊的能力，處理新資訊方法為外推法、內推法或資訊形式轉換法，這個歷程呼應皮亞傑的「調適」（accomodation）學習概念。

3. 評鑑

「評鑑」（evaluation）為決定資訊是否以合適的方式處理特定的任務或問題，這個歷程呼應皮亞傑的「平衡」（equlibration）概念。

（資料來源：Ornstein & Hunkins, 1998, pp.110-111）

情境說明

數學學習單的練習中，老師出了二題怎樣解題問題：

小明：應用之前老師教過的畫圖方式，以畫圖解題法正確計算出學習單的二個解題問題的答案。

小強：應用老師之前教過的畫圖方式無法解出，改用自己學過的舉例歸納法的解題策略才正確算出。

小美：依照老師之前的解題步驟還是無法算出學習單上的二個題目，小美顯得十分焦慮。

【範例題目 20】

上述三個情境中，若根據皮亞傑（Piagt）認知發展理論，三位同學各別呼應認知發展論中的那些觀點（或要素），請加以說明。

【擬答參考】

1. 小明採用「同化」的學習策略，將新經驗納入已學過的舊經驗之中。

2. 小強採用「調適」的學習策略，修正原有的認知結構，為解決問題、回應新經驗而調整舊有結構。

3. 小美的認知結構無法解決遭遇的事件或問題，造成心理上的不適狀態，此情況為「失衡」狀態（disequilibrium），在「失衡」狀態下，小美因無法解出題目，顯得緊張不安。

【範例題目 21】

卡芬頓（Covington）以「自我價值論」（self-worth theory）觀點解釋學生的學習動機，他認為學生的學習動機會反映在其自我價值上，他將學生的學習動機分為三種類型：精熟導向性（mastery-oriented）、避免失敗型（failure-avoiding）、接受失敗型（failure-accepting），這三種類型的學生對成功、失敗的看法，及其學習行為表現主要差異為何？請加以分別說明。

【擬答參考】

　　三種類型學生對成功看法、對失敗觀點、學習行為表現的主要差異如下表：

類型	對成功看法	對失敗觀點	學習行為表現
精熟導向性	是個人努力的結果。	失敗時認為自己要更努力。	選擇具挑戰性任務，失敗時會加倍努力。
避免失敗型	在於證明個人的價值。	驗證個人沒有價值。	設定過低或過度的目標，發展出保護技巧，如找藉口或合理化。
接受失敗型	認為成功不可能或機率很小。	失敗是必然的，反映出個體能力低落。	無助、沒有希望、欠缺動機，放棄學習。

資料來源：溫明麗等譯，2005，頁 394。

【範例題目 22】

　　課程設計時，設計者必須確認他們的哲學信念、社會與政治取向，若課程設計者忽略其哲學、社會與政治取向問題，課程設計會受到限制或產生混淆，為減少理論與實務的差距，增加課程設計的合理性與周延性，課程設計的來源要從那些面向考量（方德隆譯，2004b，頁 80-85；Ornstein & Hunkins, 1998, pp.234-236）？

【擬答參考】

　　寶爾（Doll）認為課程設計的來源有四個：科學、社會、永恆真理與神聖的意志；泰勒（Tyler）則認為應從知識、社會與學習者等三方面考量。綜合二位學者的論點，課程設計（curriculum design）的來源（source）主要包括五個面向：

1. 科學作為來源

著重可觀察與可計量的要素，重視問題解決能力外，也要強調程序性的知識。

2. 社會作為來源

學校從分析社會情境中獲得課程的理念，從社會、經濟與政治的情境脈絡中建構課程。

3. 永恆與神聖作為來源

具有永恆的價值與真理，重視某種課程內容（學科或宗教經典），此種課程與設計可以調整真理與信仰、知識與倫理、思想與行動等。

4. 知識作為來源

知識作為課程設計的來源時，並不意謂知識是某種靜態的現象，它是可以被討論與被批判的，每種學科知識都有獨特的結構與價值。

5. 學習者作為來源

將學習者視為課程設計來源的特徵是強調社會建構與知識的重建，以及授權學生可參與這些歷程，以培育獨特的學生。

【範例題目 23】

學習成就低落學習者一般稱為低成就學生，此類型的學生學習表現落後，多數伴隨負向的行為表現，教育部訂定之學習扶助作業要點的對象即為學習低成就學生，目標在於提升學生學習效能，確保學生基本學力；落實教育機會均等理想，實現社會公平正義。導致學生學習成就低落的成因是多元的，請就其可能的原因加以說明。

【擬答參考】

學習成就低落的成因爲多元因素導致：

（一）個人內在因素

1. 個人生理內在內素如學習障礙、智能障礙、感官障礙、情緒或行爲障礙、注意力缺陷過動症（ADHD）等，有這些障礙學生，無法正常學習，直間接導致學習低落。

2. 生理體弱或天生病症，無法全心全力的專注學習，生理傷痛影響心理情緒，造成學習成就低落。

（二）外在環境因素

1. 文化資本不利：文化脈絡及語言的差異，入學時的能力落差，造成學習適應不良。

2. 社經地位弱勢：低社經地位學童無法獲得足夠的社會資本，學習歷程累積較多負向的失敗及負向經驗，教育抱負感較低。

3. 家庭功能失衡：家庭結構或家庭氣氛關係，無法有效發揮家庭教育輔助支援功能，學生在家得不到良好的協助。

4. 教學方法不當：教學方法不適切，學生無法吸收了解，評量結果成績不佳，失去信心與學習動機，造成學業成績低落。

【延伸範例題目】

學習低成就的成因是多元因素導致，其學習扶助即所謂補救教學，對於學習低成就學生的學習輔導之具體有效策略為何，請加以說明。

【範例題目 24】

學習低成就學生的輔導與教學需要教師投入更多的心力與時間，若你擔任學習扶助教師，或是為班級低成就學生進行補救教學，有效而具體的策略為何？請列舉三項以上。

【擬答參考】

低成就學生的輔導策略或方法可從幾個面向著手（陸偉明等，2020）：

1. 設計長期性的密集課程，並採用明確具體教學方法

教學有系統性及漸進性，教學方式明確，課程的密集性包括從簡單到複雜，從具體到抽象，從一般到特殊。

2. 運用個別或小組的教學，讓學生更有支持與安全感

一對一的方式雖然最佳，但教育場域有其限制，若能以相似學生程度的學生為小組進行教學，學生會較有安全感與較佳學習動機。

3. 設計團隊合作完成活動，練習解決生活實踐的問題

低成就學生較能相互理解，也較易接納對方，設計團隊合作解決的問題情境，可訓練其人際溝通能力，提高自信心。

4. 使用有效適切教學策略，給予學生學習成功的經驗

根據低成就學生的特質及個性，配合適切、有趣的學習活動（如遊戲式學習法），才能讓學生喜愛學習，增加成功的經驗。

5. 友善班級社群經營方式，提升學生自尊與人際關係

形塑友善溫馨的學生氣氛，發掘學生的長才，規劃適合個別學生能展現其長處的活動，提升學生的自我價值感與自尊感。

6. 持續給予學生正向支持，增進其個人自我決定信心

給予學生不斷的鼓勵與正向期望，提升其認知與自我決定能力，幫助學生外在資源的有效運用與尋求支援協助。

【範例題目 25】

動機是學習過程的重要因素，學生的學習動機型態分為「外在動機」（extrinsic motivation）與「內在動機」（intrinsic motivation），動機主要包含價值與期待二個重要元素。教學活動無法引起學生學習動機，則教學目標很難達成，因而有效能的教學者

皆能善用技巧或策略來引起學生學習動機。如果你是一位教師，可採取那些具體方式來激發學生學習動機，請至少列舉三項（張清濱，2018）。

【擬答參考】

1. 設定具挑戰性且可達成的目標

　　教師善用挑戰、好奇、控制及夢幻等教學策略，鼓勵學生設定具有挑戰性而且是個人可以達成的目標，學生自覺有能力學習，足以完成課業活動，便會努力學習。

2. 教學活動有新奇且靈活多變化

　　好奇心是強而有力的學習動力，教師善加規劃及安排教學環境，變化教學活動，創造問題探索的情境，促發學生好奇與學習欲望。

3. 給予學生適當且能達到的期望

　　教師賦予學生的期望是學生在合理時間及努力情況可以實現的，對學生的期望是正向的，適時給予學生鼓勵，教師對學生的期望是正向而非負面的。

4. 指定作業考量到其興趣與能力

　　教師安排的作業或任務必須考量到學生的能力、作業或任務的難易度、內容的多寡，以及所花費時間的長短，當學生清楚地知道投入時間可完成，才會努力學習。

【範例題目 26】

　　課程領域教育哲學觀連續取向從傳統與保守到當代與自由，前者代表如為永恆主義與精粹主義，後者為進步主義與重建主義，請從社會與教育、知識與學習、教學等三大面向各列舉二項差異點。

【擬答參考】

傳統教育哲學與當代教育哲學的簡要對照表如下（方德隆譯，2004a，頁 105-106；Ornstein & Hunkins, 1998, p.57），從表中對應面向的內涵各書寫二個差異點。

傳統哲學（永恆主義、精粹主義）	當代哲學（進步主義、重建主義）
一、社會與教育面向	
1. 正式教育始於學校；學校被視為是兒童教育的主要機構。	1. 正式的教育始於家庭；家長被視為對兒童教育最為重要的影響者。
2. 學校傳遞共同文化；個體對社會主要的責任為扮演好社會角色；其中遵從與合作特別重要。	2. 學校改革社會；個人的自我實現與發展對於社會有所助益；獨立與創造力是重要的能力。
3. 教育是為了社會目的；它包括權威與道德限制。	3. 教育包括多種不同的機會去發展個人的潛能與從事個人的選擇。
4. 特定的科目與知識在於培育學生民主與自由的概念。	4. 學校中的民主經驗幫助學生培養民主與自由的概念。
5. 教育主要內容為認知形式；關注於學術科目。	5. 教育關切社會、道德與認知的議題；也關注於全體兒童。
6. 價值與信念傾向於客觀的，即使不是絕對的，必然根基於一致的標準或真理。	6. 價值與信念是主觀的，係基於個人對世界的觀點。
二、知識與學習面向	
7. 強調知識與資訊。	7. 強調解決問題與在社會環境中的運作功能。
8. 強調學科（內容）。	8. 強調學生（學習者）。
9. 教材由教師選擇與組織。	9. 教材由教師與學生共同設計規劃。

傳統哲學（永恆主義、精粹主義）	當代哲學（進步主義、重建主義）
二、知識與學習面向	
10. 教材的組織由簡單到複雜，以過去為中心。	10. 教材根據了解關係來加以組織，以現在或未來為中心。
11. 單元或教案根據主題或概念來組織。	11. 單元或教案根據問題或學生興趣來組織。
12. 教材根據明確的領域、學科或探究範圍做區隔。	12. 教材是統整的；包含一種以上的相關科目。
三、教學面向	
13. 以教科書或工作本為主；教學與學習大部分被限制在教室場域中。	13. 使用不同的教材；教學與學習包括社區資源的運用。
14. 大團體的學習、固定的進度及一致的時間表。	14. 整體的、小型的、個別的群體，有彈性的進度與可調整的時間表。
15. 同質性分組；將學生分軌導入特別的課程學習。	15. 異質性分組；以廣泛不同的課程給予某些分軌的學生學習。
16. 學生被動的參與，被同化於教師或教科書所講述的內容。	16. 學生主動參與以蒐集可以使用或應用的資訊。
17. 強調一致性的課室經驗與教學情境。	17. 強調變異的課堂經驗與教學情境。
四、目標與課程面向	
18. 強調博雅科目與科學。	18. 混合博雅科目、實用與職業科目。
19. 強調專門化或學術知識。	19. 強調一般與非專業的知識。
20. 課程是被規範的；很少選修的空間。	20. 課程基於學生需要或興趣而設；有選修的空間。
21. 卓越與高標準；特別考量到高成就者。	21. 均等與彈性的標準；特別考量到低成就者需求。

【範例題目 27】┈┈┈┈┈┈┈┈┈┈┈┈┈┈┈┈┈┈┈┈┈┈

　　課程實施是教師將事前課程設計者規劃設計的課程計畫或課程方案付諸教學行動的實踐過程。從鉅觀層面觀之，整個課程設計歷程包含課程目標、課程選擇、課程組織、課程實施、課程評鑑等五大階段，課程設計方案於教育場域付之實踐歷程的主體為教師，從課程設計者、教師與教育情境脈絡等而言，課程設計的實施有不同的取向，請列舉三種以上不同取向加以說明（賴光真，2017）。

【擬答參考】

　　根據辛德（Snyder）等人的觀點，課程實施取向分成「忠實觀」、「相互調適觀」及「課程締造觀」等三種類型，三種課程實施取向分別呼應豪斯（House）的科技改革觀、政治的改革觀、文化的改革觀：

（一）忠實觀（fidelity perspective）

　　認為教師應該完全遵照課程設計原本的意圖、計畫或內容來實施，不可任意變更修改。課程設計者認為其所設計的課程具有一定的理念、邏輯或規範性，教師教學時應該忠實使用，以確保課程原本計畫可以達成，實施中的教師及學生都是被動的課程接受者，課程設計者為專家、權威，此課程與發展設計接近目標模式。

（二）調適觀（或相互調適觀—mutual adaptation perspective）

　　認為教師於教育場域實際教學時，未必需要完全遵照原來的課程設計，因為課程實施要因地制宜，課程設計結果未必完善，教師應根據教學場域的情境脈絡，或條件需求進行調整修改。此課程與發展設計接近歷程模式，教師與課程專家間的互動合作，是確保課程實施成功的關鍵。

（三）締造觀（enactment perspective）

　　又稱「行動落實觀」，認為課程與課程實施是在教學情境脈絡

中，教師及學生藉由實際參與互動而共同締造建構的教育經驗，課程設計通常只設計簡單的課程大綱或提供參考教材，更多焦點強調教師教學專業的展現，教學時教師根據教學情境，強調師生主體經驗及意識，建構教學經驗，發展及實施課程。此課程與發展設計接近歷程模式。

延伸閱讀

（四）創造觀（從調適觀中分立出來）

認為原有的課程設計僅供參考，教師實際教學時應該大幅度修改（小幅度修改為調適觀），或者另行自編設計一套課程來進行教學。此觀點認為原設計的課程未必完善，或者與教育場域實施時落差較大，因此允許或鼓勵教師對其所設計的課程做大幅度的修改，甚至參考擱置不用，另行自編設計新的課程來進行教學。此課程與發展設計接近自然模式及實際模式。

【範例題目 28】⋯⋯⋯⋯⋯⋯⋯⋯⋯⋯⋯⋯⋯⋯⋯⋯⋯⋯⋯⋯⋯⋯⋯⋯⋯⋯⋯⋯⋯⋯⋯⋯

教育心理學領域中，維高斯基與皮亞傑均提出認知發展論，請問二人所提的認知發展論觀點有何相同（請列舉二項）及相異之處（請列舉三項），請分別加以說明。

【擬答參考】

維高斯基與皮亞傑的認知發展理論的相同與相異之處如下：

（一）兩者論點相同處

1. 二者皆認為認知發展是遺傳與環境交互影響下所形成。

2. 二者皆認為認知結構是質的改變，個體間的認知發展有個別差異存在。

（二）兩者論點相異處

　　1. 發展與學習關係的差異

　　基本主張認為個體的智力發展是循序漸進，強調發展先於學習。維高斯基認為個體可以在成人或教師的協助或同儕合作引導下，提升認知發展的層次，強調學習先於發展。

　　2. 社會文化影響的差異

　　皮亞傑較不重視社會文化或社會情境脈絡的影響，強調知識為個體獨立探索主觀建構而來，重視兒童探索到發現的歷程。

　　維高斯基認為社會文化或社會情境脈絡對於個體認知發展有重要的影響，強調社會化歷程與社會互動，教師鷹架功能的發揮。

　　3. 自我中心語言看法的差異

　　皮亞傑認為兒童自我中心語言無助於個人認知發展。

　　維高斯基認為兒童自我中心語言有助於兒童認知發展或學習。

情境說明

　　第二次定期考查結束，小明、小強與小美三個人成績都未達數學老師期望標準，下課時三個人與大偉聚在一起聊天：

　　小明：「每次考試的運氣都很差，猜答的選擇題只有答對一題，實在很倒楣！」

　　小強：「我覺得被老師責罵是應該的，因為這次我花在數學科的時間比之前少，許多練習題都沒有做完，很可惜！」

　　小美：「我發現我不是學數學的料，從小學到國中，每次考數學前都很緊張，再怎麼努力都考得很差。」

　　大偉：「你們不要再講了，我考得更差，至少你們其他科目都考得還不錯，不像我每一科都很差，也沒有任何專長，很多同學不喜歡我，我很想把自己隱藏自己。」

【範例題目 29】

1. 根據上述的對話情境，請從溫納的三向度歸因理論，分別就小明、小強與小美的失敗歸因作一說明。
2. 就學理而言，上述三個人相較之下，將來那一位的數學成績可能會有較顯著的進步？
3. 小明的歸因信念可以使用那一項自我防衛機轉來詮釋？
4. 就德瑞克斯的邏輯後果模式而言，大偉的行為屬於那一種類型？

【擬答參考】

1. 溫納三向度歸因為穩定性（穩定或不穩定）、因素來源（內在或外在歸因）或與控制性（能控制與不能控制）：

   小明將失敗歸因於運氣很差，歸因屬性為「不穩定—外在—不能控制的」。

   小強將失敗歸因於努力不夠，歸因屬性為「不穩定—內在—能控制的」。

   小美將失敗歸因於能力不足，歸因屬性為「穩定—內在—不能控制的」。

2. 由於小強將失敗歸因於努力不夠，它是個體可以掌控與改變的變因，小強只要考試認真、更努力準備，便有較高信心，相信自己可以表現更好，因而成績可能會進步較顯著。
3. 「合理化作用」自我防衛機轉。
4. 就德瑞克斯的邏輯後果模式而言，大偉的行為為「顯現無能」。

註　德瑞克斯認為班級學生不當行為的目的主要有四種類型：獲得教師注意、尋求權力掌控、報復傷害他人、顯現無能，其中顯現無能行為為消極的、被動的學習。

延伸閱讀

失敗理由	制握信念		穩定性		可控制性	
	內在	外在	穩定	不穩定	可控制	不可控制
能力不及／智力不好	■		■			■
不夠用功	■			■	■	
當天生病／身體不舒服	■			■		■
沒有準備	■			■	■	
標準太嚴／作業太難		■	■			■
老師有偏見		■		■		■
運氣不佳		■		■		■
同學不幫忙		■		■		■

資料來源：吳明隆等著，2019。

範例情境說明

(1) 數學段考時，命題老師出了二題難度較難的計算題，大多數同學都解不出來，但小強很快就想到解題策略，計算出正確答案。	(2) 小美是學程公費生，通過教師資格考試與完成半年教育實習後分發至中部某偏遠學校任教，小美適應力很強，很快適應偏遠學校環境與社區文化，教學活潑又認真，學生與家長都很喜歡她。
(3) 這次全市獨立研究競賽，小明等四人代表學校參加，初審與複審委員都認為小明他們所完成的獨立研究很有創新性，主題很新奇。	(4) 大漢對於新奇的事件都很有興趣，尤其是實作操弄過程常提出許多新奇的看法或做法，讓全班同學驚嘆又佩服。

| (5) 林老師的爸爸也是位退休教師，最近常跟林老師講，他的記憶力與認知能力退化很多。 | (6) 大雄在學校經國文老師指導習得閱讀技巧，課餘時常閱讀文學相關書籍，閱讀素養與語文能力精進很多，常受到老師稱讚。 |
| (7) 明雅就讀某大學之輔導諮商學系，研究所時也就讀該學系研究所，因為明雅很早就想當心理諮商師，不論大學或研究所，明雅都很認真投入。 | (8) 林老師是位新手教師，第一次段考班上的成績未達期待標準，坐在位置上沉思班上成績問題：「若是我早知道學生學習困難或不理解之處，提早補強，就不會考那麼差。」 |

【範例題目 30】⋯⋯⋯⋯⋯⋯⋯⋯⋯⋯⋯⋯⋯⋯⋯⋯⋯⋯⋯⋯⋯⋯⋯⋯⋯

根據表格各對情境或事件回答：

(1) 至 (4) 的情境範例就史登柏格（Sternberg）智力三元論的觀點，分別為智力三元論中的那種智能展現？

(5) 與 (6) 的情境從卡泰爾（Cattell）與洪恩（Horn）的智力理論觀點而言，分別為那種智能展現？

(7) 從 Gardner 多元智力理論的內涵，明雅的學習行為最符應那一種智能特質？

(8) 林老師所表述的話語，最接近教育心理學學科範疇中的那個概念？

【擬答參考】

(1)（組合性智能）（或稱成分性知能）

(2)（脈絡性智能）

(3)（經驗性智能）

(4)（經驗性智能）

(5)（流體智能）

(6)（晶體智能）

(7)（內省的智能）

(8)（後設認知）

【範例題目 31】

實在主義（Realism）（或稱實在論、唯實主義），其代表人物如亞里斯多德、培根（Bacon）、洛克（Locke）、赫爾巴特與布勞代（Broudy）等人。實在主義的教育觀為何，請加以說明。

【擬答參考】

實在論教育哲學家認為學生是一個多功能的個體，可透過個人感官體驗，知覺到世界的自然秩序，與實體接觸，其教育觀如下（簡成熙譯，2018）：

1. 行為主義的學習應用：支持行為學派心理學觀點，認同學生受到環境制約刺激而反應，強調教學機及編序式的學習活動。

2. 教師角色：快速而有效的提供精確的實體知識給學生，把已驗證過自然律傳遞給學生，教師中心教學的角色扮演。

3. 課程設計：課程應能提供可測量的知識，重視科學課程教材，認為科學是課程的核心，尤其是物理與數學的學科內容。

4. 教學方法：運用學生感官組織學習經驗，讓學生從感覺經驗中推論，歸納出法則；重視實務教學、戶外旅行的教學與視聽器材的使用。

【範例題目 32】⋯⋯⋯⋯⋯⋯⋯⋯⋯⋯⋯⋯⋯⋯⋯⋯⋯⋯⋯⋯⋯

　　個性化（individualism）為存在主義（existentialism）的中心支柱，存在主義並不企求發掘普遍性，它們認為每個活生生的個體就是其目的，存在主義的教育哲學觀提供教育一個嶄新的面貌，其教育觀對教育有不同啟示，請從教育目的、教師角色、教育方式與課程教材等四個面向加以說明（簡成熙譯，2018；歐陽教，1991）。

【擬答參考】

1. 教育目的：幫助每位學生認識個體的存在並珍惜短暫的存在，此存在讓學生知道其是一位能抉擇的、自由的與負責任的個體，學生從教育中能表達自我存在的目的，培養道德哲學之「情緒主義」。

2. 教師角色：師生關係為「我與汝」而非「我與它」關係，教師是位願意幫助學生探索可能答案的人，教師把學生當作「人」、「目的」的存在，扮演的是人師而非經師。

3. 教育方式：教師為促進者，要從多種角度引導學生探究生、死等人生意義，師生能共同分享角色與經驗；教育不是訓練，重視情緒、創造能力、遊戲教學與行動參與，進而能表達自我「存在」的目的。

4. 課程教材：課程是開放而調整變化的，學生的決定是選擇課程的依據，強調傳統教育之基本教材（如讀寫算三 R、科學與社會學科）與學生情緒發展的關聯，重視人文學科課程（更能讓學生獲得全面概念）。

【範例題目 33】⋯⋯⋯⋯⋯⋯⋯⋯⋯⋯⋯⋯⋯⋯⋯⋯⋯⋯⋯⋯⋯

　　從流派的觀點來分析，現代觀的課程論可以分為永恆論（perennialism）、精粹論（essentialism）、進步論（progressivism）、重建論（reconstructionism）。對應於現代觀課

程，學者提出「後現代」（postmodern）觀的課程論，此種後現代觀課程論對課程提出那些共同看法，請列舉三項說明（單文經，2002）。

【擬答參考】

1. 開放系統的課程

　　課程應是開放的系統，不是任何人可以事先計畫、預測、控制的嚴密組織，也不是簡單整齊、化約的線型排列，或是孤立分離的單一事件。

2. 結構複雜的課程

　　課程應是複雜的結構，不是一致的、有序的簡單結構，此複雜結構中，手段與目的、主體與客體、過程與結果、內容與形式、部分與整體等都不是截然的二分關係。

3. 突創轉型的課程

　　課程應具有不斷變革的本質，此變革不是逐漸累積而是突創轉型而成的，此種課程應能提供豐富的學習機會，讓學生與周圍的人、事、物互動，藉著建構、重組與調整，而擴增其知能；教師善用支持與激勵，以不確定狀況促發學生學習動機，提升學生思辨能力。

【範例題目 34】⋯⋯⋯⋯⋯⋯⋯⋯⋯⋯⋯⋯⋯⋯⋯⋯⋯⋯⋯⋯⋯⋯⋯⋯⋯⋯⋯⋯⋯⋯⋯

　　從流派的觀點來分析，現代觀的課程論可以分為永恆論（perennialism）、精粹論（essentialism）、進步論（progressivism）、重建論（reconstructionism）。現代觀課程論者採取直線式的思考方式，主張以系統化的程序及細緻化的步驟來進行課程與教學的設計。此種課程與教學的設計有何缺陷，請列舉三項（單文經，2002）。

【擬答參考】

1. 理論與教學實務的差距

認為所有課程與教學的活動，只要經過事前周詳的課程設計，並且在教學過程中依照計畫實施，即可達到預期的目標，但就教學場域顯示，事實並非如此，事前規劃事件只能作為參考。

2. 忽略了他種課程的影響

它只重視學校中經過計畫的正式課程，忽略了潛在課程與懸缺課程對學生所造成的影響結果，包括正向或負面的影響。

3. 忽視學生在課程中角色

誤以為教師的教學與學生學習間，可以由課程設計者或是教師掌握的因果關係，將教師視為課程與教學的核心，其實學生才是課程與教學的主體。

【範例題目 35】

大大國民中學發生學生墜樓重傷事件，救護車開進學校後，多數學生都知道學校有同學墜樓重傷，如果你是「非墜樓」同學之班級導師，要如何進行有效的班級學生輔導？請加以申論之。

【擬答參考】

1. 快速了解事件發生的來龍去脈

教師先清礎了解事件發生的脈絡，對於事實發生的狀況，要有基本的了解和掌握，才能與學生對話。

2. 安穩同學情緒，避免以訛傳訛

簡述事實的實際狀況，讓同學初步知道事實的發生狀況，以避免同學間胡亂猜想，並把同學的情緒先安穩下來。

3. 從情緒、認知和行為面向對話表述

(1) 情緒面向：問看看有沒有人認識墜樓同學而感到情緒不安，

討論是否需要進行什麼樣的情緒表達；(2) 認知面向：爲何會發生此種事件，是意外？是自我傷害？如何可以避免這樣的不幸事件再度發生？引導學生建立正確的價值觀；(3) 行爲面向：讓同學討論，這樣的行爲會造成什麼樣的影響？家人、朋友和學校知道結果後的感受？

4. 引導同學分享的個人看法

在釐清事件、情緒、認知和行爲之後，再度引導同學分享自己內心的情緒、想法和感受，並適時給予同理心的回應。

5. 持續關懷與觀察同學反應

事後再追蹤和觀察後續的發展和變化，並適時地予以介入轉導，最後，視情況再決定，是否尋求更進一步專業班級輔導。

【範例題目 36】

根據相關法規界定，中輟生指國民小學及國民中學學生未經請假、請假未獲准或不明原因未到校上課連續達三日以上；或是轉學生因不明原因，自轉出之日起三日內未向轉入學校完成報到手續的學生。中輟生若未經有效輔導往往成爲問題青少年，提高其犯罪機會。中輟生形成有其生態脈絡情境因素，請問影響學生中途輟學的原因有那些？

【擬答參考】

學生中途輟學的原因可從生態學系統觀點分析，其中主要包括個人因素、家庭因素、同儕因素、學校因素與社會因素等五個面向：

1. 個人因素

人格特質上好逸傾向、低度自尊感，情緒不穩定，無法融入班級生活，低的挫折容忍力，不能調適學習改由自我放縱、逃避課業，進而放棄逃學。

2. 家庭因素

家庭功能失能、親職教育沒有發揮，家長管教不當、缺少楷模榜樣，或家庭突發變故等，無法引導正向人格發展。

3. 同儕因素

青少年心智發展未臻成熟，易受不良朋友等誘惑或影響，加上對課業沒有興趣或長期失敗，易產生翹課情況

4. 學校因素

長期的學業失敗，缺乏學習動機，師生關係不好及同儕人際關係不佳，與同學沒有成就感，對課業及班級生活不感興趣，被同學排斥及厭惡等。

5. 社會因素

包括受到傳播媒體或網路的誤導，及功利主義導向的影響，給予學生負向的價值觀，受到物欲及好奇心的驅使，翹課做出只顧物欲享受的行為，社會外界的誘惑刺激導致翹課行為。

【範例題目 37】

中輟學生若未經好好輔導，可能成為問題青少年，其中學校教育扮演非常重要的角色，就學校教育而言，對於中輟生的有效具體做法為何，請加以論述之。

【擬答參考】

1. 友善情境的營造

學校應發揮其教育與保護功能，發展預防中輟策略與機制，為學生個人與家庭找尋一絲改變的契機。

2. 輔導知能的精進

落實個案輔導與價值澄清，提供多元彈性課程協助學生自我成長；此外，加強教師輔導知能，結合輔導規劃服務進行中輟生的輔導。

3. 親職教育的增補

　　加強學校親職教育，提升家庭教育功能，促進親子和諧關係；此外，給予家長必要的支援協助，讓家長也可以發揮言教、身教與境教的功能。

4. 動態活動的規劃

　　因材施教，提供多元展能舞臺（如民俗技藝、舞龍舞獅技藝社團等動態學習活動），讓學生長才可以展現，創造每一位學生校園學習成功經驗。

5. 法治教育的加強

　　加強法治教育與犯罪預防宣導，結合警政淨化學區學習環境，為學生營造一個友善、安全、健康的成長情境（許舜賢，2015）。

【範例題目 38】⋯⋯⋯⋯⋯⋯⋯⋯⋯⋯⋯⋯⋯⋯⋯⋯⋯⋯⋯⋯⋯⋯⋯⋯⋯⋯⋯

　　文化多元主義的學者一致認為每種文化都有其內在自身的一致性、統整性與邏輯性，沒有一種文化比其他文化好或壞，人們在某些程度上是文化相繫的，每種文化都有其特色，一位有效能的教師要抱持文化多樣性的觀點，堅持多元文化的教育實踐。請問教師在多元文化教育實施的過程中要把握那些原則？才能有效落實多元文化教育，請列舉三項以上原則（溫明麗等譯，2005）。

【擬答參考】

1. 多元文化教育應考量到學生的文化背景、生活經驗，或任何學生帶入教室裡的合法東西或事物。

2. 多元文化教育應該增進學生文化間的尊重與對話，而非成為對立或歧視。

3. 多元文化教育不應該只侷限於認知的目標或活動，應該擴展到教室中的情意與動作技能之學習。

4. 多元文化教育應是一種長期、持續的過程，而非短期的事件或學習活動。

5. 多元文化教育是統合的、包容的，可以被融入教學活動或課程教材中，也可以單獨作為教學素材加以討論。

6. 多元文化教育要兼顧所有不同文化學生的學習行為與學習成就，並考量到教育資源的公平與合理運用。

【範例題目 39】

　　林老師在第二次段考前被學校教務處指派為社會領域的出題教師，林老師想提升他自編成就測驗的信度，請問林老師命題時要如何做，才能預測其自編社會領域成就測驗的考試結果會有較高的信度，請列舉三項林老師具體有效的做法。

【擬答參考】

　　影響測驗結果分數信度高低的因素主要為測驗的長短、群體變異程度、測驗的難易度、測驗計分型態與估計方法，其中林老師可以掌控的做法如下：

1. 增加社會成就測驗題數

　　測驗愈長（試題數愈多），測驗內容愈具代表性，並可減少猜測因素的影響，提升測驗結果的信度，但同時也要考量學生作答時間。

2. 讓測驗難度為難易適中

　　當測驗試題的難度指標值愈偏向於 1.00 或 0.00，測驗分數的變異愈小，信度愈低，難易適中的測驗試題才能提高測驗結果的信度。

3. 多編製選擇反應之題型

　　選擇反應題型（如選擇題、是非題、配合題等）為計分客觀的試題，此種類型題目的測驗結果之信度較建構反應試題為高。

【範例題目 40】……………………………………………………………………

低成就學生在學習動機與自我價值反應上可能較低，對於班級學習低成就的同學教師要投入更多心力，採用有效策略方法才能提升其自我價值感。就班級教師而言，具體的做法為何，請加以列舉（溫明麗等譯，2005）。

【擬答參考】

（一）發展支持性的環境

1. 使用非競爭性的學習結構，給予低成就學生彈性時間完成目標或學習任務。

2. 教導低成就學生如何設定目標與發展問題解決的技巧，以達成目標或學習任務。

3. 班級評量時為低成就學生設定不同的效標參照標準，而此標準是他們可能達到的。

（二）增加學生的能力感

4. 協助學生找出自我價值，發掘能超越自我能力及讓事情順利完成的有效方法。

5. 將他們與同儕間的競爭降到最低，並且強調個別目標的設定與達成。

6. 鼓勵學生時，強調努力與成就（或任務完成）的關係，而非只激勵學生要更努力。

【範例題目 41】……………………………………………………………………

國教署為落實十二年國民基本教育課程綱要之持續提升教學品質及學生學習成效，形塑同儕共學之教學文化，實施教師及校長公開授課，並進行專業回饋，訂定「國民中學與國民小學實施校長及教師公開授課參考原則」，要求教師應於服務學校，每學年至少公開授課一

次。其中要求教師公開授課的程序稱為教學三部曲，此三部曲的內涵
為何？

【擬答參考】

公開授課之教學三部曲如下：

1. 共同備課

同領域／學科或同年級教師間透過集思廣益的方式，針對課程單
元組織、教學策略及學習評量等面向進行對話，精進教學的模式，建
構最適切的教學設計，透過有效的教學方式，提升學生的學習成效。

2. 公開觀課

公開觀課在於教師同儕的相互觀摩，察覺學生課堂的學習行為及
回應狀況，作為教師教學改進與省思的參考。課堂觀課者觀察與記錄
的重點聚焦於學生學習行為及學習表現，而非是教學者教學活動的檢
視或其教學方法的評價。

3. 集體議課

公開授課之後，當事者與觀課者透過討論與分享，從對話中經由
授課者的說課了解其教學重點，議課焦點在於學生課堂學習行為展現
事實，以正向有價值性的具體意見給予授課教師回饋，作為教師課程
深耕與教學精進的參考。

【範例題目 42】⋯⋯⋯⋯⋯⋯⋯⋯⋯⋯⋯⋯⋯⋯⋯⋯⋯⋯⋯⋯⋯⋯

班級的「凝聚力」（cohesiveness）可以讓學生認同自己是班級
組織的成員，讓學生感覺被接納、尊重，增加學生間互動與相互依賴
程度，這是教育目標中「社會情緒目標」（social-emotional goals）
的有效達成。如果你是一位班級導師，可以採行那些有效策略來發展
及促進班級成員的凝聚力（溫明麗等譯，2005）。

【擬答參考】

（一）鼓勵社會化的行為

1. 藉由共同目標的完成，強化學生分享與彼此互助行為。

2. 定期改變分組方式，讓每位學生都能與班級其他成員互動。

（二）任務目標評量改變

1. 除個人成就的評量外，分組合作學習時，多使用團體組別的評量方法。

2. 減少組別相對抗的活動，降低組別或學生間的競爭學習行為。

（三）給予機會展現長才

1. 發掘每位學生的優勢智能，讓學生有展現機會並鼓勵與同學分享（如小老師）。

2. 培養學生利他服務精神，能幫助同學並與同學分享資源以增加成功機會。

【範例題目 43】··

　　學校主要功能在進行課程教學、促進學生人格發展，培養學生的核心素養。學校為教育性組織，必須形成積極性的學校文化，塑造良好的文化情境，才能達成教育目標與展現教育組織的專業目標。要建構富積極功能兼具綜合性文化特性的學校文化必須先洞悉學校文化的要素，才能形成共同價值觀與信念。請列舉三項以上的學校文化基本要素（譚光鼎，2018）。

【擬答參考】

1. 價值信念：學校願景、校訓、教育目標與校長治校理念等所形成的價值與信念。

2. 行為規則：包括日常可觀察到的互動行為及溝通語言，與組織中次團體的組織規範與行為指引等。

3. 典章儀式：學校日常生活之系統化的例行程序活動，與依法行事展現的行為準則等。

4. 楷模典範：對學校師生而言，值得效法的典範人物，典範人物通常與學校有某種淵源。

5. 故事傳奇：非正式組織所傳誦的歷史知識或訊息，與青少年次文化所傳承的事件或事蹟等。

6. 物質環境：校園空間規劃、建築設計、圖書儀器設備、教室與辦公室的情境布置，與社區文化的溝通互動關係等。

7. 溝通網路：學校組織中傳遞訊息管道的多元性，包括正式與非正式溝通、資訊科技的運用情況等。

【範例題目 44】

表中的右欄為教育情境案例或事件，請根據案例或事件性質，在下列自我防衛機轉（ego-defense mechanisms）作用選項中於對應空格內填入一個代號名稱，每個選項答案可能只用一次、一次以上或完全不用。

A. 壓抑作用	B. 投射作用	C. 反向作用	D. 替代（轉移）作用	E. 昇華作用
F. 退化作用	G. 內攝作用	H. 解離作用	I. 合理化作用	J. 抵消作用
K. 補償作用	L. 幻想作用	M. 外攝作用	N. 情緒隔離作用	O. 否認作用

■ 情境說明或事件描述表

題號	情境說明或事件
1.（　　）	六年五班大偉在考試時想要作弊，便以個人觀點認為其他學生一定也想以作弊取勝，「既然別人都這樣想了，那也不差我一個」，藉此減低罪惡感。

題號	情境說明或事件
2.（　）	林老師班上小明因車禍往生後，林老師一直無法接受，不僅保留小明之前坐的座椅，評量也會在小明座位上放測驗卷。
3.（　）	小強喜愛貶抑輕蔑同學，但小強卻不願意面對自己的行為，一直告知老師他是好心提醒同學，沒有惡意。
4.（　）	林老師因小美母親關係，對小美有偏見與歧視，但為了掩飾心中不安，有時會於課堂上刻意稱讚小美的行為表現。
5.（　）	雅美的父親自從發生車禍後，對雅美的態度有很大改變，動不動就責罵雅美，有時還會短暫忘記雅美之前在校的優良表現，令雅美十分難過。
6.（　）	七年五班的大雄很景仰及喜愛班上模範生小美，但卻常常捉弄小美，惹得小美十分討厭他。
7.（　）	小美過往就讀國小不愉快的經驗，到了國中時儘量將其遺忘，從不與國中的老師與同學提及那些事件。
8.（　）	體育組長第二節因校慶活動協調事宜被校長責怪，第三節上七年二班的體育科時，對於七年二班同學的學習行為變得十分嚴苛，很多同學私下說：老師吃錯藥了。
9.（　）	偉雄每次定期考查常失常，成績不如預期被母親責罵，偉雄總是推說準備方向不對或沒有足夠時間準備，其實偉雄已經十分努力了。
10.（　）	就讀國中一年級的啟明在第一次段考前，面對眾多的考試科目，坐在家中客廳的地上哭鬧著說我不要去上學和考試。
11.（　）	林老師對於具有過動症的小明，鼓勵小明參加學校的打擊樂隊，讓小明的衝動行為有很好的發洩管道。
12.（　）	常常喜愛與人打架的大雄，似乎有很好的體力，老師請體育組長讓大雄與學校田徑隊學長姐一同訓練，由於大雄 100 公尺跑得很快，成為 400 公尺接力的成員之一。

題號	情境說明或事件
13.(　　)	六年五班的小明很討厭他班上的風紀股長，雖然小明覺得風紀股長管人沒有不對，但潛意識裡小明總認為風紀股長是故意找他麻煩，所以他才會反擊、討厭他。
14.(　　)	學校班級間獨立研究競賽，小強很想參加，但沒有被選上為班上小組成員，班上只要提到獨立研究比賽相關事宜，小強就告知同學，即使被選上，他也不會參加，因為放假時他沒有多餘時間。
15.(　　)	小明生日前利用週末邀請班上幾位要好的同學到家裡慶祝，小強很想參加，但小明卻沒有被邀請他，事後小強告知被邀請同學說：「假如小明邀請我，我也沒有時間參加。」
16.(　　)	高中二年五班很多同學都換了新手機，大雄也想換，但父母親不同意，下課時與同學閒聊時，大雄常說：「我現在的手機還很好用，跟新的手機沒有差別。」
17.(　　)	在爭執打架事件後，身材較小的小明怕日後受到身材壯碩的大偉報復，為降低個人的焦慮感，主動認同並接受大偉的價值觀。
18.(　　)	在一次班級爭執事件中，李老師誤會偉雄，對偉雄處罰過重，事後李老師覺得不安，常以偉雄有改進為由，贈送偉雄小獎勵卡作為增強。
19.(　　)	小美很喜歡喝含糖飲料，但擔心影響身體健康，小美常自我安慰說：「班上也有很多同學也都常喝含糖飲料，身體也沒有異狀或不適發生。」
20.(　　)	高中三年級的小強很喜愛班上勤奮用功的女同學雅美，對她產生情感但不敢表達出來，私底下開始比她更用功，想在學測中有更好表現。

【擬答參考】

1.(B)	2.(O)	3.(O)	4.(C)	5.(H)	6.(C)
7.(A)	8.(D)	9.(I)	10.(F)	11.(E)	12.(E)
13.(B)	14.(I)	15.(I)	16.(I)	17.(G)	18.(J)
19.(B)	20.(G)				

註：合理化與投射二個自我防衛機轉很像，但二者意涵不同，合理化是個人都了解自己的過失，只是找理由為自己辯護。投射作用指個人會否認不被社會認可的行為或做法，並加諸他人，且以潛意識的歷程表現，認為他人也會做出此種事件行為。

【範例題目 45】

　　八年三班自然領域陳老師被學校指派為第二次定次考查自然領域的命題教師，陳老師想提升成就測驗的效度，以獲得學生精確的評量結果。請問陳老師若想要提升自編成就測驗的效度，其具體做法有那些，請列舉三項以上做法。

【擬答參考】

1. 根據雙向細目標編製測驗

　　根據教材內容與教學目標詳細編擬試題，試題題幹用語要明確，不能出現暗示答案的線索，依照難易及試題類型排列。

2. 讓測驗結果有最佳的信度

　　題目的數量要能有效反映學習教材內容或重要概念，試題難易適中，嚴格遵守各類型試題命題原則，提升試題的品質。

3. 測驗長度與作答時間匹配

　　測驗的整體題目數必須是大多數學生在規定時間內可以作答完畢，讓學生對每個試題有足夠思考的反應時間。

4. 請學校安排適切測驗情境

　　測驗情境的物理環境要讓學生感受友善，讓學生的焦慮降到最

低，測驗施測程序要公平，以獲得最可靠的測驗結果。

【範例題目 46】⋯⋯⋯⋯⋯⋯⋯⋯⋯⋯⋯⋯⋯⋯⋯⋯⋯⋯⋯⋯⋯⋯⋯⋯⋯⋯⋯⋯⋯⋯⋯

　　從訊息處理理論的觀點，教師要如何將其應用於課堂教學中，以改進教學幫助學生訊息的記憶，請列舉三項以上具體方法。

【擬答參考】

1. 配合圖表或聲調變化：使用圖表或配合聲調變化的提示或強調語詞，以引起學生對新資訊的注意力與專注力。

2. 使用深度處理策略：善用處理層次策略（精緻化方法），讓學生對資訊能進行深度處理，如實作、有意義複誦、筆記或心智圖等。

3. 運用雙重編碼策略：配合有聲思考之雙重編碼策略，同時使用視覺與語文兩種形式將訊息加以儲存記憶。

4. 記憶策略的教導：教導學生使用各種記憶術或記憶策略，以組織資訊結構，幫助學生記憶與資訊擷取。

5. 記憶效應時機運用：配合時近效應或初始效應的學習，讓學生將最後出現與最早呈現資訊熟記，這二個時間點呈現的資訊應是最重要的教材內容。

【範例題目 47】⋯⋯⋯⋯⋯⋯⋯⋯⋯⋯⋯⋯⋯⋯⋯⋯⋯⋯⋯⋯⋯⋯⋯⋯⋯⋯⋯⋯⋯⋯⋯

　　青少年次文化是一個大社會中的次社會或次團體成員所形成的一種特殊價值觀念與行為模式，此種獨特文化包括思想、態度、習慣、信仰與生活方式。次文化體系的風格一般有三個要素：「形象」（衣著服飾）、「行為」（姿態舉止）、「暗語」（特殊用語）。青少年次文化較少表現對抗式立場，在生涯發展中屬過渡歷程。青少年文化有正向、負向二種功能，請就青少年次文化的正向、負向功能列舉說明（周新富，2018；譚光鼎，2011）。

【擬答參考】

（一）正向功能

　　1. 促進社會化關係的發展

　　經由次文化團體友伴的接納與認同，青少年從家庭依賴轉為獨立自主，同儕友伴成為重要他人，學習或任務完成都需要與同儕團體的合作協助，從社會化關係中滿足歸屬感與自我認同感。

　　2. 提供支持與紓壓的管道

　　透過次文化心中的休閒娛樂活動（標新立異無傷害性的文化），以短暫脫離成人世界束縛，消解挫折與壓力，從分享共同次文化，發展認同感及社會依附感。

　　3. 協助適應學校的生活

　　次文化可提供行為參照的標準，有利自我認同感的發展，認同的同儕團體若是知識導向，當事人也會重視學習表現，並注意個人生活行為是否為團體接納。

　　4. 提供弱勢群體適應替代

　　對於弱勢群體而言，次文化提供解決其生活與學習問題的參考模式，如成就表現認同、歸屬認同等。此種次文化源自某一社會階級或族群，實踐歷程讓個人體驗到另一種不同形式的社會脈絡情境。

（二）負向功能

　　1. 反智主義

　　次文化群體成員懷疑或鄙視知識，認為智性或知識對於未來人生助益不大，不愛學習、反對學習，無法肯定課業與讀書的重要性。

　　2. 偏差行為

　　次文化的形象、行為或語言充斥著許多與學校規範相違背情況，程度從輕微不當行為到嚴重偏差行為都可能出現。

【範例題目 48】⋯⋯⋯⋯⋯⋯⋯⋯⋯⋯⋯⋯⋯⋯⋯⋯⋯⋯⋯⋯⋯⋯⋯

學習型態為學生學習的一種偏好或習性，也是個人認識及處理資訊的形式，常見的學習類型分類為視覺型、聽覺型與動作型（或觸覺型）等三種。根據 Silver 等人的觀點，學習型態依具體到抽象的程度，分為那四種類型，請簡要說明（張清濱，2009）。

【擬答參考】

1. 精通型

以具體方式吸收資訊，依序處理資訊，以價值澄清方式判斷學習價值。

2. 了解型

著重了解接受抽象資訊，藉由發問、推理及驗證等方式學習，輔以邏輯評斷資訊。

3. 自我表現型

從學習中尋找意象，以感覺及情緒建構新的理念，融入創意、美學及喜好以展現成果。

4. 交際型

喜愛透過社交或社會互動來學習，以協助別人來衡量學習的價值。

延伸閱讀

McCarthy 將學習類型分為以下四種（張清濱，2009）：

1. 想像型

擅長傾聽並與他人分享，能統整他人的理念與自己的經驗。

2. 分析型

偏向於序列思及細節，傳統教學特性最符合此類型學習者。

3. 常識型

注重實用且偏愛講義式學習，在傳統教學中，有可能是處在輟學邊緣的學生。

4. 動態型

偏愛講義式學習且對於新的事物感到興奮，喜愛冒險也會有學習挫折，若是教材枯躁無味，則對學習不感興趣。

【範例題目 49】

價值澄清（value clarification）為情意領域的教學方法之一，經由系列設計安排的活動，協助學生建立正向價值觀，學生經由檢視、反省、分析信念、情感與行為，以便發現或形成個體明確的價值。學者雷斯（Raths）認為價值觀建構可經由三個階段形塑：（一）選擇階段包括：1. 可自由選擇；2. 從不同的途徑選擇；3. 經深思熟慮後才選擇與做出判斷。（二）珍視階段包括：4 重視並珍惜所做的選擇；5. 公開宣稱自己所做出的選擇。（三）行動階段包括：6. 依據自己的選擇採取行動；7. 重複實踐反覆在行為中展現。價值澄清法主要目的在幫助學生應用雷斯三個階段省思，或將形成自己的價值觀，正向價值觀有助於學生品格養成、較好的人際關係與較佳的批判思考能力。班級教學中有關價值澄清法之教學方式實施之具體做法有那些，請列舉三項以上加以說明（洪有義，1986；張秀雄，2000）。

【擬答參考】

1. 溫馨的氣氛

澄清教學活動實施必須是在民主開放、誠實接納及尊重的情境中，教師角色為良好傾聽者，以語言或非語言傳遞教師的認同。

2.書寫式活動

包括價值單（value sheet）、價值方格表、等級排列、完成句子等多元價值澄清活動類型，透過學習單書寫或紙筆、線上型態的問題填答，以刺激學生的思考與批判思考能力。

3.澄清式問答

教師依學生所表現之意見、態度、習慣，經由對話互動，以問句的方式刺激學生反省、組織其思想，形成決定。

4.討論式活動

教師擔任促進討論的任務，教師角色並不實際參與討論，或對學生意見作評論。討論活動主要包括價值澄清式討論、角色扮演、假想偶發事件等方式。

5.結束前參與

活動結束之前，學生有機會思考事情並表達個人的觀點後，教師也可提出自己的價值觀，並與學生分享，分享不是灌輸，而是一種成人楷模。

【範例題目 50】

教育分析哲學關注於概念分析、教育定義、教育口號與教育隱喻，著重教育分析方法論的建構、教育術語之釐清。就教育課程範疇而言，謝富樂及美國分析學者致力於課程之澄清，而非建構明確課程。其中赫斯特（Hirst）「博雅教育」（liberal education）、懷特倡導「必要課程」（compulsory curriculum）的論證，二者均能彰顯皮德思（Peters）界定之有教養人（educated man）的理念，請就赫斯特博雅課程與懷特必要課程的內涵分別簡要說明（邱兆偉主編，2010）。

【擬答參考】

（一）赫斯特博雅課程

1. 心靈活動的展現是知識運作的結果，每個獨特型的知識都有其獨特的概念，獨特型知識彼此間存有獨特的邏輯結構，不同型式知識間的邏輯結構不同。

2. 獨特型知識領域包括形式邏輯與數學、自然科學、自己與他人狀態的覺知及理解、道德知識及經驗、美學知識及經驗、宗教知識及經驗與哲學等。

3. 博雅教育不是教育全部，規劃應用時除考量知識型式外，仍要注意學生心理狀況及相關因素。

（二）懷特必要課程

1. 為了讓學生能作出最佳的抉擇，應把人類各種可能思考生活型態的知識經驗融入課程之中。

2. 必要課程指學生未參與活動則無法理解活動內容，如溝通對話、數學及自然科學、從事哲學思考與鑑賞藝術作品等，學校未提供這些必要課程，學生無法理解。

3. 非必要課程指學生未涉入活動仍可理解該活動，如登山理解、烹飪及繪畫等，此種課程若必要時可列為選修課程。

【範例題目 51】

《十二年國民基本教育課程綱要總綱》明定領域課程設計應適切融入性別平等、人權、環境、海洋、品德、生命、法治、科技、資訊、能源、安全、防災、家庭教育、生涯規劃、多元文化、閱讀素養、戶外教育、國際教育、原住民族教育等議題。對於議題教育教學活動或教學實施的原則為何，請提出三項做法（摘錄自教育部議題融入說明手冊）。

【擬答參考】

1. 以多元教學活動融入相關議題

運用人物、典範、習俗、節慶、文化，以隨機、點綴式的加入教材，或經由問題與討論，批判、反思與對話等師生互動，使教室成為知識建構與發展的學習社群，並於作業、作品、展演、參觀、組織社團、參與團體活動等過程中，以多元方式融入相關議題。

2. 積極營造有利議題課程學習的教育環境

師生進行議題之專題研討、研究，或參與相關活動、協助成立社團。透過多元方式，形塑尊重包容、公平正義與關懷的校園文化，營造開放友善、自律且熱情的教與學的環境。

3. 發展主題式課程進行教學

依照規定每學期應實施性別平等教育、環境教育相關課程或活動至少四小時。依學生性向、社區需求及學校發展特色，運用彈性學習課程／時間，發展主題課程。

【範例題目 52】

十二年課綱中的議題具有時代性、跨領域性、脈絡性、討論性與變動性，議題教育是學生統合各領域教育內容，以及應用各領域所學的重要樞紐。請就議題教育之教材編選與評量實施應注意原則分別加以說明（摘錄自教育部議題融入說明手冊）。

【擬答參考】

（一）議題教育的教材編選

1. 教材之編選應以學生經驗為中心、選取與生活連結之教材，並掌握議題之基本理念與不同教育階段之實質內涵。

2. 教材編選應採多元文化與價值觀點，教材應能平衡反映不同性別與族群之歷史貢獻及生活經驗，增進性別與族群間之了

　　解與尊重。

（二）議題教育的評量

　　1. 宜包括認知、技能、情意及實踐的能力，兼顧形成性評量與
　　　總結性評量，且以了解學生學習情形與改進教學為目的。

　　2. 採多元評量方式，由教師考評外，輔以學生自評及互評完
　　　成，其形式視議題性質與教學目的而異。

　　3. 有效評量方法運用如觀察、口頭回答、專題報告（或發表）、
　　　參與討論、參觀心得，及學習歷程檔案等多種方式進行。

延伸閱讀

　　素養導向的議題教育強調核心素養達成、生活情境的結合，五個
常見的教學方式：1. 察覺社會現象、2. 探究與思考、3. 體驗與實作、
4. 討論與對話、5. 解決問題。循序引導學生習得的能力包括：1. 覺
知問題、2 理解知識、3. 習得技能、4. 建立價值、5. 實踐行動（摘錄
自教育部議題融入說明手冊）。

學科重要概念舉例

【範例題目 53】

　　梅澤（Mager）認為領域／學科教學之教學目標的敘寫要明確
化，此種目標稱為「行為目標」。克伯樂（Kibler）將行為目標擴充，
提出包含五個元素的行為目標。（一）請就行為目標敘寫時包含的五
個元素加以說明。（二）就敘寫包含五個元素的教學目標型態列舉二
個實例（黃光雄主編，2004）。

【擬答參考】

教學目標以行爲目標表示時，行爲目標五個元素如下：

（一）五個元素

1.「行爲主體」：指完成期許行爲的學習者或受教者（誰）。

2.「實際行爲」：以具體可觀察的行爲動詞表示，如寫完、說出、列舉。

3.「行爲結果」：評鑑學習者對教學目標是否達精熟的行爲結果，如寫完一張學習單，學習單爲行爲結果。

4.「情境條件」：達到行爲之特定情境或限制條件，包含特定時間、儀器、材料、設備等（如在全班面前）。

5.「精熟標準」：評鑑結果或行爲表現成功的標準（如答對百分之 80%）。

（二）實例說明

1. 在一份有 40 個單選題的英文測驗試卷中，〔學生〕(1) 能於〔45 分鐘時間內〕(4)〔作答完畢〕(2)，並〔答對 30 道以上〕(5) 的〔試題〕(3)。

2.〔學生〕(1) 能於大大國家公園內 (4)〔正確說出〕(2)〔十種以上〕(5) 的〔植物名稱〕(3)。

【範例題目 54】

認知學習論與發展心理學家布魯納（Bruner）對教學理論有獨特看法，他提倡三種代表外在真實世界的表徵方式：動作表徵、影像表徵與符號表徵，強調事務間「結構」的重要性，學習者掌握結構後才具有類推能力，發揮最大學習潛移，因而教材要有繼續性，此種教材稱為「螺旋式課程」，教學方法則倡導「發現教學法」、發現的捷思法。布魯納認為將教材加以系統轉換，任何學科主要概念都可以有效教給任何發展階段的學童，學生的預備狀態是教出來的。就教育場域

的教學實施情境，如何將布魯納學習理論轉化應用於教學之中，請列舉三項並簡要加以說明（黃光雄主編，2004）。

【擬答參考】
1. 有效編排學習情境以激發內在學習動機

學習情境的規劃要能引起學生好奇及探索，情境問題與學生經驗間的落差不能太大，或過度明確簡易，否則無法激發學生探索動力。當情境或問題讓學生感到好奇，便有興趣想洞察學習任務，發現組織結構。

2. 安排的教材結構要與學生認知結構契合

教師必須將教材改編或轉換，予以剪裁、重組為最適合學生表徵的方式，教材呈現順序依動作、影像、符號等三個表徵期發展，配合學生認知結構發展，學生才能發現事物間關聯性或原則。

3. 善用學生內在的求知動機，少用外在獎懲

教學主要幫助學生以手操弄事物、看或想像事物或進行符號運思，教師要能培養學生善用心智解決問題的信心與動力，激發能力與精熟動機，學生從發現本身中就得到獎賞，滿足好奇心與求知欲望。

【範例題目 55】

行為主義強調刺激與反應的聯結、增強（後效強化）的應用，學派重要學習概念還包括消弱、類化、行為塑造、獎懲等，行為主義重視編序教學與教學機的使用。在教與學的面向上，布倫（Bloom）倡導「精熟學習法」（mastery learning），精熟學習有二個假定：1. 任一教師都能夠協助學生學習成功、2. 它是一套有效的個別化教學。請就精熟學習的教學步驟簡要加以說明（黃光雄主編，2004；Ornstein & Hunkins, 1998, p.108）。

【擬答參考】

1. 內容澄清：對學生解釋及說明他們即將學習內容及新教學法的學習。

2. 大班教學：先以大班（全班）方式教授課程內容，期待全部學生都能學好。

3. 實施前測：對所有學生實施形成性測驗，測驗目的不在於發掘學生學習錯誤或排名，評量允許學生可以檢查自己的測驗卷。

4. 學生分組：根據測驗結果將班級學生分成精熟組與非精熟組，精熟組成員的評量結果的臨界點為答對 80% 以上。

5. 充實矯正：精熟組給予充實教學，非精熟組給予矯正或補救教學。

6. 監控支持：監控每位學生的進步情形，調整教師授課時間，依各組成員數及表現情況給予支持與指導。

7. 實施後測：對精熟組與非精熟組實施總結性評量，採用標準參照評量結果。

8. 評量成果：全班學生測驗結果至少有 75% 以上達到熟練程度，若未達到，再次實施教學。

9. 再次教學：若是沒有達到目標，重複矯正與補救教學程序，包括採用較小型的學習群組、個別化教學、另類教學教材、額外家庭作業、閱讀教材、練習與複習等。

【範例題目 56】

後設認知（metacognition）是個人對自己認知過程能夠掌控、支配、評估的認知，它是有關自己對整個學習歷程或有關如何學習的知識，是一種對認知的認知、思考的思考，思考技巧與學習技巧都是一種後設認知技能（metacognition skill），後設認知技巧也可以經由教師教導習得，學生經由後設認知技巧的發展，可顯著改善他們的學習表現（張文哲譯，2018）。在教育場域環境中，教師可以採用那些

具體教學策略或方法，提升學生後設認知技巧，請列舉三項。

【擬答參考】

1. 自我質問及察覺策略

　　老師給予學生不同類型作業或任務，要求學生從作業或任務中找出共同要素，自問並找出要素間的問題，包括人物、事件、背景、地點、為何及問題解決方法等。

2. 教導有效的學習策略

　　提供學生基本認知結構訓練（閱讀教材），教導學生使用學習策略，多元記憶術、作筆記、畫重點、做摘要、寫下了解與疑惑之處、做大綱及構念構圖等，以建立知識基礎，掌控與指揮認知歷程。

3. 強調理解及自答策略

　　學生經由自我對話中，自問或互問自己對問題的理解程度，採用自問自答的方式找出重要訊息，學生從學習歷程中進行自我調整與反思，主動發現原則及問題解決方式，可以調整與改善認知歷程。

【範例題目 57】

　　認知取向的學習理論之「訊息處理模式」（information-processing theory）將人類學習記憶系統模式分為感官收錄、短期記憶、長期記憶。感官收錄可將學習者收到的資訊以視覺或聽覺等不同形式儲存，感官收錄的容量大，但訊息停留時間甚短，它是認知歷程中最重要的記憶系統。在教學過程中，教師可採用那些具體策略或方法，以引起學生對訊息的注意，促發學生將講述或呈現的訊息進到感官收錄系統中，請列舉三項（張文哲譯，2018）。

【擬答參考】

1.特別線索的提示

口語強調詞的運用，如這個很重要、之前考試出現很多次、這個考試一定會考、用符號或線條標記等，特別線索包括教師語句的重複、手勢與肢體語言的變化、音量的變化，此種線索策略可激發學生的注意與興趣。

2.呈現不一樣刺激

訊息採用不尋常、新奇或令學生好奇的刺激呈現，如採用實驗示範、神奇的戲法或其他足以引起學生注意的媒介。

3.增加教材情緒性

教材的呈現增加其邏輯性、連續性與生活情境的結合，並善用案例或情緒性字眼，突顯訊息重要性，其性質類似報章媒體的標題，訊息若有較多情緒成分，較易引起學生注意。

【範例題目 58】

實驗主義（experimentalism）（又稱工具主義）由杜威倡導，杜威認為知識有三種特質：實用性、行動性、創造性，實驗主義的知識論與理想主義及實在主義不同，學派認為知識同時具有主觀判斷（理想主義）與客觀認知（實在主義）二種特徵。請從教育歷程中的教育目的、課程教材、教學方法三個面向各列舉二個杜威實驗主義知識論的看法（葉學志，1988）。

【擬答參考】

（一）教育目的

1. 解決生活問題：求知在於解決生活問題的能力，此種能力為生活經驗的改造知能，經由學習不斷創新以改造經驗。

2. 適應未來環境：恢復平衡的社會生活，隱含教育即生活、教育

即生長的主張。

（二）課程教材

    1. 重視社會學科：社會學科內容素材強調人與社會的關係，個體與社會環境的交互作用可促發經驗改造。

    2. 關注活動課程：強調學生生活經驗及學生興趣的活動課程型態，不重視基本學科的教授。

（三）教學方法

    1. 強調做中學法：做中學最佳的教學法為問題教學法，以思維術促進知識的創新：發現問題、了解問題、提出假設、演繹推理、證驗假設。

    2. 以學生為中心：重視學生學習的內在動機、需求與興趣，偏向以學生為中心的教學方式。

【範例題目 59】

「觀念主義」（idealism）又稱為「理想主義」，源自於柏拉圖，重視永恆不變的真理，代表學者如奧古斯汀（Augustine）、笛卡兒（Descartes）、柏克萊（Berkeley）、康德（Kant）等。觀念主義學者認為真理就是觀念、價值來自於觀念世界，知識重視內在與邏輯的一致性與貫通性。請就觀念主義的教育目的、教師角色、課程教材等三個面向加以說明（邱兆偉主編，2010；簡成熙譯，2018）。

【擬答參考】

（一）教育目的

    1. 找尋真理：真理是抽象的、持久的，教育要引導的是精神或觀念發展，宗教與古典著作為重要教材。

    2. 自我實現：重視個人心靈與自我的影響，也關注個人與社會的關係。

3. 品格發展：學生品格發展是有智慧的，品格的結果來自道德信念，是有理性的，道德價值出自於善良意志。

（二）教師角色

1. 為學生完美的模範：教師角色重要，一方面引導學生獲得實體的知識；一方面是學生倫理的典範，教師知性、言教、身教等都是學生取法的對象。

2. 重視文字口語應用：教師透過書面、文字或口語，協助學生對觀念的吸收。

3. 辯證及直覺學習法：多採用研習會提供師生對話，反對從感官經驗或記憶法教學，講述法用於激發學生思考，非傳遞資訊，真理可透過內在直覺習得。

（三）課程教材

1. 人文學科：人文學科（歷史、文學與純數學）的研讀有助於學生探索完美的人格、理想社會與抽象方法的習得。

2. 重要課程：圖書館經典隱含人類不變的真理觀念，閱讀專家推薦的古典作品著作可以引領學生對觀念的理解。

【範例題目 60】⋯⋯⋯⋯⋯⋯⋯⋯⋯⋯⋯⋯⋯⋯⋯⋯⋯⋯⋯⋯⋯⋯⋯⋯⋯⋯⋯⋯⋯

　　法蘭克福學派（Frankfurt School）又稱為批判理論（critical theory），它不是個人單一理論，表示的是一群人的論點，代表教育哲學家如馬庫色（Marcuse）、哈伯瑪斯（Habermas）、霍克海默（Horkheimer）等。學派強調理性的反省、解放與重建，反對馬克斯之歷史唯物論，重視普遍語用學、理想說話情境與合理溝通的有效宣稱，認為世界沒有普遍真理，但肯定透過理性對話可以建立相容共識。請就批判理論教育哲學之教育目的、課程教材、教學方法等三個面向加以說明（邱兆偉主編，2010）。

【擬答參考】

（一）教育目的

1. 近程目的：維護與發展人類理性與自主性，於民主自由的社會體制中成為一位理性批判者，批判思考包含質疑及反省、解放及重建等能力與氣質。

2. 遠程目的：協助人類建構美好的生活，兼顧個人與社群間的和諧，關注於審視原有教育目的與社會現況的合理性。

（二）課程教材

1. 課程結構以自我主體為中心，有彈性不可僵化，包括自然、社會與自我三大生活素材，兼顧鄉土與國際觀教材，課程結構不是權威，要靈活使用。

2. 課程內容應採多元參與設計，以溝通、啟發方式編排，從多次討論與辯論過程修改，讓學生有更多思考、創作表達的空間。

3. 課程進行方向可兼採單科與合科設計，根據知識屬性與教育目的，讓學生從課程安排中有進行知識轉換的經驗。

（三）教學方法

1. 鼓勵學生自行探索：教學方法具探索特質，以激發學生自我表達的勇氣與能力，讓學生可以在思考中學習、在體驗中成長。

2. 規劃團體討論活動：從團體討論活動中訓練學生語言運用能力，習得良好溝通方法與態度，培育開放心靈與民主素養。

3. 提供自由探索情境：情境能讓學生質疑與表達自我機會，少用宰制、灌輸與權威的導向的教學。

延伸閱讀

康德（Kant）為批評的觀念主義（critical idealism）代表，其哲學稱為「批判哲學」（批評哲學），其論點與批判理論不同。

　　康德認為道德的價值在於行為者的動機，動機良善沒有任何交換雜念，他強調的是「絕對的命令」（categorical imperative）（無上命令），而非「假設的命令」（hypothetical imperative），若是一種行為因外在目的而行動的則為「假設的命令」，「假設的命令」並不是純粹的動機。應該如此而付諸行動之行為，為依據絕對命令而行，如商家堅持的童叟無欺原則是出於責任心及誠信原則，沒有外在目的，行為便是善的、道德的；相對的，若商家認為這樣可以帶來好的生意，動機便摻雜私心。康德道德的論點內涵或道德哲學有以下幾個原則（陳迺臣，1990；葉學志，1988）：

　　1. 出自於善意：人有理性，行為的動機應出自於善的意志，此種善是絕對的，道德行為判斷重動機輕結果。

　　2. 責任心行動：出自責任心的行為，其善意是出自義務，其道德價值主要依循道德律，沒有其他外在目的、私利或功利。

　　3. 具有先驗性：道德律具有普遍性、必然性（絕對的命令）與先天性（先天理性良知），道德律不根據後天經驗，是一種先天純粹實踐的理性作用。

　　4. 意志的自由：道德價值的判定所依憑的是「應該不應該」，行為雖受許多「應該」的制限，但強調的是個體的意志自由，為自律行為而非他律被迫行為。

　　康德認為教育活動是一種藝術性的，即人的活動，他強調文化陶冶與教學活動的重要性，過程在於將只具自然的人引導到有文化素養的道德人，道德法則不能摻雜任何經驗因素存在，它必具有「應然」特性。其道德法則對於道德教育實施有以下重要影響（徐宗林，1988；葉學志，1988）：

（一）道德教育目的

1. 培養學生崇高永恆的道德人格

　　教育目的在使人成為人，具有道德觀念與實踐的人，教育是淨化人性中的動物性的教養活動，使自然人成為一位有德性及智性的人。

2. 培養學生自律的意志與義務心

　　學生從意志的自由中發展道德行為，純粹動機與實踐行為是一體的，培育學生從義務心、良心行事展現善行，沒有私利或有其他外在目的存在。

（二）課程教材內容

1. 重視道德觀念及傳記素材

　　康德認為教育為一種藝術，可經由名人傳記的實踐範例，讓學生評判善行者行為展現的真實動機。

2. 教育內容主要為以道德律

　　道德律為出自個體的責任心（或義務心），它是一種無條件的道德價值，道德教育內容沒有固定德目，反對以後天經驗的規範來教授。

課程發展取向與假定

　　不同課程發展取向有不同主要假定（major assumptions）與其課程觀點（view of curriculum），其中取向主要分為技術－科學取向與非技術－非科學取向二種（方德隆譯，2004b，頁 41；Ornstein & Hunkins, 1998, p.213）：

取向	主要假定	課程觀點	主要模式
技術—科學取向	可確認及可使用之主要的步驟。	可選擇與組織知識的元素。	Bobbit 與 Charters：課程活動。 Tyler：四項基本原則。
	課程發展有高度客觀的與邏輯的程度。	各部分知識的摘要。	Taba：草根模式。
	課程發展包括重要的決定點，它是理性的。	課程是內容與經驗的組織與傳遞。	Hunkin：做決定模式。
	基於最近的認知理論。	課程是基於師生自然的認知傾向。	Lakoff 與 Nunez：認知思考模式。
	課程發展包括決定重要的活動或任務分析；基於課程從終點到起點的主要決定階段。	課程是教授規劃好的內容與經驗。	Wiggins 與 Mctighe：後向設計模式。
	課程可以被解構成不同的部分或任務。	課程是讓學生從事不同的與有意義的任務。	Jonassen 等人：任務分析取向。
非技術—非科學取向	課程發展是主觀的、個人的、美學的、互動的。	課程被視為是有品質的活動。	Glatthorn：自然主義模式。
	課程發展是種「專業的對話」。	視課程為對話。	Noye 與 Hunkins：慎思熟慮模式—對話取向。

取向	主要假定	課程觀點	主要模式
	課程發展是充滿許多不確定的動態歷程。	課程是人們互動中突發的現象；課程是一種動態與不確定性的系統。	EisnerSlattery：後實證主義模式。

冰山理論

【範例題目 61】••

　　薩提爾將人比喻為一座冰山，露出水面的冰山只是一小部分，此部分稱為「行為」，行為是一個人所說或所做的，人們透過一個人的外在行為，或者人對事件的敘說，來推測或了解一個人，冰山理論探討的是一個人外在行為如何受到內在心理的影響，內在心理除「感受」、「感受的感受」外，主要包含那四個要素？請加以說明（李崇建，2017；陳茂雄，2020）。

【擬答參考】

　　內在冰山下的四個要素：

1. 情緒

　　情緒是我們對人事物的心理感受，是與生俱來的本能，人們不同情緒感受會讓個體做出不同的行為反應。人們最常見的四大情緒為喜、怒、哀、樂。

2. 觀點

　　觀點是個人對人事物的看法、理解與詮釋，觀點是後天習得，較淺觀點稱為想法或評論；較深的觀點可稱為價值觀或信念，不同的觀

點對外在行為有不同程度的影響。

3. 渴望

　　渴望也是人們與生俱來的本能，這些本能驅使個體採取行動，渴望類似心理學範疇中的動機，薩提爾認為人們有六種動機或渴望：愛人、被愛、被尊重（價值感）、被接納（歸屬感）、有自由、有意義等，渴望冰山下要素，無形中影響到個人展現的外在行為。

4. 期待

　　期待是人們心目中滿足渴望的具體方法，人們對渴望下了定義後，會形成不同期待，之後會採取相對應的行為因應。

延伸閱讀

　　薩提爾認為一致性的溝通模式，當事者同時在重視情境、他人與自己三個要素，當事者內外一致，若是心裡有某種感覺、想法、期待與觀點，就要自己勇於表達，並且負起責任，開放與他人分享、也聆聽他人看法。一致型的溝通姿態，內在和諧寧靜，外表專注放鬆，溝通時懂得表達自己。四種不一致溝通的型態可以讓人們達成短期目標，無法幫助長期或宏大人生目標的完成。就情緒要素而言，討好型最易展現「哀」類型情緒，指責型最易展現「怒」類型情緒，打岔型最易展現「喜」類型情緒，超理智型會壓抑所有情緒。就渴望要素而言，討好型喜愛渴望模式為「愛人、被愛及被接納」；指責型喜愛渴望模式為「尊重」與「自由」；打岔型喜愛渴望模式為「自由」及「被接納」，超理智型喜愛渴望模式為「尊重」與「意義」（李崇建，2017；陳茂雄，2020）：

（一）指責型

　　在自己、他人與情境三角關係中，指責型者偏重於「自己」與「情境」要素而忽略「他人」，行為展現的溝通模式是不一致的，是

「自我中心者」，常用否定及命令與他人溝通，只看到自己，看不見他人，只是表達自己，未考慮他人立場，好的方面是被認爲能堅守自己的原則，不怕得罪他人。改變方向是學會聆聽他人、檢討自己。

指責型溝通範例：「小明，爲什麼課堂上你總是不專心聽講」；「你到底怎麼搞的，爲何你常常不遵守班規」；「你從來都沒有讓老師放心過」；「教師要說幾次，你才會聽得懂？」「如果不是因爲你，小美也不會受傷！」

（二）討好型

在自己、他人與情境三角關係中，討好型者偏重於「他人」與「情境」要素而忽略「自己」，行爲展現的溝通模式是不一致的，此類型者常被稱爲「老好人」，爲了得到父母或教師的關注，獲取他人認同，總是唯唯諾諾，以好、答應來溝通，好的方是處處爲他人著想，不好的方面常被視爲沒有原則的人。改變方向是學會要求他人。

討好型溝通範例：「老師，對不起，都是我的錯，以後我不會再打人了」；「老師，你怎麼說都行」；「小美，我只希望你開心」；「小明，你參加什麼活動，我就參加同樣的活動」；「小美，拜託妳不要這樣子，好嗎！」；「我總覺得自己在班上是被冷落的一位可憐學生。」

（三）超理智型

在自己、他人與情境三角關係中，超理智型者偏重於「情境」，忽略「他人」及「自己」二個要素，行爲展現的溝通模式是不一致的，爲了得到被認同，溝通時總是爭辯，性格型態類似「法官」，就事論事，只看到事而看不到人，爲了得到他人認同，溝通時總是爭辯，分析事理，依法行事，欠缺彈性及創意。改變方向爲兼顧法理性，兼具理性與感性，並學會感性的溝通方法。

超理智溝通範例：「做人一定要講理」、「評論事件要有客觀證

據」、「小強，老師建議你應該照老師的話去做」、「小強，小明知知道的比你多，你不應該跟他爭辯。」

（四）打岔型

在自己、他人與情境三角關係中，打岔型者完全忽略「情境」及「自己」、「他人」三要素，此類型者常被稱為「逃避拖延型者」，行為展現的溝通模式是不一致的；好的方面是對任何事件都不會太在乎，豁達以對，壞的方面是不想面對問題，不表達自己，只是想拖延或等他人出來解決問題，用不溝通來取代溝通。改變方向是從訂定具體小目標開始，學會面對問題。

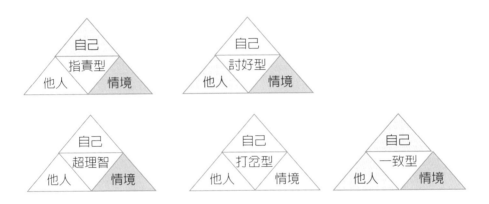

拾壹

問答題擬答方向舉例題 II

【範例題目 1】··

　　克明與志雄在英文課堂學習活動時，除東張西望沒有專心聽講外，還交頭接耳講話，發出聲音干擾其餘同學的學習。如果你是英文學科任課教師，你可以採取那些具體的處置方法，以讓教學活動能繼續順暢進行。請依照處置方法的輕重程度順序寫出有效的具體策略或方法？

【擬答參考】

（一）透過肢體語言提示

　　1. 沉默不語直視克明與志雄。

　　2. 接近控制法——走近克明與志雄座位處提示二人。

　　3. 直接叫出二人名字，告知二人的講話行為，要求二人停止講話。

　　4. 採用詢問技巧，對二人發問：「課堂上課的可欲行為何？」

（二）讓學生選擇發展計畫／非隱蔽式的隔離法

　　5. 選擇立刻停止講話或原座位站立自省

（三）排除性的隔離法

　　6. 將二位同學的座位暫時分離，或將其中一位座位移到最前面或特別座。

　　7. 二位同學在教室後面或教室角落罰站自省。

（四）採用隱蔽式的隔離法

　　8. 以果斷反應型教師用語，將二人暫時安置到特別區域（如輔導室，或學務處）。

【範例題目 2】··

　　德國教育家福祿貝爾（F. Froebel）曾說：「教育之道無他，唯愛與榜樣而已。」文化教育學者斯普朗格（E. Spranger）在其所著之《天

生的教育家》一書中也說到：「只有在愛的溫度裡，教育才能成功，影響人的內心。」教師之愛的具體展現為「教育愛」，教育愛有許多特性或特點。請你就教育愛的特性或特點加以說明。

【擬答參考】

教育愛的特性如下：

1. 教育施為只有透過教育愛，教育才有可能，缺乏教育愛的情境，教育目標無法達成。

2. 教育愛是無私的，不求回報的，教育愛是完整的、全面的愛，不限於個人，它具有公眾性的特質。

3. 教育愛是教師發自內心的感情，它具有一股暖流，師生相處時透過愛的力量才可以發出光芒、展現教育的力量。

4. 教育愛在教師與學生關係中負責搭橋的功能，它有助於促發師生間的良性溝通，完成教育意向的傳遞。

5. 教育愛是教師全心全力的付出，它可以協助教育追求完美的境界，並展現教師的敬業與教育本質。

6. 教育愛對於學生具有喚醒的功能，能激發學生內在潛能，讓學生更能體會教育的價值與完成學習目標（詹棟樑，1988）。

【範例題目 3】

中小學教育場域中教師教學信念主要有二種型態：一是根據教學計畫把進度如期「教完」，一是把學生「教會」，二種不同的教學信念對應的教學活動內涵也不一樣。請問「教完」與「教會」二者有何不同，請論述你的看法。

【擬答參考】

　　把進度教完，學生不一定理解（學會），把學生教會才是教育終極目標。教完與教會主要的差異點如下：

1. 把進度教完只是老師基本的職責，把學生教會才是老師更重要的責任：根據教學計畫準時把課程教材教完只是教師最基本的義務之一，教師更重要的責任不僅在於把進度教完，更要把學生教會。

2. 把進度教完較少關注個別的差異，把學生教會必須考量到適性的教學：中小學常態編班下，學生的異質性高，只根據教學計畫把進度教完，不保障每位學生都能理解，要學生學會必須兼顧差異化教學策略的應用。

3. 把進度教完只能視為教書匠展現，把學生教會才是教育家的行為表現：一位有效能的教師不僅要依進度將單元教材教完，更要根據學生資質給予指導協助或進行學習扶助，讓每位學生都能達到精熟的程度。

4. 把進度教完的主體為教學者個人，把學生教會的主體為教學者與學生：把進度教完的主體為教師個人，把學生教會的主體除教師本身外，更要考量到學生個體，影響學生學習的變因複雜，要把學生教會，教師關注的面向較多。

5. 把進度教完的方法較為簡易，把學生教會採用的策略方法較多元：把進度教完的教學活動較為單純，採用的教學較為簡單；把學生教會的教學活動設計較為複雜且多元，融入的策略方法較為複雜。

【範例題目 4】••

　　批判教育學者認為我們可以檢視原存於資本主義社會中，因種族、階級、權力及性別等差異所產生的不平等問題，透過教育與課程的改革，轉化社會不平等的結構，教師除傳統的傳道、授業、解惑的責任外，還有具有改造社會的責任與行動力（莊明貞，2001）。依

據達德（Darder）等人的歸納，批判教育學的共同基本哲學原理主張為何？請加以說明之。

【擬答參考】

批判教育學的共同基本哲學原理主張如下（方永泉，2006）：

1. 從政治經濟學的角度將教育視為一種文化政治學

從政治經濟角度正視階級再製的不公現象，重視透過教育與課程改革，轉化社會不公平及不平等的結構，意圖讓那些文化邊陲、經濟不利的學生能賦權增能，改造教室中的權力結構。

2. 教育的知識應具有歷史性與解放性

教育應該被視為是一項社會─歷史與政治的實踐，透過師生們的深思及集體行動，可以創造出足以克服非理性、宰制及壓迫的社會條件，經由批判喚起人的「主體意識」，以抗拒科學、技術及資本主義對人的宰制。

3. 教育實施應著重理論與實踐、社會與個人的辯證關係

教育理論是在批判中的不斷成形，也不斷體現在實踐脈絡中，思辨的理論以及應用的實踐間有密切相關，非二元或對立，個人與社會也不可分離。

4. 重視教育中意識型態的批判及對文化霸權的抗拒

強調要對於社會中宰制的意識型態進行批判，雖然「霸權」與「宰制性意識型態」無所不在，但個體有「對立性意識型態」與「抗拒」的能力，展現了積極性的面向，進而打破既定的刻板形象。

5. 教學方法上注重對話及覺醒，課程方面強調潛在課程的分析

師生間的關係應該是一種平等對話的關係，對話的目的可促發學生「覺醒」，透過覺醒，學生才能獲得重新解讀世界的力量，教師是轉化學生的觸媒，他要時時揭露社會不公現象，促使學生覺醒並激發學生轉化信念，進而出現改造社會的力量。

延伸閱讀——批判教育學

　　接受馬克斯對資本主義的批判觀點，以探究社會及政治思想的「法蘭克福學派」（Frankfurt School）又稱為「批判理論」（critical theory），批判理論倡導的教育方案關心低階層人們所處的政治、社會與經濟權益，為一種「草根教育」（gross-roots education）的發展，批判理論應用於教育領域又稱為「批判教育學」（critical pedagogy），代表學者如弗雷勒（Freire，著有《受壓迫者教育學》）、吉諾斯（Giroux）、麥克拉倫（McLaren）等。批判教育學除受弗雷勒啟發與批判理論的論點外，也融入了進步主義與社會重建主義學者的主張，前者認為教育目的在於促進民主的社會生活，教師角色是問題導引者；後者認為教育目的在於重建社會，引導社會改革，建立一個新的社會秩序，教師角色是改革的能動者（林昱貞，2002；簡成熙譯，2018）。

　　批判教育學代表學者弗雷勒之歷史論觀點深受馬克思主義的影響，認為所有知識都是在歷史脈絡中創造出來的，巴西農民之受到壓迫主要來自於「沉默的文化」（the culture of silence），學習只重視知識灌輸與記憶，學校成為另一形式的壓制。存在主義強調個體之「主體性」與「自由觀」，弗洛姆（Fromm，早期法蘭克福學派）關注之人們具有「自主性」與「為己存有」主張，與解放神學的人道實踐觀等，都影響到弗雷勒批判教育學的理論。弗雷勒批判教育學的主要議題或論點如下（黃聿芝，2008；張光甫，2012）：

1. 肯定人作為人的覺知，恢復人性的實踐

　　認為人們是有意識的存有，有創造與改革的行動力，人們要覺察自己是未完成的、不完美的存有，有權拒絕被動接受社會不合理的現象，堅信人們有創造與改革的能力。

2. 批判意識的具備必須透過自覺與意識覺醒

人們若有批判意識，便能真實地知覺實在的障礙，了解行為的可能與限制，透過意識覺醒才能明白歷史文化對個人的影響，透過行動達到解放，獲得自由與自主。

3. 教育為一種政治性的行動，並非中立的

教學過程或學校場域中傳遞的任何資訊、信念與價值是都可以改變的，師生藉由教育歷程重獲批判能力，面對霸權與宰制時能促進反身性的實踐。

4. 教師是藝術家、也是政治家，非只是傳遞既定知識的技術員

師生共同為主體，教師是呈現問題的提問者、民主的引導者、文化的工作者，意識自己角色的政治性，懂得檢視與反省個人所處的立場與價值觀，勇於揭露不合理現象，並能進行改革。

5. 強調師生間的對話與提問教學，二者為互為意圖關係

對話為以問題化為中心，抱持懷疑態度，察覺問題與生活間的關係，經由提問教育，啟蒙學生主體性的批判意識，師生採用整體性與脈絡性思考，發展知覺力量，創新知識達成解放實踐的功能。

批判教育學將教育視為一種政治活動，分析並批判學校教育背後隱含的意識型態及霸權；也將學校視為達成社會轉化及解放的場所，賦予學校教育積極的能動意義。批判教育學關注權力與知識關係的理解，將課程視為是一種「文化政治學」的形式，認為傳統學校教育功能是「社會再製」，是一種現存階級結構與經濟的維繫，因而要發展學生批判能力，讓學生增權賦能，改變社會秩序，追求正義與平等（林昱貞，2002；簡成熙譯，2018）。

批判教育學之教學型態教師應運用「批判的語言」（language of critique）與「可能性的語言」（language of possibility），前者體現新興教育社會學特色，強調微觀的、解釋的、批判的質性取向；後

者呼應解放神學的傳統，發展希望、鬥爭的哲學。學生使用上述語言，省思個人的信念及假設，協助自己分析檢視教科書及教材中隱藏的價值觀與假定，鼓勵學生勇於探究，主動提出質疑並批判，協助學生了解政治權力結構與經濟如何控制社會個體，培養學生成為改革的「能動者」（agents），消弭各種被壓迫、剝削與不平等。教學的過程中，教師與學生都要成為「轉化型知識分子」（transformative intellectuals）才能質疑、批判與對抗「真理政權」，教學為一種解放性實踐，目標致力於創造學校成一個民主的公共領域，強化共同的公共論述，實踐平等、社會正義的民主機構（林昱貞，2002；譚光鼎，2018）。

延伸閱讀——社會重建主義

　　1930 年至 1950 年代為替美國經濟蕭條找出解決方法，改革社會問題，培養學生具批判省思、解決問題及改善社會的知能，致力銜接學校與社會（社區）間的鴻溝，孕育興起社會重建主義（social reconstructionism）（或稱重建主義）。社會重建主義的代表學者如康茨（G. S. Counts）、魯格（H. O. Rugg）、布拉彌德（T. Brameld）等。社會重建主義學者雖各有主張，但都認同以下信念：1. 所有哲學、意識型態與教育理論等都以文化為基礎，文化類型受到特殊時空生活環境的影響；2. 文化可視為一種活動的歷程，是在持續成長與改變當中；3. 人類可以更新文化，促進人的生長與發展；4. 教育是建立新的社會秩序與文化的有效方法（張光甫，2012；陳國泰，2016）。

　　社會重建主義結合民主的教育理論，協助學生培養批判的能力，發展學生習得社會改變的技能，重建新的社會體系。社會重建主義主要思想如下（李涵鈺、陳麗華，2005）：

1. 關注社會問題，教材以社會問題爲核心：學生者需明瞭個人在社會中的定位，找出經由社會共識，以滿足個人需求的方法。
2. 重視在地紮根，強調社區服務學習：學校是社區中心，應透過民主的過程，負起轉化社區的職責。
3. 強調行動實踐，解決社會問題：教師應積極導引學生進行社會議題的探究，並參與社會活動。
4. 再探文化詮釋，教育重建以文化爲本：教育應從個人轉移到社會脈絡中的個人，教育是文化變革的動力。
5. 推展社會民主，教育重視民主信念：提倡社會民主，認爲民主的教室是師生互爲主體，共同決策的歷程，非暴力爲民主的前提。
6. 共築世界社群，尊重人的尊重與差異：從超越狹隘的意識型態與國族主義，從地球村的關懷與全球視野來看待人類。

　　社會重建主義的教育原理如下（簡成熙譯，2018）：

1. 世界正處於危機之中，若是人們不能解決這些迫切的問題（包括經濟、軍事問題、種族衝突、價值混亂、貧富差距等社會問題），人們必將走向毀滅一途。
2. 解決世界問題的最佳方法是建立一個有計畫的社會秩序，合作努力追求美好，改善文化遲滯的現象。
3. 正式教育是重建社會秩序的力量，學校是改造社會的基石，學校不應只在於維持社會現狀，更應積極改造社會。
4. 教學方法必須奠基在民主的原則上面，行動以最能解決人類問題爲主。

　　社會重建主義強調眞理是社會所認可的，並與未來目標相符合；價值並非永恆的，至高的價值爲同時兼顧個人與社會群體需求最大滿足的社會自我實現（social-self realization）。社會重建議主義在課程設計的意涵如下（陳國泰，2016）：

1. 課程目標為世界性的社會與文化重建

以課程為媒介，透過公民教育，協助學生具有重建社會的知能與情意，以解決時代面臨的危機，並改造社會。

2. 課程內容強調個人與社會密切關係的教材

偏重社會學、人類學、經濟學與政治學等知識習得內容，也重視種族、宗教等具爭議性的社會問題與知識，及文化再生與文化融合主義的議題。

3. 課程設計以社會問題為組織核心

課程組織方法強調以社會問題或主要社會議題為中心的核心課程，以科際整合組織方式編輯社會教科書。

4. 課程評鑑由師生與相關人員共同評估

評鑑目的在於了解學生社會意識的增長情形，或評估課程對於學生在社會參與及改善社區問題之知能的發展情況。

【範例題目 5】

布拉彌德（Brameld）稱重建主義為一種「危機哲學」（a crisis philosophy），危機不僅指向教育，也指向文化。他從文化觀點認為教育哲學有四種文化生態取向（culturological approach）（李涵鈺、陳麗華，2005；張光甫，2012），此四種文化生態取向為何？

【擬答參考】

1. 文化傳遞取向：精粹主義主張的論點，教與學基本任務為維繫社會、讓文化經驗永續不斷，傳遞傳統的與當代文化的價值與知識。
2. 文化復興取向：永恆主義主張的論點，教育在復興中世紀等早期的精神與原理，生活必須有意義，人生要有明確的目標。
3. 文化調節取向：進步主義主張的論點，教育為對社會的變革與進展

採取溫和漸進的改革方式，經由明智的行動，促使文化經驗繼續不斷重組與改變。

4. 文化轉化取向：重建主義主張的論點，經由教育過程以根本和結構性的方法，轉化社會制度，建立較美好的世界，解救社會文化的危機，讓世界文明重現。

延伸閱讀──柯爾柏格道德發展論

【情境／事件】

　　小強是大大科技大學一年級的學生，從小父母離異，在單親家庭長大，為減輕母親的經濟負擔，從高中起便常利用課餘時間打工，雖然小強課餘打工，但在學業上表現也很認真努力，只是沒有足夠的時間學習。

　　期末考試前一天，小強為準備電路學（學年必修科目）的考試，特地向打工單位請假讀書，打算在家開夜車努力讀書，但是小強突然接到單位的來電，詢問可否代替突然發生車禍住院的員工代班，單位主管給予小強壓力，迫使小強晚上 8:00 去上班，直到半夜一點才回家。小強回到家後，洗完澡設法集中心力讀書，但工作太累，趴在書桌睡著了。隔天早上六點半，小強的母親叫醒小強。

　　考試時，小強看到試卷，腦筋一片空白，心情十分緊張，因為期末考若不及格，學期成績可能也不及格，下學期的課程無法修讀。雅美是班上功課最好的學生，平時與小強相處融洽，也知道小強家中情況，她將考卷放在小強可以看到之處，想幫助小強期末考試可以及格（修改自湯梓辰等譯，2010）。

【六個階段的道德理由】

1. 處罰服從導向（避罰服從期）

　　小強的作弊情有可原，因為是雅美自己要讓他看到答案的，此種情況不太可能被老師發現。但如果被老師察覺到，則小強會受到處罰，小強的行為在道德上是錯誤的。

2. 個人報酬導向（市場交換期）

　　小強覺得作弊是可以的，因為如果他不作弊，期末考試不會及格，他的解釋是正確的事就是做我愉快的事，作弊對我有好處。

3. 尋求認可導向（人際和諧期）

　　作弊並不是好事，被老師發現的機率很大，但是小強若是認為班上之前考試也有同學作弊，而且作弊理由不是他不認真努力，而是因為要打工幫助家庭才沒有足夠時間。

4. 遵守法治導向（法律與命令期）

　　認為小強不應該作弊，因為考試若是作弊，就失去考試的意義，並且違反校規與公平性。

5. 社會契約導向

　　認為小強作弊是錯誤的，因為所有教師與同學都一致認為成績是努力付出的反映結果，沒有讀書或投入時間者，考試成績自然不佳，這是一種社會協議的結果。

6. 倫理道德導向

　　小強不應作弊，作弊是違反良心道德的行為，社會大眾普遍認為作弊、欺騙等都不是良好的行為準則，不論其緣由為何。

漢斯兩難故事的範例說明

柯爾柏格階段中回答漢斯兩難故事的範例（陳宥儒等譯，2010，頁 3-23）：

期	1. 道德成規前期（前習俗道德期）		2. 道德成規期（習俗道德期）		3. 道德成規後期（後習俗道德期）	
段	階段一避罰—服從取向	階段二相對功利取向	階段三尋求認可取向（人際和諧取向）	階段四維持社會秩序取向（遵守法規取向）	階段五民約法理取向（社會法治取向）	階段六道德普遍原則取向
對漢斯兩難情境的回應	漢斯不應該偷藥，因為偷藥行為可能被捉到並坐牢。	漢斯應該偷藥，因為藥師拒絕了一項對雙方都有幫助的交易。	漢斯應該偷藥，因為一個好丈夫就應該救他太太，假如漢斯不願意冒險偷藥，就是一個冷漠無情的人。	漢斯不應該偷藥，如果每個人都像他一樣做非法行為，那社會秩序就會亂成一團，偷竊行為是違反社會規範的。	漢斯應該偷藥，即使漢斯犯法了，但生命的價值比藥師個人財更為重要，只要社會大眾有共識，規範是可以改變的。	漢斯應該偷藥，因為生命的價值比任何的報酬都更為重要。當違反法律與拯救生命間做抉擇時，後者更為重要。

【範例題目 6】………………………………………………………………

　　班都拉認為個體有較高的自我效能，遭遇挫折時會有更多的堅持與努力，個人的自我效能會影響對目標的調整設定，進而影響個人的動機與表現。班都拉認為自我效能有那些來源，請列舉四項加以說明（Woolfolk, 2011, pp.426-427）。

【擬答參考】

　　班都拉指出自我效能有四個主要來源（羅素貞等譯，2020；Woolfolk, 2011, pp.426-427）：

1. 精熟經驗

　　「精熟經驗」（mastery experiences）為個體「直接經驗」，是效能訊息最大量的來源，指個人所知覺到過去在類似情境下的成功或失敗經驗。若要提升自我效能，成功必須歸因於個人的能力、努力、選擇及策略運用，而非是運氣或他人的協助。

2. 替代經驗

　　「替代經驗」（vicarious experiences）指看到與自己相似的他人在類似的任務或目標上取得成功。當個人觀察感覺自己與楷模特質愈相似，自我效能的替代經驗影響強度愈大。

3. 社會說服

　　「社會說服」（social persuasion）指值得信賴之他人（如教師、楷模）的鼓勵、訊息回饋、指導與評價，社會說服若是強調先前在類似任務中的成功經驗或精熟，強調努力重要，就可能提升自我效能。

4. 生理或情緒激發

　　「生理或情緒激發」（physiological or emotional arousal）為正向或負向的激起心理狀態及準備程度，若是感到焦慮或不安則會降低自我效能。教學時興奮及激動狀態可以提高教學者自我效能，讓教學更為成功。

延伸閱讀——自我效能

　　班都拉的社會認知論（social cognitive theory）為一種動態系統，系統稱為「三元交互因果關係」（triadic reciprocal causality），影響學習三個互為依存的變因為個人（如期望、動機、態度等）、環境（物理與社會環境，如他人回饋及行動後果等）與行為（如各種行為選擇等）的動態交互作用。如小明段考數學考試進步很多（環境因素），教師的讚賞及正向回饋（環境因素）讓小明更有信心，進一步調整學習目標（個人因素），之後對於數學領域學習更加努力（行為因素）。社會認知論的學習包括直接的「仿傚」（modeling）（如身教、示範等）與「替代學習」（vicarious learning），替代學習指人們會藉由觀察他人行為的結果而學習，並參照調整自己的行為（湯梓辰等譯，2010）。

　　「自我效能」（self-efficacy）指個人對自己在特定情境中表現某特定任務的能力評估，關注的是個體對個人能力的判斷，著重於個體成功完成特定任務的能力，個人關心的是自己是否有能力可以做到。自我概念（self-concept）為個人整體性的自我認知，自我概念的判斷會以他人或自我的其他面向作為參考框架進行比較。自尊（self-esteem）關注的是對自我價值的判斷，它取決於個人對自己在某個領域上（學科、運動、藝術、外表等）有所表現的重視程度，以及個體對於他人對自己能力看法的關注程度，若是領域是個體不重視的，自己即使感到無能，自尊並不會受到影響（羅素貞等譯，2020）。

拾貳

問答題擬答方向舉例題 III

【範例題目 1】⋯⋯⋯⋯⋯⋯⋯⋯⋯⋯⋯⋯⋯⋯⋯⋯⋯⋯⋯⋯⋯⋯⋯⋯⋯⋯⋯⋯⋯

　　發展是個體質與量的改變，它統合許多結構與功能的複雜過程，發展本質兼具連續性與階段性歷程，個體間的發展有差異性存在，發展具有可預測性，早期發展在發展歷程具有關鍵性作用，發展的改變同時受到「遺傳」（heredity）、「環境」（environment）、「成熟」（maturation）與「學習」（learning）四個變因共同決定或影響。發展研究主題的探討主要有幾個面向（張欣戊等譯，2010）？

【擬答參考】

1. 主動的／被動的：兒童是由自身的行為決定他人對待自身態度，影響個體的發展，或是被動的由環境（或遺傳）決定其影響發展。

2. 連續的／不連續的：兒童發展的變化是量化而連續性的發展（程度或量的改變），或是質變而不連續的發展，前段與後段的發展完全不一樣。

3. 先天的／後天的：兒童發展主要是受先天生物力量的影響，或是後天環境力量的影響。

4. 整體的／個別的：兒童發展之能力是整體性的，或是各個能力（如認知、人格、生理、社會等）各自獨立發展。

延伸閱讀

　　七種重要發展觀點的思想基礎簡要表（張欣戊等譯，2010，頁96）：

理論	主動 vs. 被動的兒童	連續 vs. 不連續的發展	先天 vs. 後天	整體性 vs. 個別化的發展
	兒童影響自己的環境 或者 發展主要是環境影響的結果	發展主要是成長及精練 或者 發展主要是一系列的質變	遺傳和生理是決定發展主要變因 或者 經驗是決定發展的主要因素	生理、認知與社會發展互相影響 或者 個體發展的各面向是各自獨立
心理分析論	主動	不連續	兩者	個別
學習觀點（行為主義觀察）	被動	連續	後天	個別
皮亞傑的認知發展論	主動	不連續	兩者	整體
動物行為觀點	主動	兩者	先天	整體
訊息處理觀點	主動	連續	兩者	個別
維高斯基的社會文化論	主動	連續	兩者	整體
生態系統論	兩者	兩者	後天	整體

延伸閱讀──生態系統論

　　生態系統論（ecological systems theory）又稱生物生態論（bioecological theory）由美國心理學家布朗菲布列斯（Bronfenbrenner）提出，他認為人類發展應從個體所處生活情境（生態）去分析，發展是個體生物特徵與環境力量相互作用的結果。生態

系統環境由最內層至最外層分別為（張欣戊等譯，2010）：

1. 微觀系統（microsystem）：與個體直接接觸的環境（多為家庭環境），隨兒童成長系統趨複雜，個體會影響他人也會被他人影響。

2. 中層系統（mesosystem）：個體所接觸到的微系統間的關聯的，代表家庭、學校、同儕群體（四周環境）微系統間的關聯網路。

3. 外層系統（exosystem）：個體沒有直接接觸到，但對兒童的發展也有影響的系統，如父母親工作場域、新教育政策的推動等。

4. 鉅觀系統（macrosystem）：位於生態環境最外層，指大社會的文化脈絡、價值信念、歷史背景、出身階級或社經地位等。

延伸閱讀——跨年級教學

民國 106 年通過《偏遠地區學校教育發展條例》，明定學校可採用混齡編班或混齡教學，偏鄉小校由於全校與班級內學生數很少，可採用別於一般班級的教學方式，跨年級教學（multigrade instruction/mutli-grade teaching）為其中一個教學選項。跨年級教學指的是由教師在同一節課中，在同一教學場域對不同年級的學生進行教學，課堂中因應學生不同的學習差異設計教學（包括教學目標、學習歷程與學習評量），跨年級教學中常見的課程組織型態大約可以分為五種（洪儷瑜、陳聖謨，2019；梁雲霞、陳淑麗，2019；Hyry-Beihammer & Hascher, 2015）：

1. 全班教學（whole-class teaching）

不同年級的學生在同一個班級、同一個時段中學習相同課程，並使用相同的教材，班級中通常未實施分組教學。在早期混齡教學場域中，此種教學特別適用於藝術、音樂和體育，此種教學對學生的差異並沒有明顯的處理。

2. 科目交錯（subject stagger）

同一個教室中，有兩個（或多個）不同科目在進行教學。不同年級的學生各自上各自的科目，教師輪流對不同年級上課；沒有輪到教師教學的年級（學生）則是安排學生能夠自學的學習活動或作業。

3. 課程輪替（curriculum rotation）

採用全班教學方式，一個學年教授一個年級的課程，不同年級學生上相同科目，第一學年教師先上某個年級的課程（如先上三年級，到下一個學年，再上四年級年級的課程）。課程輪替之教師可重組編排兩個年級（或多個年級）的課程，找出可以共學的課程內容、主題或目標，然後排列學習順序，依序在跨年級班級中實施。

4. 平行課程（parallel curriculum）

學科類型上只用一個科目或共學的主題，不同年級學生輪流學習相同科目或主題，老師根據學生原來的年級進行不同的內容或進度的教學，教學實施主要採輪流方式進行。此種方式，學生會有自學的任務，教師則需要為來自兩個年級的學生準備各自要用的學習內容，以及配置教學時間和方法。

5. 螺旋課程（spiral curriculum）

教師先找出原不同年級課程中相同的學習內容或單元主題，學生分享相同主題與科目，對較低年級以基礎知識教學為主（基本概念或觀念），較高年級實施加深加廣的知識，此種課程組織反映出布魯納的觀點，就分組活動而言，教師會根據年級、學習表現或其他特質進行分組。

延伸閱讀——自我決定理論

Deci 與 Ryan 提出「自我決定理論」（self-determination theory [SDT]），認為動機不是一個整體，而是由三種需求組成：

「勝任感／能力察覺」（competence）、「關聯感／歸屬感」（relatedness）、「自主性」（autonomy），三種心理需求不需經過後天學習，它是個體與生俱來的，為普遍的、一般性的，基本心理需求為促進外在動機內化的關鍵性因素，個人間的差異在於需求是否能滿足或受到阻礙（楊育儀、陳秀芬，2018；羅郁晴，2016）：

1. 自主性（autonomy）

個體能察覺自我行為的起因，主要始於自我的興趣與統整的價值，個體能憑藉著自我的想法與意志行動。自主性需求的滿足來自於個體於情境中的選擇得以自主決定，行動出於個人的選擇，自發且自願。

2. 勝任感／能力察覺（competence）

個人對某活動產生信心、感到有價值且有機會去做，行動同時又可展現自我的能力時，更有可能接受並從事活動，個體在完成任務與達成目標過程感受到成就感，會促發不斷投入工作的正向心理狀態，對自己有更多肯定與信心，感受到價值感與對任務付出的意義。

3. 關聯感／歸屬感（relatedness）

此需求來自於個人感受到自己是屬於某一群體，或與重要他人有所連結，當個人感受歸屬感的需求時，會與其周遭情境有正向連結，知覺到安全，也能從中感受到他人的理解與包容，關心及支持，和諧的社會氛圍會影響到個人外在動機的內化。

根據「自我決定論」，個人動機自我決定程度的高低，由低至高分為「缺動機」（amotivation）、「外在動機」（extrinsic motivation）、「內在動機」（instrinsic motivation）。缺動機是指個人從事一件事，沒有任何目的，完全沒有行動的意圖，自始至終根本沒有參與。外在動機是指個人從事一件事的原因和事件本身無關，有其他目的，當事者對活動本身不一定真正感到興趣，只在乎

它能帶來什麼好處（獎賞）。內在動機指個體從事活動在於追求個人興趣與能力展現，不在意外在增強物，具較強內在動機者，較容易產生自我導向式學習過程。外在動機伴隨著自主性與受控制性相對程度的消長而有四種不同的類型，分別是「外部調節」（external regulation）、「內攝調節」（introjection regulation）、「認同調節」（identification regulation）和「統合調節」（integration regulation）。四種調節彼此間能相互轉換，取決點在於學習者對於此活動的價值認同，從個體自主程度高低而言，外在調整與內攝調整較低，動機類型歸類為「控制動機」（controlled motivation）；將自主程度較高的認同調整與內在動機合稱為「自主動機」（autonomous motivation），自主動機指個人行為出於自願與自由選擇；受控制動機則是指個人行為受壓迫與約束產生（張映芬、程炳林，2015；羅素貞等譯，2020）。

　　自主動機除包含內在動機外，也包括外在動機之「認同調節」動機，個人認同活動的價值，理想地整合為自我的感覺，自主性動機讓個體經驗到個人意志，對行為的贊同。相對的控制動機包含「外在調節」（行為完全是外在酬賞與懲罰的函數）；「內攝調節」（行動部分內化，但主要受到認可動機因素影響，避免害羞、夾雜個人自尊及自我投入），人們動機若是控制動機，思考、感覺或特別情境下的行為時就會經驗到壓力。自主動機與控制動機都會促發與導引行為，它們與「缺動機」不同，缺動機是缺乏從事行為的意圖與動機。自主動機與控制動機的行為會導致非常不同的結果，就活動啟發性而言，自主動機傾向產生較高的心理健康與較有效表現，也會指引個體有較長期的堅持。

　　因果導向為一般性動機導向，指的是人們適應環境有關行為的初始及調節，跨情境及領域時自我決定的程度，此種導向包括「自主性」（autonomous）、「控制性」（controlled）與「非人性」

（impersonal），自主性導向結果可以持續滿足三個基本需求（勝任感、自主任與歸屬感），強烈控制性導向可以滿足勝任感與關聯感需求，但阻撓自主性需求；非人性導向結果同時阻礙三種需求。根據STD，三種不同動機導向可以有效個人心理或行為的結果，自主導向與個人心理的健康與有效的行為結果有正向的相關；控制導向藉由內攝與外在後效可以調節僵化的運作，減少健康；非人性導向結果為不佳行為運作，不健康的徵候，如自我貶抑與意志缺乏（Deci & Ryan, 2008）。

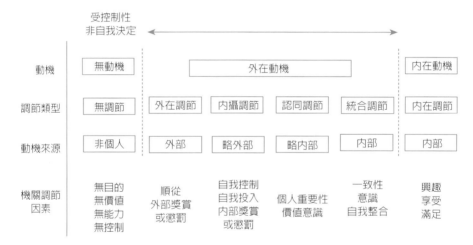

■自我決定理論四種調節歷程圖
資料來源：羅郁晴，2016，頁 31。

自我決定理論四種動機調節意涵如下（張映芬、程炳林，2015；羅郁晴，2016；Ryan & Deci, 2002）：

1. 外在調整

係個人行動的目的是為了獲得酬賞或是逃避處罰，或是順從他人意見，個體的行為完全遵循外部規則，非自我決定，完全受到外在後果所控制，個體行動的自主決定程度最低，是一種無內化的動機

型態。

2. 內攝調整

個人從事一件事的目的是認為自己「應該要去做」（should do），以展現能力並維持價值感，而不是「真的想要去做」（want to do），行動在於避免焦慮、責怪或負向自我知覺，從事行為主要想提升自我價值或避免罪惡感或羞恥感，行為決定雖有部分內化，但總體行為結果是外控不具自我決定的。科斯特納（Koestner）等人認為當個人因內攝調整動機去學習，是要保護自我價值而非認同、喜歡學習時，會有衝突或模糊的目標。當個人因認同調整動機去學習，覺得學習重要且對自己有益，此時採取的為趨向目標。

3. 認同調整

指行為取決於自己的想法和決定，個人行動的原因在於感受到行為價值性與重要性，行動對個體而言有激勵性目標存在，即使對工作本身沒有樂趣。此種調節個體有選擇權，個體行動時感受到個人的自由意志，調節涵蓋了更多的自主和自我決定的成分。

4. 統合調整

為外在動機之最高的自我決定程度，是個人認同這件事，認同的原因符合個體自我的價值、目標及需求，個體產生與其價值和需求一致性的動機，個體參與行為是出於自願，會自由選擇從事認為有價值性的活動。統合調節是最能決定的外在動機，必須具備高度的認知能力與自我發展，往往在成人以後才可能出現。

【範例題目2】
賓特里奇（Pintrich）將目標導向分為四種類型：1.「趨向型精熟」（approach-mastery）、2.「逃避型精熟」（avoidance-mastery）、3.「趨向型表現」（approach-performance）、4.「逃避型表現」

（avoidance-performance）目標，請就四種類型之目標導向意涵加以
說明（張映芬、程炳林，2015）。

【擬答參考】

1. 趨向型精熟目標

　　學習者以自我為參照點，強調精熟工作與了解內容。

2. 逃避型精熟目標

　　以自我為參照點，避免不理解、不精熟，他們不可犯錯，幾乎是
完美主義者。

3. 趨向型表現目標

　　以他人為參照點，重視證明自己的能力比他人好，或成績贏過
同儕。

4. 逃避型表現目標

　　以他人為參照點，避免被別人當成是無能力或愚笨的。

延伸閱讀

　　目標（goal）是特定的「標的」（target），即學習者努力奮鬥
所要完成的任務。特定、中度難度和近程的目標，可以提升學生動機
與毅力，具體明確目標為判斷表現提供明確的標準。中等難度的目標
提供了合理性的挑戰勇氣。學校中常見的四種目標導向（羅素貞等
譯，2020；Woolfolk, 2011）：

1. 精熟目標

　　「精熟目標」（mastery goals）又稱「任務目標」（task goals）
或「學習目標」（learning goals），指的是學習者不論表現為何，
都想要進一步改進與學習，他們會投入更多，遭遇困難較會接受挑
戰，將心力投入於工作本身；會尋求適當協助，採用更深層的認知處

理與讀書策略，對學業也較有信心。此類型的學生稱為「任務投入型學習者」（task involved learners）。

2. 表現目標

「表現目標」（performance goals）又稱「能力目標」（ability goals）或「自我目標」（ego goals），學生喜愛向他人展現個人的能力，專注於獲得優異的考試分數及成績，或是否贏過及打敗其他學生。他們會做一些讓他人看起來認為自己很優秀的事情，選擇簡易任務，隱藏分數不佳的報告，避免與他人合作，對於沒有明確評定準則的作業感到不安。此類型的學生稱為「自我投入型學習者」（ego involved learners）。

表現目標有二種類型：「趨向型表現目標」（performance-approach goals）、「逃避型表現目標」（performance-avoid goals），前者指個人與他人相較之下，努力地展現自己能力有多好或多聰明，以獲得他人正向評價；後者指個體努力地不要讓自己在他人面前顯得很愚蠢或能力很差，避免他人對自己出現負向評價。

3. 逃避目標

學生學習意願低，不想被看起來很聰明，或是避免顯得愚蠢，他們只想快速完成任務及活動，或完全逃離，這可能是他人沒有興趣或預期自己會失敗，為了逃離工作情境，學生會找藉口不工作或是作弊，喜愛工作簡易、不需花很多時間的工作。此類型的學生稱為「逃避工作的學習者」（work-avoidant learners）。

4. 社會目標

學生年齡漸長，社會網路愈複雜，其中包含了更多的同儕關係，青少年試圖融入同儕群體，但也想以某些方式在群體中脫穎而出，「社會目標」（social goals）可以支持學生，但有時也會阻礙學習，為家庭或群體帶來榮譽的目標，可以經由努力用功或加入重視學

業的同儕群體來支持學習，隨著年齡增長，社會目標對學生而言愈重要。

表現目標導向並全非不好，實徵研究證實精熟目標與表現目標二個都與主動學習策略與高度自我效能感有正向關聯，與內在及外在動機一樣，學生會經常同時追求這二種目標。從趨向（approach）與逃避（avoidance）二個焦點，二種精熟目標與表現目標的焦點與使用意涵的差異如下（Woolfolk, 2011, p.472）：

目標導向	趨向焦點	逃避焦點
精熟目標	焦點：精熟任務、學習、理解、努力工作與挑戰。 使用的標準：自我改善、進步、深度理解（工作投入）。	焦點：避免誤解或無法精熟工作、擔心潛力沒有完全發揮。 使用的標準：就是不要犯錯、完美主義者不應犯錯。
表現目標	焦點：要卓越、贏過他人、成為最好的、群體中的優異表現。 使用的標準：規範性─獲得最高分、贏得競爭有好名次（自我投入目標）。	焦點：避免看起來愚蠢、避免輸掉。 使用的標準：規範性─不要是最差的、成績最低的；最慢的（自我投入）。

【範例題目3】⋯⋯⋯⋯⋯⋯⋯⋯⋯⋯⋯⋯⋯⋯⋯⋯⋯⋯⋯⋯⋯⋯⋯⋯⋯⋯⋯⋯

教室環境二大類型為「學習中心環境」（learning-focused environment）與「表現中心環境」（performance-focused environment），二種不同中心的導向情境，教師強調的重點內涵不同，二者均會影響學生的學習動機與學習態度。請問此二種教室情境的差異為何（湯梓辰等譯，2010）？

【擬答參考】

　　「學習中心環境」與「表現中心環境」二種教室場域或情境差異如下：

學習中心環境	表現中心環境
成功被認定為達到精熟或進步	成功被認定為獲得高成績或比其他同學做得好
學習價值置放在努力或進步	學習價值置放在好成績或高能力的展示
滿意需求為達到挑戰或努力投入任務	滿意需求為比其他同學做得好，以最小努力就能成功完成任務
教學關注於學生學習行為	教學強調學生的學習好表現
學生將錯誤視為學習必經的歷程	學生將錯誤認為是焦慮與擔憂的來源
努力緣由為提升理解程度與達到精熟	努力緣由為提升成績，比其他人做得好
認為能力是可以促發與改變的	認為能力是固定且無法提升的
教學評量在於衡量學生的進步，提供學習回饋	教學評量在於將學習結果與群體其他人進行比較

【範例題目 4】

　　研究發現學生使用好的學習策略（learning strategies）有助於其學習表現，學習策略是可以被教導的。有效學習是學生必須擁有認知地投入態度，把注意集中於學習素材相關或重要的面向，此外，為了能有深入的思考與處理，學生必須努力，建立教材間的連結、精緻化、轉譯、發現、組織與重組，學生練習與處理愈多，學習成效就愈好。有效學習策略也包括學生要能調整與監控個人的學習，學習策略與技巧反映的是學生後設認知的知識。有效學習策略的教導有其基本

原則，請列舉三項以上的重要原則（羅素貞等譯，2020；Woolfolk, 2011, p.329）。

【擬答參考】

1. 教導學生理解不同學科之學習策略，除一般性的學習策略外，也包括特定學科之特定的學習方法。

2. 教導學生於何時、何處、適當地使用對應學習策略之自我調整（條件性）知識，這樣學生才能維持並持續加以運用。

3. 學習策略的教導必須包含動機的訓練成分，讓學生有強烈意圖使用策略技巧以提升學習表現。

4. 從學習活動與評量中，讓學生體會新學習策略之使用有助於個人的好表現，也會讓自己變得更聰明。

5. 直接教導學生基模知識，讓學生學習新教材時具有一定的先備知識及有用的基模，如此才能讓學習素材間產生有意義的連結。

【範例題目 5】

110 年 5 月因新冠肺炎（COVID-19）疫情嚴重，全國中小學實施遠距視訊教學，遠距教學型態主要包括同步與非同步二種類型。與面對面的課堂實體教學相較之下，同步遠距教學的實施會有那些限制或不足之處，請加以論述之。

【擬答參考】

與實體教學相較之下，同步視訊遠距教學的限制或不足之處主要有以下幾點：

1. 實作與操弄學習活動的實施與運作較困難

十二年課綱中強調單元教材與生活經驗結合、重視實作與操弄的學習活動，實作操弄或表演展現等教學活動在遠距教學情境中的實施

較為不易。

2. 學生分組活動的真實狀況較無法全盤掌握

遠距教學雖可進行分組活動學習，但小組成員實際的互動情況、溝通對話與投入態度等，教師無法像實體教學場域那樣全盤掌握與指導。

3. 同步視訊畫面的傳輸有時會有延宕或停頓

教師直播授課時有時會受到網路不穩及系統影響，出現傳輸延遲或停頓情況，不僅影響教學活動的正常進行，也會造成學習者分心的情況。

4. 學生課堂的學習行為與態度不易全面監控

同步遠距教學雖不受空間的限制，只能以縮小化的視窗來確認學生狀態，學生所在之學習場域，教師無法限制，學習活動受到外在干擾因素較多也較為複雜，教師較無法全面監控學生課堂的學習行為。

5. 課室場域潛在課程的教育功能較無法展現

學習結果包括認知、技能、情意與態度，遠距教學中的情意與態度較無法評定外，潛在課程對學生的影響效用也較難發揮其功效。

【範例題目 6】⋯⋯⋯⋯⋯⋯⋯⋯⋯⋯⋯⋯⋯⋯⋯⋯⋯⋯⋯⋯⋯⋯⋯⋯⋯⋯⋯⋯⋯

教育場域中強調性別平等教育，課程教材與媒體素材儘量避免性別歧視與性別偏見（gender biases）。瓊斯（Jones）等人研究發現男生與女生相較之下，教師與男孩的整體互動較多，但這包括較多負面而非正向的互動。性別偏見的落實要在教學中展現。在教學中避免性別偏見的具體做法有那些，請列舉三項以上加以說明（羅素貞等譯，2020；Woolfook, 2011, p.228）。

【擬答參考】

　　教學中避免性別偏見的具體做法如：

1. 檢視課堂使用的教科書與其他教材，它們是否對於男性與女性同時以忠實的開放觀點予以描述。

2. 留意教師個人於課堂中的活動設計，是否有任何非刻意的偏見出現（如根據性別提問），注意課堂使用的隱喻。

3. 注意學校場域或活動中可能限制男性或女性學生開放選擇的做法（如生涯輔導建議、課程的安排）。

4. 盡可能使用中性性別（無性別）的用語或字眼，如以空服員取代空姐、護理師取代護士，以法律執行者或警察取代男警。

5. 提供反性別刻板印象的性別角色楷模，如介紹具科學、數學或工程技術專才的女性校友，或邀請其至課堂分享。

6. 確保所有學生都有機會參與做複雜的、技術性的工作，採用小組輪換或隨機分配工作。

【範例題目 7】⋯⋯⋯⋯⋯⋯⋯⋯⋯⋯⋯⋯⋯⋯⋯⋯⋯⋯⋯⋯⋯⋯⋯⋯⋯⋯⋯⋯⋯⋯⋯⋯⋯⋯

　　認知學習論中的訊息處理模式包括感官記憶、工作記憶與長期記憶三種，訊息處理系統主要探討記憶的編碼、儲存與提取，訊息處理理論被認為是 20 世紀最有影響力的認知學習論。訊息處理理論對於課程教學有重要意涵，如果你是課堂教師，如何應用訊息處理理論的論點於教學之中，請列舉三項加以說明（湯梓辰等譯，2010）。

【擬答參考】

1. 用能吸引學生注意力與好奇心的活動作為課程的起始階段。

2. 經常提供複習以刺激學生的先備知識，檢視學生的理解程度。

3. 同時以視覺（情節記憶）及語言（語意記憶）之記憶雙碼策略，讓學生容易將訊息記憶起來。

4. 將新教材拆解成系統化的小單元，不要短時間內傳遞太多新訊息給學生，讓學生認知負荷量可以承載。

5. 幫助學生創造適合自己的有意義訊息策略，如透過組織、心像圖、精緻化編碼與深度處理策略等。

6. 塑造與刺激後設認知，提升學生的覺察力與後設記憶，根據個人特質採用最有效率的記憶策略。

【範例題目 8】⋯⋯⋯⋯⋯⋯⋯⋯⋯⋯⋯⋯⋯⋯⋯⋯⋯⋯⋯⋯⋯⋯⋯

　　中小學教育場域中許多教師都會採用問答法對學生提問，以知曉同學對課程教材或教師講述內容的理解情形。課堂使用問答法時要注意那些事情，請加以說明。

【擬答參考】

1. 對全班提問並給予思考時間

　　先對全班同學提問問題，提問問題後，要讓全班同學有短暫的思考時間（如思考 30 秒）。

2. 提問擴散性且無標準化問題

　　提問的問題最好為擴散性問題，而非事實性問題，以提升同學批判思考的高階認知能力。

3. 提問後再隨機抽選同學回應

　　隨機抽選同學回答，不要讓全班同學搶答，以免造成只有少數同學回應的情況。

4. 無法回應者再給予更多訊息

　　若是同學無法回應或回答不周延，可以再給予同學更多提示訊息，並給予同學鼓勵。

5. 延伸回應情境擴展問題範疇

　　同學回答後可隨機（或特意地）請其他同學回應，就之前回答的

內容的看法或有無補充之處。

【範例題目 9】⋯⋯⋯⋯⋯⋯⋯⋯⋯⋯⋯⋯⋯⋯⋯⋯⋯⋯⋯⋯⋯⋯⋯⋯⋯⋯⋯

　　中小學教育場域中，講述教學法（lecture）還是多數教師使用頻率最多的教學方法，因為此種方法可以快速將教材或概念傳遞給學生知道，此外，它以教師為中心，教學流程有更高彈性，教師若能考量學生先備知識、認知結構，將教材內容有組織地、有系統地講述，則學生也能快速理解單元重要概念及概念間的關係。若你是課堂教師，採用講述教學法傳遞新教材內容，要把握那些原則，請加以說明。

【擬答參考】

1. 搭配豐富的肢體語言講述

　　講述的聲音要宏亮，配合個人肢體語言，成為一位有活力的講述者，如此才能吸引學生注意。

2. 重要概念轉化為生活經驗

　　將概念意涵轉化於學生生活經驗之中，學生更能理解概念與其在生活情境中的應用，學習動機會更高。

3. 配合使用各種圖表多媒體

　　搭配圖、表與動畫等教學媒介，可以兼顧視覺與語言的雙重編碼策略，教學活動會較多元，學生也較容易理解。

4. 分段講述法比全部講述佳

　　將教材分段講解說明，中間短暫休息，讓學生認知負荷量不會超載，並能與原來的認知結構進行調適，學習效率會較佳。

5. 設計學習單或以問題提問

　　配合簡易學習單書寫讓學生可以統整內化資訊內容，或提出問題討論，讓學生有思考複習的時間。

【範例題目 10】⋯⋯⋯⋯⋯⋯⋯⋯⋯⋯⋯⋯⋯⋯⋯⋯⋯⋯⋯⋯⋯⋯⋯⋯⋯⋯⋯

　　十二年國教課綱以核心素養為主軸，「核心素養」指的是一個人為適應現在生活及面對未來挑戰，所應具備的知識、能力（包含技能）與態度。核心素養強調學習不宜以學科知識及技能為限，而應關注學習與生活的結合，透過實踐力行而彰顯學習者的全人發展，「核心」為基本且共同，「素養」指個體為了健全發展，必須因應生活情境需求所需的知識、能力及態度。為培養學生核心素養，教學變革強調素養導向教學設計，有效的素養導向教學設計與實施要掌握那些基本原則，請列舉三項以上加以說明。

（資料來源：國家教育研究院（無日期）。素養導向教學與評量的界定、轉化與實踐之說明。取自 https://ws.moe.edu.tw/001/Upload/23/relfile/8059/56214/bb0fc79d-a7c7-4d7e-b03a-9d14bdb59011.pdf）

【擬答參考】

　　素養導向教學乃以學生為中心，重視情境化學習與學生實踐力行的學習表現，強調跨領域的全面學習，教學實施的原則有以下幾點：

1. 兼顧學習內容與學習表現，能整合學生知識、能力與態度

　　重視素養的共通性及跨領域特質，強調領域或學科內容的完整性，兼顧認知、技能與態度，經由提問、討論、欣賞、展演、操作、情境體驗等學習策略與方法，達到全人教育的目標。

2. 結合學生生活經驗，重視情境與脈絡的學習與應用

　　知識內容與學生的生活情境或經驗結合，引導學生將學習內容應用於周遭生活情境，串連所學知識，連結抽象與實務，讓學習產生意義化，有助於所學知能的應用。

3. 重視學習的歷程、方法及策略，培育自學與終身學習者的目標

　　以學生為中心，促發學生喜愛學習及學會如何學習，學生除習得重要概念或事實外，也能培養主動發掘問題與解決問題能力，能持續

學習成為終身學習者。

4.給予學生展現機會，強調其實踐力行的表現

　　教學設計要能提供學生活用與實踐所學的展現機會，並關注學生的內化、學習遷移與長遠效果影響，學生能「做中學、學中做」，將所學有效應用於生活中。

延伸閱讀

　　「回應式教學」（responsive teaching）指教師會針對學生對學習重要性的想法與先備能力、學生理解程度與核心概念展現情況做出適當的調整，及學習環境的改變，從教學觀察中了解那些學習方式對個別學生最為有效，以支持學生學習並確保每位學生都能成功，此種方式強調差異化教學與重理解的課程設計。回應式教學的特色如下（侯秋玲譯，2022）：

1. 重視師生的良好互動關係，重視學生信念與自尊感提高，激發學生學習的動力。
2. 強調溫馨學習環境的營造，提供合作學習的情境，讓學生有歸屬感，體認共學夥伴及學習社群的重要性。
3. 關注於學生個人需求與背景，建立起能連結學生學習意願與學科重要內容之橋梁。
4. 關注於學生的學習準備度與學習興趣，適時調整教材內容，讓學生學科知能可持續精進。
5. 重視學生學習風格，鼓勵學生採用自己偏好及最合適的學習模式學習，以增進學習的效能。

【範例題目 11】

　　卡羅若梭倡導內在紀律理論，其核心概念之一為發展內在紀律比傳統班級控制更為重要。他建議教師對於「真實世界後果」（real-world consequences）的處置，要符合「RSVP」原則：1. 處置是否合理（reasonalbe）？2. 處置是否簡單易行（simple）？3. 處置是否具有價值（valuable）的學習工具？4. 處置是否實際可行（practice）。其中重要的原則是要考量到「和解式正義」（Reconciliatory Justice），和解式正義包含 3R 的紀律訓練：「賠償」（restitution）、「解決」（resolution）、「和解」（reconciliation）。請就 3R 紀律訓練的內涵加以說明（吳明隆，2019）。

【擬答參考】

1. 賠償

　　指的是專注於學生所做的事情，同時補償受害者所遭受的傷害與損失，其中也包含對他人財物損害的補償，如破壞同學的鉛筆盒、損毀同學的文具，均要負起賠償之責。

2. 解決

　　指的是要對於造成不當行為情況的原因做進一步的確認與改正，讓不當行為不再發生，讓學生能反思其所作所為的不適當之處，進而改進日後的行為表現，改以更積極、不傷害對方的行為方式。

3. 和解

　　在對違反規約學生的矯正處理，同時幫助在情境中受到傷害的學生能恢復健康的過程，包括生理與心理層面的復原。經由 3R 程序，教導學生如何自行解決個人製造的問題與衝突事件的有效解決方法，避免日後類似的情形再度發生。

【範例題目 12】

　　維高斯基（L. Vygotsky）的認知發展論，強調社會互動、語言的重要影響，個體的認知發展與其所處文化脈絡有密切關係，其觀點

稱為發展的社會文化理論（sociocultural theory of development）。在班級教學中，教師要如何應用維高斯基的理論來促進學生的學習及發展，請列舉三項以上的具體做法（湯梓辰等譯，2010）。

【擬答參考】

1. 導引學習活動與情境脈絡之有意義聯結

　　將學習活動與學生真實文化脈絡相結合，讓學生能與脈絡情境互動，建構有意義的學習。

2. 規劃能讓學生主動投入社會互動的活動

　　安排能讓學生投入社會互動的學習活動，學生能從做中學活動中學習，並與有知識的人進行溝通及對話。

3. 鼓勵學生善用語言表述解題及理解歷程

　　鼓勵學生使用語言（個人私自語言）來表述他們的發展理解能力，邊做邊說出個人問題解決的歷程與複雜認知的學習過程。

4. 適時提供鷹架作用以導引學生進行學習

　　提供指導輔助（鷹架作用）促進近側發展區的發展，有效採用分組合作學習，並給予學生必要協助引導。教學鷹架實例如：

　　(1) 示範教學：視覺藝術老師要求學生嘗試新畫法之前，先以兩點透視法示範畫圖技巧。

　　(2) 設備調整：體育老師在教授國一學生排球發球技巧，先降低網子高度，學生熟練後再調升高度。

　　(3) 放聲思考：數學老師再示範解題技巧時，邊寫板書同時邊以言語大聲說出書寫的解題歷程。

　　(4) 多種策略：對相似的任務或問題，以多種不同的解決策略提供學生參考，讓學生選擇最適切自己的方法。

【範例題目 13】⋯⋯⋯⋯⋯⋯⋯⋯⋯⋯⋯⋯⋯⋯⋯⋯⋯⋯⋯⋯⋯⋯⋯

　　「認知學徒」（cognitive apprenticeship）概念為社會建構論的一種，此理論應用於學習生手為了習得複雜的認知技能（如閱讀技巧、寫作或問題解決策略等），而與專家或熟練者一同工作學習。認知學徒制應用於教室課程中，會包括那些成分或要素，請列舉三項以上加以說明（湯梓辰等譯，2010）。

【擬答參考】

1. 示範塑造

　　教師示範技能或問題解決策略，並同時示範有聲思考法於問題解決構想的過程。

2. 鷹架協助

　　學生執行任務時，教師問問題、提供線索並給予支持協助，當學生有進展或能力提升時，減少協助，讓學生可監控自己，獨立完成。

3. 口語表達

　　指導學生將他們的理解過程及策略配合語言表述，口語表達也可納入技能與思考的評量範疇。

4. 逐次加深

　　學生能力提升，教師規劃較複雜及具挑戰性的任務或問題，要求學生能完成。

5. 探究實作

　　學生能將所學技能或策略應用於相關情境，辨認問題性質並提出有效的解決方式。

【範例題目 14】⋯⋯⋯⋯⋯⋯⋯⋯⋯⋯⋯⋯⋯⋯⋯⋯⋯⋯⋯⋯⋯⋯⋯

　　「後設認知」（metacognition）為對認知的認知，或有關知道與學習的知識，後設認知為一種高階認知，用於監控與調整個人的認知

歷程，如推理、理解與問題解決。後設認知包括三種知識：陳述性知識、程序性知識或知道如何使用策略的知識、以及自我調整知識（用以確保完成任務的知識）（Woolfolk, 2011, p.327）。促發改善學生後設認知與技巧的有效教學策略有那些，請加以列舉說明。

【擬答參考】

1. 一次教導幾個策略，讓策略教學成為課程進行時的內涵與擴展的部分內容。

2. 示範並解釋新策略讓學生知道，並向學生詳細說明策略的使用場合與其時機。

3. 如果學生不理解策略的某些部分，再根據使用上的困惑或不理解之處，以更為適切的方式重新示範與再解釋。

4. 提供大量的練習機會與作業，盡可能在各種適合的任務中使用這些策略。

5. 鼓勵學生在使用策略時能監控策略使用情況並進行調整。

6. 協助學生體認他們使用的策略是種有價值的技能，這些技能可讓他們對任務完成更能勝任，以提升他們使用策略的動機。

7. 強調反思歷程而不只是快速地處理任務，盡可能協助學生消除高度焦慮，鼓勵學生設法讓自己不受干擾，能專注於學習作業上（Woolfolk, 2011, p.336）。

【範例題目 15】...

　　十二年國教課綱的課程與教學設計係以學生為主體，較偏向是「歷程模式」與「情境分析」模式的綜合體，教師的教學設計應聚焦在引發學生的學習動機，培養自主學習，讓學生有實作、操弄與探索的經驗，其中「焦點討論法」（focused conversation method）可以促發教師與學生的思考與對話，「焦點討論法」的提問一般分為那幾

個層次，請加以說明（張素貞，2019）。

【擬答參考】

　　焦點討論法的四個層次簡稱「ORID」，此種問題的提問與討論，除可導引學生思考外，更可讓討論的問題更聚焦，更容易促發學生的集體思考，加深彼此的對話，四個層次的問題設計如下：

1. 客觀的事件（Objective）──事實層次

　　感官所觀察、感知到的外在現實情境，從討論的材料當中，讓學習者學會看到什麼？聽到什麼？發生何事？主要目的是從事實出發。

2. 反思的感受（Reflective）──感受層次

　　對所接收到的事物的感覺與聯想，針對討論的材料與事件案例的感知（如覺得如何？），並加以表述出來，主要目的是針對所接收到的事物產生個人的內在反應。

3. 意涵的詮釋（Interpretive）──詮釋層次

　　詮釋與理解事物的意義和重要性，從討論的素材中，得到什麼新的學習或新的領悟，發現什麼？了解什麼？學到什麼？其中最有意義的與最有價值的為何等？主要是了解參與者有那些不同的解釋角度和表達。

4. 行動的決定（Decisional）──決定層次

　　從意義與重要性引發下個階段的行動與決策，有什麼要改變？「下個行動我要做什麼」，才能有較適切的解答等，層次主要目的在找出決定要做的事情，學習者經由多層次的提問，以達到適性學習的目標。

【範例題目 16】⋯⋯⋯⋯⋯⋯⋯⋯⋯⋯⋯⋯⋯⋯⋯⋯⋯⋯⋯⋯⋯⋯⋯

　　長期認憶內容中的「陳述性知識」（declarative knowledge）為一種「外顯記憶」（explicit memory），外顯記憶又分為「語

意記憶」（semantic memeory）（以意義為基礎）與「情節記憶」
（episodic memory）（以系列事件為基礎，像是對自己生活經驗
之記憶）。就陳述性知識的建構而言，教師可教導學生那些具體策
略，讓新的訊息與先備知識產生有意義的連結，提升學生對訊息的記
憶量（羅素貞等譯，2020；Woolfoil,2011；2019）。

【擬答參考】

　　學生能對陳述性知識的建構產生有意義連結才能助於學生的回憶
與訊息擷取，有效的具體策略如下：

1. 精緻化處理

　　透過新訊息和已儲存的知識或經驗產生連結，增加新訊息的意
義，即運用原有基模與既存知識來建構理論，藉由深層處理的複誦來
儲存。

2. 訊息的組織化

　　整合為良好組織的學習教材較易學習與記憶，如「意元化」
（chunking）策略，將零散小訊息整合為較大、有意義的組塊，較能
產生結構化的概念。

3. 內化為心像

　　將訊息內化為圖像，以心像方式記憶，此種記憶同時包括視覺與
文字之雙重編碼，並能管理認知負荷量，聚焦於相關訊息，較能產生
有意義的學習。

4. 環境之脈絡

　　當學習狀態之物理、情緒環境層面與訊息一同被處理時，訊息回
憶能藉由情境脈絡的促發，較易激發訊息而易於回憶。

5. 有益的難度

　　適度的作業難度能讓學生花費時間並努力學習處理訊息，之後當
事者在回憶訊息時會較為快速而有效，適度的難度可讓學生對訊息有

更深層處理的機會。

延伸閱讀──曼陀羅思考法

　　曼陀羅思考法的原文是梵語「Mandala」，Mandala是由「Manda
＋la」兩個字彙所組成，前者字詞的意思為「本質」、「真髓」；後
者字詞意思是「得」、「所有」，因此「曼陀羅」一詞的意涵為「獲
得本質」或「具有本質之物」。曼陀羅圖潛藏的智慧圖形就是「九宮
格」，九個區域提供如魔術方塊般的視覺式思考，中心方格內為思
考主題或核心，與主題有關的概念或資訊分別列於周圍的八個方格
內。曼陀羅思考法在應用上卻有兩種不同的思考模式，一是向外放射
的「放射性思考」，先利用九宮格的「固定格式」為主線，讓學生的
思考力由「點」到「線」，再由「線」到「面」，進而達成思考擴展
的目標，其中中間方格為主題概念；二為「螺旋狀思考法」，此種思
考方式大多用在行事脈絡的發展關係上（由格子1發展到格子8的過
程），或者是有關做事的方法步驟、事情的發生順序，但以順時鐘方
向推進思考，在獲得結論前需經過七個步驟，此種思考法有助於思路
的釐清與思考的擴展與歸納（陳木金、黎珈伶，無日期）。

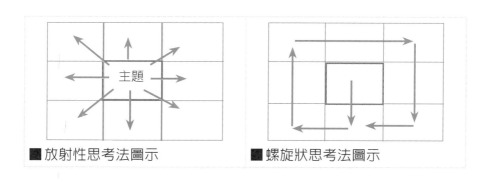

■放射性思考法圖示　　　　　■螺旋狀思考法圖示

　　曼陀羅思考法的核心元素為中間方格，之後再以方格主要概念向
外放射延伸，如中間核心元素為核心素養，聯想到的相關概念為教學

設計、課程教材、活動規劃、脈絡應用、分組方式、評量實施、教學場域、跨域配合等八個，八個要素的配合與統合應用才能有效達成預期教學目標。

「曼陀羅思考法」理論在精進學策略的應用方面，有以下幾項（陳木金、黎珈伶，無日期）：

1. 應用「創意、概念、隱喻、圖像化思考」法

曼陀羅思考法可應用於寫作與創作方面，也可用於訓練在短時間對各種事物看法的聯想反應、論述與表達能力，對於學生口語表達與思考訓練有很大的助益。基本曼陀羅圖的思考路徑為：

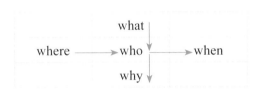

中間為人，橫軸為空間—人—時間的規劃；縱軸為提問與思考安排，問做什麼，問主體個人，為什麼要這樣做。

2. 應用在目標設定與各種心靈啟發及提升

曼陀羅思考法可以加深個體對自己的了解外，也有助於個人對於目標的達成、情緒管理與正面思考的提升等。

3. 應用在擷取學習重點的精進策略

在抓住學習重點的曼陀羅思考法，可讓學生自我分析與調整，協助個人快速擷取文章與文本重點，配合學習特性的教學譬喻舉例，能夠增進學生的學習效果。

4. 應用在提升多元能力的多功能技術

主題延伸的八個聯想，花費的時間不多，可有效作為訓練學生的反應力與聯想力，也可訓練學生的表達力、思考力與創作力等。

【範例題目 17】••

　　從社會動機觀點而言，較為完整而實用的一種合作學習為「學生小組成就區分法」（STAD），STAD 的教學法近似課室中一般的教學流程，但可提供學生合作學習的機會。班級中採行 STAD 合作教學法時，其步驟程序為何，請列舉說明。

【擬答參考】

　　社會動機觀點主要藉由酬賞的使用，或是運用對小組的認同感，產生成員互賴關係，以激勵個體與他人一同合作並互相幫助。教室運用的程序如下（陳奎伯等譯，2009）：

1. 上課之前

　　採用異質性分組方式將學生分成 4 人至 6 人的組別，各組成員數可依班級學生數調整。

2. 上課進行

　　教師運用各種教學策略及媒介，呈現學生要學習的訊息。

3. 同儕學習

　　學生得到訊息後，採用合作學習方式，相互幫助及訊息交換，完成課堂作業。

4. 課程結束

　　老師對小組中所有成員進行個別測驗，評量結果評定採用分數進步的多寡，小組學習表現評定為成員進步的總分數。

5. 給予酬賞

　　成績進步最多的組別，給予喜愛的酬賞或增強物。

【範例題目 18】••

　　問答討論中，教師應多提問擴散性問題，少提問事實性問題，以提升學生批判思考能力。為增進學生對問題的理解，及讓學生表述自

己觀點的合理性，教師可採用「深入探究」（probing）方法，口頭深入探究的類型有那些，請列舉說明（王文科，2007）。

【擬答參考】

1. 延伸（extending）

當學生回應問題後，要求學生再多說一些回應內容，如「可能有些同學沒有聽懂，對於講述內容再說一些」、「再詳細說明一下」等。

2. 釐清（clarifying）

要求學生對回應內容解釋更清楚明確些，如「請用你自己的話說說看」、「再把你說的完整的講一遍」等，釐清方法有助於讓師生間或同學間的溝通更清楚。

3. 證明（justifying）

導引學生說出回應的理由或證據，以促發學生更深層的思考，如「你認為做那件事的理由是什麼？」、「可否舉一個實例說明一下」。

4. 再發問（redirecting）

鼓勵全班學生對同學回應內容再思考，並指名別的同學回答，如「小明，你對小強回答的內容同意嗎，有沒有要補充說明？」、「小明，你對於剛剛小強回答的有什麼看法？」等。再發問為重新導引問題，可讓全班同學專注聆聽。

【範例題目 19】...

王大明是一位修讀師資培育學程的英語系學生，在修課期間，他了解到「十二年國民基本教育課程綱要」十分強調素養導向的教學和評量。由於他對教學充滿著高度熱情和興趣，有一天他在公告欄看到一份由教育部國教署舉辦的「英語文素養評量」試題設計比賽，他想

要嘗試參加這次比賽，並邀請您一起組隊參加。如果您是大明的參賽夥伴，能否請您先說明一下「素養導向評量」的意義為何？

如果您和他一起參加這份素養導向試題設計競賽的話，您覺得在測驗出題時，你會留意那些原則或細節？請列舉三點說明。

【擬答參考】

（一）意義

素養導向評量是指教師在實踐「十二年國民基本教育課程綱要」各領域和領域／科目核心素養的課程教學中，用來評估、回饋與引導素養導向課程與教學實施成效的一種評量方式。素養導向評量應該依據各領域／科目之核心素養的學習重點，考量學生日常生活經驗或生活真實情境中可能問題，所發展出的真實有效之多元評量。

（二）命題留意原則

1. 試題應該以日常生活情境為主，且具有脈絡性

出題時，應該與學生真實生活情境相互結合，強調其生活運用的價值。且教師在布題的文字敘述中，應該避免「知識」層次的評量，而是應該強調理解知識，並且能夠應用知識與技能去解決真實情境脈絡中的問題。

2. 試題的類型應該聚焦核心素養與領域學習重點

出題時，應依循總綱核心素養所定義三面九項所指出之跨領域／科目的共同核心能力。而且，試題內容或重點除了涵蓋課程學習重點之外，也應將領域／科目課程內涵與核心素養具體地展現出來，同時評量也應該強調「學習表現」和「學習內容」的結合。

3. 試題的評量方式多元，且應不僅限於紙本形式

素養導向評量不只重視學習結果，更重視學生的學習歷程。評量形式可以跳脫紙筆測驗形式，並且創造多元化的類型來檢視學生的學習，可彈性運用觀察、問答、討論、實作、探究、或主題性的多元評

量形式，更加客觀的評估學生學習的歷程和面向，以符合新課綱核心素養精神。

【範例題目 20】……………………………………………………………………

　　代幣增強制度較為複雜且費時，教育場域中，代幣增強通常限用於以下三個情境：1. 激勵那些對完成工作完全沒有興趣，或對其他方法沒有反應（無效）時；2. 用來鼓勵在學科表現上一直挫敗的學生；3. 處理一個失序（失去控制）的班級。相較之下代幣制度更適用於下列群體：智能發展遲緩的學生、經常失敗的學童、課業學習技巧不佳的學生及有行為問題的學生，這些學生群體較能對具體、直接的代幣制度產生回應（Woolfolk, 2011）。代幣增強制度在實施時要注意那些事項，請加以說明（朱敬先，2011）。

【擬答參考】
1. 事先作周詳考量，建立明確的獎賞原則，正向行為表現與獲得代幣間的關聯要讓學生知道。
2. 學業表現方面，要根據學生能力與差異，設定不同的給予目標，代幣兌換的增強物應是學生真正喜愛的。
3. 採漸進累進式的程序，正確反應行為出現次數從少到多，以培養學生的正向行為及對課業的投入。
4. 代幣兌換的增強物從具體酬賞及特權，逐次轉換為學生對學習經驗的樂趣，從外在動機導引到內在學習動機。

【範例題目 21】……………………………………………………………………

　　克伯屈（Kilpatrick）倡導「設計教學法」（project method），他認為設計是全神貫注的有目的之活動，設計教學主要是針對待解決的實際具體問題，由學生自行規劃與執行，進而讓學習的單元活動更

有意義。設計教學法實施的主要步驟有那些？請加以說明（黃光雄主編，2004）。

【擬答參考】

1. 決定目的

　　學習目的的訂定可由學生決定或師生共同討論訂定，合適目的要符合學習目標，適合學生的能力，可於適當時間內完成。

2. 擬定計畫

　　依照設計類別屬性，詳細規劃進行的程序，其中包括蒐集的材料、工作任務的分配、時間的管理支配等。教師根據學生能力經驗，適時給予指導或建議。

3. 實作執行

　　學生根據目的及計畫，進行實際的學習活動，實際執行活動是整個設計教學活動的核心，教師需要隨時督促、指導與協助，以免學生在自主學習中忽略安全與學習目的。

4. 判斷評量

　　視設計種類與性質，指導學生自我評量、同儕評量或師生共同評量，評量要項主要包括：設計是否依照計畫進行？預定的學習目的是否實現？從設計活動中學習什麼？計畫及執行為何缺失？下次設計學習應如何改進等。

延伸閱讀

　　「設計本位學習」（DesignBased Learning;[DBL]）模式內涵和素養導向課程設計要素契合，除呼應素養導向課程設計的原理外，也有豐富的教師課程轉化、運作實例，學者發現 DBL 模式不但可以引發學生學習興趣，也可以提升學業表現、智能發展，對於高關懷、多元族裔、身心障礙或資優學生皆可適用，此學習活動

將設計的概念融入課程中，創新教師教學，提供學生獲得統整性的學習經驗（陳偉仁、楊婷雅，2020）。尼斯龍（Neslon）認為 DBL 最好採用逆向設計（backwards design）的課程思維來進行，其簡要步驟如下（陳偉仁、楊婷雅，2020）：

1. 確定關鍵概念

教師採用逆向設計（backwards design）的課程思維，從課程總綱與領綱、領域及學科中確認關鍵概念或要做的事項，確立課程最終要達成的學習重點。

2. 界定重要問題

轉化學習重點，提出一個值得持續探究的核心問題。把核心問題結合真實情境，設計出一個實作任務，使學生創作出具創意性的學習結果，完成實作任務，表現出對學習重點的理解。

3. 期待表現行為

教師設計評量規準，評量準則包括實作歷程與結果，讓評量持續發生於學習歷程中。

4. 探究實作任務

學生參照評量規準進行原型（prototyping）嘗試與探究，呈現出他們既有的理解，統合關鍵概念，完成實作工作。

5. 統整領域學科

教師就從學生的原型嘗試中，評估其學習需求，適時介入引導課程，進行所謂傳統學科的學習，說明引導學生。

6. 檢視修正方案

獲得教學介入的充實、增能後，學生再回頭修改原型嘗試的產出，完成了呈現對學習重點理解的實作作品，學生和教師從最終作品中發現新的學習可能性，持續進行學習。

延伸閱讀——後向課程設計

　　課程發展的設計模式中，威金斯（Wiggins）與麥克泰希（McTighe）提出後向設計（或稱逆向課程）（backward design）模式，後向設計是一套兼顧教學目標及評量的單元課程設計。後向課程設計的過程主要有三個階段，首先確定終點目標（預期目標），其次是決定可接受的證據（課程實施結果如何有效評量），最後為計畫學習經驗，包括學生要展現何種知識與技能、選擇合適教材與教學方法等。此種課程設計用於教育場域讓學生理解課程教材，教師要考量的面向有三個（侯秋玲譯，2022）：

1. 確實找出期望的學習結果

　　確定課程目標或預期的學習結果，學生應該知曉、理解什麼，必須做到何種程度等？此階段在於設計或選擇期待學生理解、學會之學科（領域）核心概念與關鍵問題。

2. 決定可以接受的效度證據

　　判別用何種課程評量方式確認學生對知識、技能的理解與精熟程度，課堂中實施的評量指標是否有其效度，可明確作為學生是否達成期待的結果證據。

3. 有效計畫學習經驗與教學

　　此階段考量的是需要學生展現何種知識及技能才能達成期望的學習結果，規劃何種學習活動、運用那些資源及順序等才能達到有效學習目標，這是最適宜教學活動的設計。

【範例題目 22】⋯⋯⋯⋯⋯⋯⋯⋯⋯⋯⋯⋯⋯⋯⋯⋯⋯⋯⋯⋯⋯⋯⋯

　　精熟目標與表現目標的實徵研究給教師啟示是教師應讓學生相信：從事各種課業活動的重要目的是學習、精進自我，而不是只為了成績或外在獎賞。教育場域中對於提升學生目標動機十分重要，請列

舉三項以上有效的具體做法。

【擬答參考】

　　能提升學習目標的老師能讓學生認為學習的價值在於努力與進步，對於錯誤只是學習一部分而非焦慮來源，關注的焦點在於學習歷程而非與他人的比較。具體策略做法如下（陳奎伯、顏思瑜譯，2009）：

1. 讓學生了解，上課是一種學習機會

　　明確讓學生知悉各種學習活動都是一種學習機會，是一項新知識或技能的習得，不要讓學生覺得是為了評定成績而規劃安排的。

2. 把學習焦點關注在學生理解精熟上

　　不要要求學生一定要完全正確回答，而是要求學生解釋他們是如何獲得答案的，回應內容是如何產出的，鼓勵學生勇於提出問題。

3. 學習焦點為進步並避免同儕間比較

　　學習活動行為儘量不批判學生的能力高低，只針對學生的進退步給予建議及回饋，少用那位同學表現最好或考得最高分等同儕比較用語。

4. 多安排分組合作活動給予正向支持

　　鼓勵學生把同儕視為老師，是一位能幫助個人學習的有利資源，把同儕視為合作者而不是競爭或比較者。

5. 採用標準參照評量取代常模參照評量

　　讓學生個體與之前的自己相比，是退步或進步，而不要求他們表現要比他人好，或優於其他同學。

【範例題目 23】……………………………………………………

　　青少年發展的探究必須考量其發展脈絡，發展脈絡強調個體在個人發展上扮演主動的媒介，個體在生態脈絡中的作為會影響個體發

展。巴爾特斯（Baltes）夫婦使用「變異」（variability）與「彈性」（plasticity）的概念，採用 SOC 模式解釋青少年的發展適應，請簡述 SOC 模式的意涵（黃德祥等譯，2006）。

【擬答參考】

SOC 三個元素分別是「選擇」（selection）、「最佳化」（optimization）以及「補償」（compensation）。青少年發展過程中會「選擇」某些目標，將擁有的資源針對這些目標作「最佳化」的利用，並以其他方式或資源來「補償」已失去的功能，因此每個青少年發展歷程與追求目標不會完全相同。

1. 選擇

選擇是發展偏好或目標、目標階層的建立及對目標的承諾，每個人生活的內外資源都有限制，發展目標需要有所抉擇，藉由選擇過程可以避免資源分散，以免每個目標都無法達到。

2. 最佳化

為了達到更高層次的功能，個體必須獲取與分配資源，經由判斷與協調，以獲得特定目標相關的技巧及追求目標的堅持，最佳化是得到更高功能所投資的相關資源。

3. 補償

當資源損耗或不足時，個體改投資其他資源、替代品或應用其他方法以維持功能，當補償效用無效或成本過高，個體可能會降低目標層級或重新建構目標（損失本位的選擇）。補償為個體面對損失或資源消失時，維持特定功能的過程。

【範例題目 24】

根據國民小學及國民中學學生成績評量準則，國民中小學學生成績評量可採紙筆測驗及表單、實作評量與檔案評量等適當之多元評

量方式。其中實作評量可依問題解決、技能、參與實踐及言行表現目標，採書面報告、口頭報告、聽力與口語溝通、實際操作、作品製作、展演、鑑賞、行為觀察等方式，實作評量雖有評量準則可以參考，但評量類型也為一種主觀式評量，因而會有評量偏誤出現。請就實作評量過程中常見的評量偏誤加以說明。

【擬答參考】

實作評量常見的偏誤或誤差有以下幾種（吳明隆，2021）：

（一）個人偏誤錯誤

指分數評定的分數之全距很小，此種偏誤有下列三種情況：

1. 慷慨偏誤：給予學習者的分數偏高。

2. 嚴苛偏誤：給予學習者的分數偏低。

3. 集中偏誤：給予學習者的分數集中在平均數附近。

（二）月暈效應錯誤

為一種先入為主，或以偏蓋全的成見造成評分的不客觀，評定者在評定分數時受到對學習者一般印象或學習態度的影響，而給予實作作品或實作表現偏高或較低的分數。

（三）邏輯偏誤錯誤

為評分者原先的假定或信念錯誤所造成的給分偏誤，將學習者二個沒有關聯的學習特質或社會特徵串連，誤認其有直接的關係，給予偏高或較低的分數。如評分者認為資優生好動，社會適應較差，便低估他們的社會特徵表現。

【範例題目 25】⋯⋯⋯⋯⋯⋯⋯⋯⋯⋯⋯⋯⋯⋯⋯⋯⋯⋯⋯⋯⋯⋯⋯⋯

「內容關聯證據效度」（validity of content-related evidence）又簡稱為「內容效度化」（content validation）或「內容效度」（content validity），內容效度指測驗或評量能測出所要測量的特質或範疇，

在教學評量時，內容效度愈高表示愈能測驗出教學者期待要測量的教材內容及教學目標。就教學場域而言，教師想要提高教學評量之內容效度的程度，其具體做法有那些，請加以論述說明。

【擬答參考】

教學現場中要提高測驗試題的內容效度可以從以下四個面向著手（謝廣全、謝佳懿，2016）：

1. 根據雙向細目表編製測驗

依據學科內容與教學目標（／學習內容及學習表現）二個向度編擬雙向細目表，根據分配題型編擬試題，讓試題有代表性。

2. 落實編製試題的審題機制

聘請同領域或學科專長的經驗教師審核試題，或敦聘測驗學者專長進行試題適切性與合理性進行審題，進而增補或修改試題，以提升整體測驗的品質。

3. 考量受試學生的反應傾向

從學生角度審視檢核測驗試題，命題者要假定自己是作答學生，對試題的解讀會作出如何反應，以學生立場的命題方式，較能提高測驗的內容效度。

4. 測驗試題內容要具代表性

試題類型欠缺多元型態或測驗試題題項數太少，對應的教材內容代表性較小，測驗結果的誤差值就會愈大，測驗含括的認知層次較多，才會有較高的內容效度。

【範例題目 26】

美國批判教育學者吉諾斯（Giroux，或譯季胡）是社會批判取向的代表學者之一，他認為教師要成為「轉化型知識分子」（transformative intellectuals），教師雖然帶有社會壓迫的特質，卻

也隱含「解放」的特性，其意涵為「教學要更政治化」，教師要成為教育反思者與實踐者，將學校視為充滿著權力與控制議題的場域。轉化型知識分子需要發展批判的語言與語言論辯的能力，尊重、包容與保障文化差異，培養學生掌握批判性民主社會的知能，成為具轉化社會動力的公民。吉諾斯倡導「邊界教育學」（border-pedagogy）的課程理論，結合現代主義的解放特性與後現代主義的對抗特質，提出教育工作者努力的方向，請問吉諾斯所提教育工作者應努力的方向為何（黃文定，2011）。

【擬答參考】

1. 教師應體認學校場域是民主的公共領域，教育是知識與權力的組織、再現與合法化之特定形式。

2. 教育核心關懷的重點為倫理（對不平等的抗拒），包含權力、主體立場和社會實踐之間的關係。

3. 教育應關注「差異」議題，重視群體間的差異是如何在權力關係中發展與維持。

4. 課程不應被視為神聖的文本，文本有歷史性，不是永恆不變的眞理，教師對文本要閱讀、檢視、解釋及批判（對抗文本課程）。

5. 教師應具備邊界教育學素養，教導學生解讀歷史，跨越學科界限，創造新的知識與學術間的連結。

6. 教育工作者不僅是轉化型知識分子，也應是文化工作者，提升課程的批判意識，反省教學歷程。

7. 擁有「對抗記憶」的批判態度，檢視批判歷史事件，進而能在過去、現在與未來間進行對話，讓不同的群體找到其歷史定位，同時創造新歷史認同感。

延伸閱讀

將課程視為後現代主義的文本開始於多爾（W. E. Doll），多爾的課程觀關注於教師與學習者、文本與讀者之間的重建，他認為後現代的課程必須三個特性：「開放性」、「複雜性」和「變革性」（蔡文山，2003）：

1. 開放性：指課程為開放系統，知識體系不是絕對客觀或是固定不變，需要適度的變動、調整及重組。

2. 複雜性：指課程具有複雜的、整體的與互動的架構，所有參與者都是課程的創造者與開發者。

3. 變革性：有以下三個意涵

   (1) 內在性：課程內容不完全是預定的，重視學生內在的組織和知識建構的能力。

   (2) 自發性：課程應提供學生自行組織知識的機會，以促發學生內部的重組產生質的變化。

   (3) 不確定性：課程目標只是課程實施過程的指引，不再是封閉的、固定的，是一個開放、不斷發展的過程。

後現代主義則是強調去中心性、不確定性、片斷性、與多元性等特徵，Doll 認為課程的特徵是紛亂的、創造的、轉化的，他提出 4R 作為設計後現代課程的基準：「豐富性」（richness）、「回歸性」（recursion）、「關聯性」（relations）和「嚴密性」（rigorous）（蔡文山，2003；Doll, 1993）：

1. 豐富性

指課程要有深度，可提供多元不同的可能性及詮釋，觸發學習者思考與創造力。

2. 回歸性

指課程能提供反省的歷程，對於自我和文本加以探索和討論，以發展組織、連結內化、詮釋與批判的能力。

3. 關聯性

指課程可提供內在的關聯與統整，並與教材文化脈絡有緊密連結。

4. 嚴密性

課程可作爲理解、思考或溝通素材，成爲有意義的對話與學習。

【範例題目 27】⋯⋯⋯⋯⋯⋯⋯⋯⋯⋯⋯⋯⋯⋯⋯⋯⋯⋯⋯⋯

多爾（R. Doll）認為課程是整體的計畫，課程設計是教學設計的前導要件，課程設計考量的四個要素為「目標」、「教材內容」、「學生經驗」與「評鑑方法」，教學設計為學生潛在經驗中的一個特別元素而已。課程設計的理念來源必須是多面向的，同時兼顧哲學、政治與社會的議題。請就多爾（R. Doll）課程設計理念來源作簡要說明（方德隆譯，2004；Ornstein & Hunkins, 1998）。

【擬答參考】

多爾（R. Doll）認爲課程設計來源的面向主要有四個：科學（science）、社會（society）、永恆眞理與神聖的意志（eternal and divine）、知識（knowledge）。茲分述如下：

1. 以科學作爲來源

以科學方法提供課程設計的意義，除強調科學的程序外，也關注程序性的知識（過程知識），設計強調學習如何學習及問題解決的過程。

2. 以社會作爲來源

學校是社會的縮影，學校應從分析社會情境中獲得課程的理

念，唯有從社會、政治與經濟的情境脈絡去設計課程，才能符合學習者需求。

3. 以永恆真理與神聖作爲來源

　　觀點反映了永恆主義的哲學觀，從偉大人物提出的永恆真理、宗教文本等作爲課程設計來源，此型態可讓課程更具有世界觀與對知識及思想的包容性。

4. 以知識作爲來源

　　指學科知識與非學科知識，包含知識的本質、情況、社會建構與重建、活動的目的、知識存有與利用的法則，其中兼顧對知識的後設敘事批判等。

【範例題目 28】

　　教育部爲配合國家發展計畫 —— 運用數位科技提升網路素養與自主學習，及前瞻教育施政計畫 —— 精進數位學習，以營造友善的安心校園與數位學習環境，於 110 年提出「推動中小學數位學習精進方案」，方案推動後期待能達成「班班有網路、生生用平板」的教育願景，並達到五項具體教育目標。請說明方案計畫期待達成的五項具體目標爲何？

【擬答參考】

　　五項教育目標如下：

1. 讓學習之教材更生動

　　充實英語、本土語文及稀有師資課程等數位內容，建置生動活潑的線上學習素材，提供優質教材與均等學習機會，以便利教師備課及提升教學效能。

2. 讓學生的書包更輕便

　　支援偏遠地區學生人人有載具，及非偏遠地區學校班級配發學生

載具達 6：1 之人機比，運用載具及豐富的數位化素材進行學習，減少紙本教材使用與攜帶，達到書包減重的目標。

3.促發教師教學更多元

　　藉由在職進修，培養教師數位科技應用於教學的能力，讓教師能妥愼運用載具、軟體與數位教材，讓教學活動更多樣化，達到適性教學、因材施教目標。

4.讓學習成效更有效率

　　運用大數據之相關資料，發掘學生的學習困境與學習弱點，進而提供對應有效的因應策略與進行扶助教學，進而培養學生自主學習能力，成爲終身學習者。

5.讓城鄉教育更均衡化

　　呼應聯合國教科文組織公布的「2030 年教育仁川宣言」，實現包容、公平的優質教育目標，協助經濟弱勢及偏鄉教育，縮減教育落差，達到公平、正義的教育目標。（取自教育部《推動中小學數位學習精進方案》）

【延伸閱讀】──《數位時代媒體素養教育白皮書》（取自教育部）

　　2019 年起，教育部爲配合十二年國民基本教育課程的推動，將「科技資訊與媒體素養」列爲九大核心素養，之後發表《數位時代媒體素養教育白皮書》，白皮書以培養「知情、負責、利他」之「數位公民」爲願景，以「深化學校教育」、「擴展終身教育」及「健全支援體系」等三大面向建構行動方案，透過「善用媒體、善用科技、促進參與、系統學習」等推動原則提出四項實踐策略──科際整合（跨學門、跨領域之群策群力）、公私協力（包括公民團體在內之公私部門協力）、夥伴連結（學校、家庭及社會之教育夥伴關係）、虛實合一（數位世界與實體世界之經驗連結）。在能力架構方面，以批判性思考爲基礎之媒體素養，採用歐盟架構，培養國人五大能力：

1. 近用（Access）能力

　　熟練而快速地瀏覽、找尋、過濾、管理標的數位內容、資料及訊息的能力。

2. 分析（Analysis）能力

　　運用批判性思維理解、分析、判斷、辨識媒體與資訊內容品質的可靠性及真實性，並能考量到其潛在影響的能力。

3. 創造（Creation）能力

　　能夠有效運用新興數位工具產製創新的數位內容或訊息，並向他人自信地表達自我的能力。

4. 反思（Reflection）能力

　　正確使用數位媒體，將社會責任或倫理準則有效運用於自我認同及與他人正向溝通的能力。

5. 行動（Action）能力

　　透過媒體來參與社會活動，行使公民權利，秉持民主價值與態度展開之行動實踐能力。

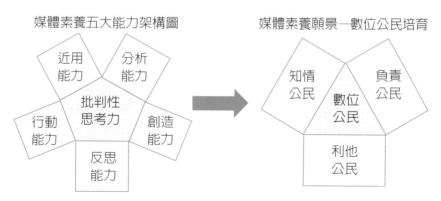

註：根據教育部《數位時代媒體素養教育白皮書》繪製。

【範例題目 29】⋯⋯⋯⋯⋯⋯⋯⋯⋯⋯⋯⋯⋯⋯⋯⋯⋯⋯⋯⋯⋯⋯⋯⋯⋯⋯⋯

　　情意領域範疇中之道德教育包括道德認知與道德實踐，教導學生知善並能行善，能主動自主也能展現利他行為，道德教育教學法中有學者倡導道德討論教學，此教學法的功能可澄清學生的道德認知結構、激發學生道德力量，進而形塑道德氣質。道德討論的議題素材以具有道德兩難情境的故事，較能發揮道德討論教學的效益。教師在選用道德兩難情境的故事教材時應把握那些事項，請加以說明。

【擬答參考】

　　道德兩難情境題在於理解學生道德推理的歷程，促發學生正確道德判斷力的提升，在選用相關素材時，應注意以下幾點（黃光雄，2004）：

1. 情境案例或故事儘量簡單易懂

　　故事情節或案例內容的角色最好只有二、三位，情境敘述簡單清楚，這樣學生才能在短時間內快速掌握故事大意。

2. 案例情節必須符合開放性問題

　　提供的案例或故事必須有兩個以上解決的行動方案，學生能就每個方案提出自己的看法，因而不宜訂定單一正確答案，以免引發學生間爭執。

3. 故事必須包括兩個以上爭議點

　　案例或情節故事需有較多項的道德涵義的爭議點，這些爭議點會讓學生的行為選擇處於兩難情境。

4. 情境案例能呼應學生生活經驗

　　符合學生所在社會生態或生活經驗素材，學生才會感興趣，如學校發生的事件、最近新聞媒體報導的爭議事件、發生在班級的事例等。

【範例題目 30】⋯⋯⋯⋯⋯⋯⋯⋯⋯⋯⋯⋯⋯⋯⋯⋯⋯⋯⋯⋯

　　課程理論有其複雜性與多元性，軟性課程專家與硬性課程專家所持的課程理論不同，休妮可（Huenecke）採分析課程探究領域的看法，提出三種課程理論取向：課程結構理論、課程一般理論與課程實質理論。考量到課程結構與過程，休妮可的課程理論可以擴充為結構取向、價值取向、內容取向與過程取向四種課程理論，此種課程理論學者認為較為完整。請就上述四種課程理論取向的意涵加以說明。

【擬答參考】

　　四種類型課程取向理論的意涵如下：

1. 結構取向理論

　　關注的是課程的組成元素有那些，與課程元素間的交互作用之關係，基本上採用描述性與解釋性的方法，探究程序包括質性與量化的方法，課程現象從微觀或宏觀層次來描述及解釋。

2. 價值取向理論

　　聚焦於教育意識的培育，分析決定課程者的價值觀、看法假定及其產出的作品，此取向以批判為意向，又稱為課程批判論者。

3. 內容取向理論

　　關注的是課程含括的內容與課程內容如何選擇及組織，依強調內容要素的不同，常見之課程理論有兒童中心理論、社會中心理論與知識中心理論。

4. 過程取向理論

　　主要關注的是課程發展方式的描述，或是建議課程可採行實踐的方法，強調課程發展的歷程分析與技術過程，方式採用規約的或描述性的探究方法。（王文科，2007）

【範例題目 31—同學及其家人失落悲傷情境題】⋯⋯⋯⋯⋯⋯⋯⋯⋯⋯

上星期日，小明班上有位同學與媽媽回外婆家探視外婆，回程途中，媽媽的車被後面的大卡車追撞，媽媽受傷無生命危險，但小明同學卻因重傷不幸往生，隔天同學上課得知這個消息後都十分難過與悲傷。如果你是這個班級的導師，會採取那些策略對班級學生進行輔導？

【擬答參考】

在學校的預防輔導工作，分成三種層次，分別是初級預防、次級預防以及三級預防。三個層次的預防工作各自有其內涵、功能上的差異。而針對題目小明的同學不幸往生的哀傷失落事件，最好也能根據上面三種層次依序作答回應較佳。

（一）初級預防

主要是在預防學生問題發生，增進學生的適應能力、心理強度，重點在預防。假如個人是小明班上的導師，所進行的輔導策略會以初級預防為主，主要是提升同儕間及環境的支持度，這可從以下幾個方向來進行：

1. 首先在知道事件發生的當下，通報相關行政單位，因為意外屬於哀傷失落事件又是每天朝夕相處的同班同學，同學及老師受到的衝擊想必非常大，故需要聯繫輔導室一起關懷協助受到影響最大的班級師生。

2. 在課堂上，進行相關討論及追思，導師帶領全班同學共同追思、分享、討論跟同學互動的點點滴滴以及心中的不捨情感，全班一起面對心中的哀傷、難過，並且在過程中提供支持網絡及相關資訊。

3. 對異常舉動的學生能保持敏銳與洞悉，留意學生日常生活作息是否受到影響，或是班級學習行為是否改變，適時提供轉介二級輔導，以及早提供相關協助。

4. 針對追思活動，可以透過班級內部的摺紙鶴紀念追思活動、寫紀念小卡等等，透過實際的關懷行為，共同讓情感在不斷儀式化行為中逐漸追思懷念、撫平傷痛。

（二）次級預防

　　主要是預防問題惡化，及早介入解決問題。導師在知悉的當下應及早通知校內相關行政單位，進行相關資源的介入，並主動聯繫輔導室，以尋求專任輔導教師協助進行班級的輔導，評估班上學生受到影響的程度，藉此篩選出高風險學生進行更進一步的個別輔導或是團體輔導。專輔教師透過主動關心與真誠協助，對高危險群學生進行篩檢，評估所需的輔導處遇。導師在這個階段也須密切跟校內教務、學務、輔導處室保持聯繫，持續對班上同學給予支持與關懷。

（三）三級預防

　　主要是預防功能退化，預防更重大的傷害。如果學生受影響程度很大，身心狀況有惡化傾向，沒有改善的徵兆（如持續性的懊悔、生氣、自責，甚至失眠等），或想要去找往生同學等負面想法時，可以考慮轉介三級輔導資源介入。導師在這個階段除了持續關懷、跟學生進行信念轉化教導，幫助舒緩悲傷情緒外，另一方面也要同時跟輔導室密切聯繫，留意學生身心狀況的改變程度。三級輔導網絡的介入如社區資源網路、醫療資源、各縣市政府的學生輔導諮商中心等，根據學生的情況，提供相對應的資源協助與轉介處置，以避免學生情感或行為更加惡化。

拾參

綜合題型範例

教育專業知能的綜合題型排列在第參部分，占分比例為 20 分，綜合題型可能一題也可能二題，綜合題類似學習評量學科內容中的解釋練習題。

一 綜合題型範例 1

第參部分、綜合題（占 20 分）

說明：本部分共有 4 題（題號 4-7），每一題配分標於題末。作答時應以黑色或藍色墨水的筆於「答案卷」上，由左至右橫式書寫，並自行標註題號。

閱讀下文後，回答 4-7 題。

近幾年我國教師面臨教育的巨大變革，某校三位老師試圖將教育哲學的理論基礎，透過教學情境導入課程，而各自提出基於其哲學觀點的教育理念，其重點分述如下：

	教學方案設計重點
涂老師	教導同學： 1. 認識中西發展史上重要人物生平及學說，以培養學生們的基本文化素養與基本能力。 2. 要從閱讀中西的古今經典來提升學生的博雅素養。 3. 人性的本質是理性，而智德（啟迪智性、陶冶道德）即是理性的表現。所以要注重培養理性與道德的思考。
黃老師	教導同學： 1. 教育要從經驗而來，學習應該要建立在自己的經驗基礎上，所以學生應該透過 learning by doing 獲得經驗來進行學習。 2. 不要怕遇到問題，遇到問題時，應該要進行反省性的審慎思索，以求解決問題。 3. 教育就是活生生的生活。

	教學方案設計重點
吳老師	透過師生互相討論的方式教導同學： 1. 自主判斷與抉擇的智慧，養成學生多元批判與創意思考的知能，排除意識型態的宰制，以成為規劃與實踐生命意義的自由人。 2. 提醒學生反思自己的思想與行動是否受到箝制，甚至以此為理所當然，認為服從權威才是唯一的生存之道，而逐漸被型塑成體制下的傀儡。 3. 探討學校課程或教科書中是否有不平權的現象（如男女不平權、種族不平權、職業不平權、階級不平權……）

【題目】

4. ( )涂老師的教育理念，較為符合下列哪一種教育哲學觀點？並請說明其理由。

(A) 唯實主義（Realism）　　(B) 永恆主義（Perennialism）　　(C) 經驗主義（Empiricism）　　(D) 自然主義（Naturalism）

作答範例：

(1) (A/B/C/D)

(2) 理由：_____

5. ( )黃老師以實用主義（Pragmatism）的教育哲學觀點作為教育的基礎，下列敘述何者較為符合她的教學目標？

(A) 為了幫學生未來生活做準備，教師應該要事先教導學生未來可能會碰到的狀況，並訓練其解決的方式　　(B) 為了怕學生們在互動中產生紛爭，老師應該要事先制定好班級規矩讓學生們遵守

(C) 教師應該要讓學生自然地自行去探究和發現，並從解決問題的過程中去學習　　(D) 教師的責任是傳遞知識，老師上課時應該要盡可能地將自己的所學所知教導給學生，以免學生在學習的路上走

太多冤枉路。

6. 吳老師的教育理念重點旨在打破習而不察的意識型態灌輸，請問他的教育理念較接近下列那一種觀點？並請說明其理由。

(A) 批判教育學（Critical Pedagogy）　(B) 實驗主義（Experimentalism）

(C) 精粹主義（Essentialism）　(D) 現代主義（Modernism）

作答範例：

(1)(A/B/C/D)

(2) 理由：_____

7. 依據《十二年國民基本教育課程綱要總綱》（108 課綱）的界定，涂老師欲將自己的教育哲學理念化為實際課程的教學方案，其方案應如何審議？您認為是否適合納入校定課程？請說明理由。

(A) 校務會議決議　(B) 課程發展會議決議　(C) 任課教師自行決定　(D) 教師評審委員會決議

作答範例：

(1)(A/B/C/D)

(2)（適合 / 不適合）

(3) 理由：_____

【擬答參考】

4. (1) (B)

　(2) 因為永恆主義認為課程應該由永恆學科組成，而且永恆學科首先是那些經歷了許多世紀而達到古典著作水平的書籍。在教學方法上，永恆主義反對填鴨式、反對灌輸式，主張發揮家長作用，督促鼓勵孩子多做家庭作業，強調嚴格要求、「深思」學習，認為教室要有修道院的氣氛等等。永恆主義者極力推崇蘇格拉底的問答法和讀書，注重思想的交流。

5. (C)

6. (1) (A)

(2) 因為在批判性教學的傳統中，教師要做的，是引導學生對各種意識型態進行質疑，以及練習思考「壓迫」（包括在學校的壓迫），並且鼓勵集體的解放（liberatory collective）及鼓勵學生對自己生活的的眞實狀況進行個人反思。

7. (1) (B)

(2) 適合（可自由作答，若選「不適合」者，其原因可能書寫爲：可能經典艱澀難懂、不符合時代潮流⋯⋯）。

(3) 因為熟讀一些有高度價值的書，可以直探人性本源，吸取到人生的智慧，較迅速的啟迪自己的理性。而後對比較淺顯性、應用性的學問，就可以事半功倍地吸收，並且可以對人生的各項活動，作一較爲全面性較爲合理性的規劃與安排。這就是古人所說的「見識」，亦即現今所謂的「文化教養」。因此要啟發理性、開拓見識、教養文化，「讀經」是切實可行之方。

二 綜合題型範例 2

（出題者：周新富）

閱讀下文後，回答 4-6 題。

近年來，教師在學校組織層面的影響力漸受重視。如何促進教師走出教室，運用其教育專業知能，並發揮其領導力、專業自主權和影響力，學校中的教師文化遂成為其關鍵要點。但是教師文化常被批評為保守、孤立，甚至會為了爭奪利益而發生分裂，以致形成相互對立的次團體。

【題目】⋯⋯⋯⋯⋯⋯⋯⋯⋯⋯⋯⋯⋯⋯⋯⋯⋯⋯⋯⋯⋯⋯⋯⋯⋯⋯

4. 請解釋何謂教師文化？

5. 英國學者哈格雷斯夫（D. Hargreaves）以中小學教師為對象所做的

　　研究發現：教師會受到同儕非正式團體規範之約束，下列何者是其所發現的規範？（複選）

　　(A) 關懷學生　　(B) 教室自主　　(C) 忠於同事　　(D) 平凡的規範

6. 針對學校教師文化的缺失，要如何塑造正向的教師文化，請提出兩點具體策略。

【擬答參考】

4. 教師文化所指的就是教師與教師之間的文化，以非正式的社會關係為主，教師之間的非正式團體會逐漸形成內部自我的社會價值觀與規範，而影響著內部的每個成員。

5. (B)(C)(D)

6. (1) 建立「協同合作文化」來取代巴爾幹文化：教師間彼此展開專業對話，經驗交流，讓學生能夠從中獲利。

　　(2) 校長實施轉型領導：校長要展現個人魅力，專注投入學生和教師的教學需求上，並採行彈性的行為變革來契合組織目標。例如以課程為中心來領導學校，著重在課程領導而不是對教師進行行政支配。

三 綜合題型範例 3

　　閱讀下文後，回答 4-8 題。

　　幾位學生在體育課程時上籃球課的想法（修改自白惠芳等譯，2011，頁 579）：

　　小明：我投籃命中率不高，分組活動練習時最好把球傳給其他同學，減少上網投籃機會，以免讓同學及老師認為我籃球技能很差。

　　小強：分組活動是向同學及老師展現籃球技能的大好機會，我要儘量待在籃框附近，多利用擦板球得分，讓全班同學及老師留下好印象，認為我籃球打得很好。

　　大雄：我很想代表班上參加班級籃球比賽，但投籃命中率不高，我要利用時間向體育老師請教，並拜託體育老師利用課餘時間教我。

【題目】

4. 從成就動機（achievement motivation）目標的類型而言，小明的成就動機目標最接近下列那一種？

(A) 趨向型精熟目標　　(B) 趨近型表現目標　　(C) 逃避型表現目標

(D) 逃避型精熟目標

5. 從成就動機（achievement motivation）目標的類型而言，小強的成就動機目標最符合下列那一種？

(A) 精熟目標　　(B) 趨近型表現目標　　(C) 逃避型表現目標　　(D) 學習目標

6. 從成就動機（achievement motivation）目標的類型而言，大雄的成就動機目標最接近那一種？為什麼？

7. 在何種情況下，趨向型表現目標的學生會轉變為逃避型表現目標的學習者？避免此種情況發生的有效策略為何？請分別簡要說明。

(1) _____。

(2) _____。

8. 從挫折容忍力來看，學習過程中那位同學對於犯錯或任務未達成也是一種學習過程，較能禁得起挫折失敗？

【擬答參考】

4. (C)

5. (B)

6. (1) 最接近精熟目標。

　　(2) 大雄對學習籃球的態度是提升籃球技能與投籃命中率，他在自主選擇權的運用方面想藉由請益體育老師的方法來學習，對大

雄而言，他沒有想跟他人比較，只想精進球技。

7. (1) 長期失敗或無法達到成功期望時，會從努力獲勝心態轉變為只要保全面子，儘量不要墊底或顯得很差，最後可能逃避任務成為習得無助學習者（Woolfolk, 2011）。

   (2) 教師要避免使用競爭、社會比較或排名來激發學生的學習動機。安排的任務或工作要讓大多數學生都可以完成，採用標準參照及精熟標準來評量學生。

8. 大雄。

四 綜合題型範例 4

（出題者：郭秀緞）

閱讀下文後，回答 4-6 題。

林老師服務於一所山區原住民偏鄉小學，其教授的四年級社會教科書第二單元內容為第二單元 家鄉的風貌：第一課 三合院和廟宇、第二課 捷運和高鐵。

林老師進行此單元的教學前，發現課本內容和學生所處的家鄉環境截然不同，於是林老師決定帶領學生發展一個新課程，讓學生了解自己家鄉的風貌。

林老師把學生 4 人編成一組，將教材內容分成土地、文化、機構、人口四個主題。各組分配到相同主題的同學組成專家小組，一起進行場地的踏查、人物的訪問、資料的蒐集與研讀。之後，學生再回到原來的小組，輪流報告自己所負責的主題，以協助組內同學了解所居住的家鄉。

【題目】

4. 林老師的課程實施觀點為下列何者？

(A) 忠實觀　　(B) 調適觀　　(C) 締造觀　　(D) 平衡觀

5. 林老師運用下列那一種合作學習策略？

(A) 拼圖法第二代（Jigsaw II）　(B) 小組協力教學法（Team Assisted Instruction）　(C) 學生小組成就區分法（Student's Team Achievement Division）(D) 合作統整閱讀寫作法（Cooperative Integrated Reading and Composition）

6. 請說明林老師在進行此項新課程時，可能會遇到什麼問題？請提出兩項以上。並針對所提問題，分別提出相對應的解決方法。

【擬答參考】

4. (C)

5. (A)

6. 問題一：偏鄉小學四年級的學生，自行蒐集資料、研讀資料的能力可能不足。

　解　決：老師在資料蒐集的部分，多提供協助，例如指導搜尋網站訊息，甚至老師可以提供資料讓學生研讀。

　問題二：偏鄉學生人數少，要進行合作學習策略有人數上的限制，一組 4 人，組別一定不多。

　解　決：此時老師本人應適時介入四個主題的研討，提供各主題協助與鷹架。

　問題三：進行場地的踏查、人物的訪問會有安全問題的顧忌。

　解　決：老師要妥適安排家長或親自帶領學生踏查與訪問。

五 綜合題型範例 5

閱讀下列文字說明與圖後，回答 4-6 題。

圖示為林教師根據莫瑞諾（J. L. Moreno）之社會測量分析法繪製出 7 位同學間互選（雙箭號）或拒絕（單箭號，箭頭所指者為拒絕與編號同學同一組）的社會測量關係圖，其中雙箭號表示分組活動時

互相喜愛在一起的成員，單箭號所指的標的號碼表示學習者不喜愛或排斥與他／她分在同一組。

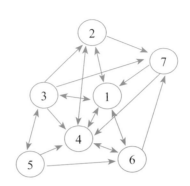

【題目】..

4. 根據葛倫隆（N. Gronlund）的分類方法，圖示中那位編號同學最屬於爭議型人物？

原因：＿＿＿＿＿＿＿＿＿＿＿＿＿＿＿＿＿＿＿＿＿＿

5. 根據葛倫隆（N. Gronlund）的分類方法，圖示中那位編號同學為排斥型人物？

原因：＿＿＿＿＿＿＿＿＿＿＿＿＿＿＿＿＿＿＿＿＿＿

6. 請簡單說明二項社會測量圖的功用。

【擬答參考】

4. (1) 編號 4 成員為最爭議型人物。

(2) 因為喜愛及不喜愛與其同組的人數相同（各 3 位），且二組人數較多。

5. (1) 編號 7 為排斥型人物。

(2) 因為喜愛與其同組的人數（0 位）少於不喜愛跟他同一組的人數（3 位）。

6. (1) 它能協助教師了解班級內學生成員間的關係及非正式組織群體的相互狀況。

(2) 可作為教師分組活動分組的參考，提高更富班級凝聚力的社會型態。

延伸閱讀

　　社會測量分析法可以根據各學習者成員為其他學習者成員接受（喜愛）的次數及排斥或拒絕的次數，可以快速得知班級組織中學生相互吸引、相互排斥或被孤立的社會行為。葛倫隆（N. Gronlund）根據成員被接受（喜愛）次數及被排斥（被拒絕）次數二個向度，將群組成員分為四種人物類型：1. 明星型人物：接受數高，被群體排斥數低或無者；2. 爭議型人物：接受數與被排斥數均屬高者，且二者的次數差不多；3. 受排斥型人物：接受數低或無，同儕的排斥數高者；4. 孤立型人物：接受數低（或無）且被同學排斥數也低（或無）者。培里（Perry）先依據接受數及排斥數二個量數分成二種同儕地位指標量數。1. 社會影響量數（被提名總次數）＝接受數＋排斥數；2. 社會喜愛量數（受歡迎次數）＝接受數－排斥數。再根據社會影響量數與社會喜愛量數二個量數將同儕之地位等級分為以下四種類型：(1) 活躍級：社會影響量數及社會喜愛量數均高者；(2) 親和級：社會喜愛量數高，但影響量數低者；(3) 受斥級：社會影響量數高，但喜愛量數低者；(4) 孤立級：社會影響量數及社會喜愛量數皆低者（張建成，2000）。根據社會影響量數與社會喜愛量數二個向度分類的社會關係情況如下圖：

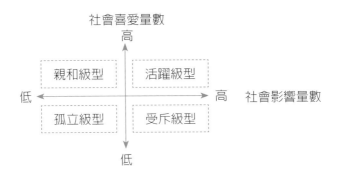

社會喜愛量數
高
親和級型　活躍級型
低　　　　　　　　　高　社會影響量數
孤立級型　受斥級型
低

六 綜合題型範例 6

　　閱讀下列短文後，回答 4-8 題。

　　七年三班陳老師為實習教師小雅的學校實習輔導老師，課餘時間陳老師分享其班級經營的一些策略方法供小雅參考：為了解事實現況可採用重複反問語句詢問學生，如有無罵不文雅的字詞；課堂上有同學不專心聽講時，可以命其中一位同學坐到最前面「特別座」，其他同學就會引以為戒；稱讚學生時不宜將學生的好表現過度類推，否則反而會增加學生的壓力；教師介入處理學生間爭執或不當行為，要重視「和解式正義」，最好不要採用人為的行為後果，以免造成師生間的衝突。

【題目】

4. 陳老師所提以重複語句反問學生，以探究事實現況，此種技巧就果斷紀律而言，稱為下列何種方法？
   (A) 破唱腔法　　(B) 破唱片法　　(C) 破唱戲法　　(D) 破唱歌法

5. 在課堂上，陳老師處置一位不專注學習的同學，班上不專注同學的行為也會收斂，就教學管理模式而言稱為何種效應？
   (A) 霍桑效應　　(B) 月暈效應　　(C) 漣漪效應　　(D) 小魚大池效應

6. 陳老師所謂的稱讚學生時不宜將學生的好表現過度類推，下列何

者教師用語最能代表此意涵？

(A) 小強，這次段考英文進步很多，表示你很有潛力

(B) 小強，小提琴拉這麼好，將來一定是個傑出的小提琴家

(C) 小強，今天外掃區掃得十分乾淨，真是一位優秀學生

(D) 小強，開學的布告欄布置得很好，一定花了不少時間

陳老師此種稱讚方法根據金納（Ginott）提出之和諧溝通紀律模式而言，稱為何種稱讚類型？

7. 同學因為不想坐在最前面的特別座，課堂聽講時就不太敢分心或看課外書，陳老師採用的是下列何種策略？

(A) 正增強　　(B) 負增強　　(C) 正懲罰　　(D) 負懲戒

8. 根據卡羅若梭（Coloroso）內在紀律所提和解式正義的問題解決策略，和解式正義要包含那些元素，請簡要敘寫。

【擬答參考】

4. (B)

5. (C)

6. (D)、（欣賞式稱讚／鑑賞式稱讚）

7. (B)

8. 包括賠償、解決、和解三個元素，此三元素稱為 3R 程序。

延伸閱讀

　　和解式正義包含 3R 的紀律訓練：「賠償」（restitution）、「解決」（resolution）、「和解」（reconciliation），其意涵如下（吳明隆，2023）：

1. 賠償

　　指的是專注於學生所做的事情，同時補償受害者所遭受的傷害與

損失，其中也包含對他人財物損害的補償，如破壞同學的鉛筆盒、損毀同學的文具，均要負起賠償之責。

2. 解決

指的是要對於造成不當行爲情況的原因做進一步的確認與改正，讓不當行爲不再發生，讓學生能反思其所作所爲的不適當之處，進而改進日後的行爲表現，改以更積極、不傷害對方的行爲方式。

3. 和解

在對違反規約學生的矯正處理，同時幫助在情境中受到傷害的學生能恢復健康的過程，包括生理與心理層面的復原。經由 3R 程序，教導學生如何自行解決個人製造的問題與衝突事件的有效解決方法，避免日後類似的情形再度發生。

七 綜合題型範例 7

閱讀下列短文後，回答 4-7 題。

段考／定期評量是學校重要考試，學生與家長都很重視每次段考／定期考試的分數，命題老師出題時要格外用心，讓多數學生有成就感，題目的難度不應太難，若題目過於艱深，同學考試分數分布就不會常態，重要的是會打擊學生的信心，考試分數也無法反映學生真正的學習結果，段考／定期評量與平時考試不同，平時考試的範圍較少，有時讓同學練習較困難的測驗試題沒有關係，因為平時考目的一般是作為教學或學習改進的參考，但最好試題還是難易適度，讓學生可以達到精熟。

【題目】

4. 定期考查題目出的太難，大多數學生的分數都很低，就測驗結果

的信效度而言，下列何者正確？

(A) 沒有效度但有信度　　(B) 沒有效度也沒有信度　　(C) 沒有效度、信度無法判別　　(D) 沒有信度、效度無法判別

5. 上述測驗分數的分布形態為下列那一種？

(A) 正偏態　　(B) 負偏態

6. 測驗試題第 8 題中，高分組的與低分組的人數分別為 40 人、60 人，答對的人數分別為 20 人、15 人，則測驗試題的難度與鑑別度各為多少？

7. 定期評量屬總結性評量一種，就評量風險程度而言，也稱為「高風險的評量」（high-stakes assessment），其緣由為何，請簡要說明。

【擬答參考】

4. (B)。試題偏難無法精確想要測得的學習成就，測驗效度低，此種情況對應的信度也低。

5. (A)。群組成績偏低時，常態分配曲線圖呈現爲正偏態，平均數位於最右邊。

6. P = 0.35[(20 + 15)/(40 + 60) = 0.35]、D = 0.25[0.50 − 0.25 = 0.25]，難度值爲 0.35、鑑別度值爲 0.25。

7. 因爲定期評量的結果會影響學生等第排名、學期成績、日後升學、能否畢業、獎學金等，測驗分數高低與學生校內外學習表現評估有密切關係。

八 合題型範例 8

（出題者：黃絢質）

閱讀下文後，回答 4-6 題。

張老師任教於新園國小六年級。他覺得在規劃課程時，應該要

考量當下的教學環境、老師、學生以及課程內涵等多面向的需求，因地制宜地去調整、轉化出最適合在那個教學場域實施的課程方案。此外，張老師在課程設計上，強調教師與學生間、學生與學生間的溝通、對話過程，重視學生在彼此意見表述、價值澄清的來回歷程間所激盪出的學習火花。舉例而言，張老師在某堂社會課上，引導學生討論最近新聞討論度很高的安樂死議題。他讓學生隨機分組，形成支持安樂死與反對安樂死的正方團隊與反方團隊，讓學生在課堂上進行辯論，自己則擔任該辯論會的主席角色。

【題目】

4. 張老師對於課程實施的觀點，比較屬於那一種課程實施取向？
   (A) 忠實觀　　(B) 相互調適觀　　(C) 締造觀　　(D) 後設觀

5. 張老師帶領學生分組討論安樂死的議題，強調此課程運作中，學生與學生、老師與學生的互動歷程。請問這種偏向歷程模式的課程發展模式，具備那些特性？請列舉出兩項。

6. 張老師在社會課時，帶領學生討論安樂死的議題。請問張老師這種安排，是將安樂死的社會議題，融入那一種學校課程結構？
   (A) 非正式課程　　(B) 潛在課程　　(C) 正式課程　　(D) 空白課程。

【擬答參考】

4. (B)

5. (1) 適合討論、處理具爭議性的議題；適合讓學生自由表達意見。

   (2) 常以討論的方式探究議題；尊重學生在意見上的分歧；老師通常扮演討論會主席的角色。

6. (C)

九 綜合題型範例 9

閱讀下文後，回答 4-7 題。

林老師對於課堂中部分同學無法體會公共區域無障礙設施的重要性，因而向保健室借一輛輪椅讓同學體驗生理障礙者的不便，同學實際體驗後才知道無障礙設計的重要性，此外，老師為讓同學體會視覺障礙者的不便，利用早自修時間二人一組用布綁上眼睛，由同組同學協助環繞操場一圈，經由實際體驗，同學對於身心障礙同學有更佳的同理心，之後經由討論與心得分享，同學更有包容心與體會。

【題目】……………………………………………………………………………

4. 林老師採用的教學方面稱為何種教學法？所持的理由為何？

5. 此種教學方法主要源自於心理劇與社會劇，而影響此種教學法的主要學說為何種？

6. 林老師採用的體驗教學法是一真實的練習，此種真實練習的目標主要在於培養學生那種領域（類型）的目標？

7. 莫雷諾（Moreno）認為這種教學法隱含的動態角色行為有那二大特性，此二大特性分別為何？
   (A) 依賴性與可塑性　　(B) 自發性與創造性　　(C) 成長性與合作性
   (D) 系統性與對話性

【擬答參考】

4. A：（角色扮演法）

   B：老師於教育情境中，讓學生經由角色的扮演與討論，讓學生對不同角色有更深入的認識，學生能以他人角度看問題，培養其同理心，進而了解人際間的問題。

5. 米德的互動論。

6. 情意領域。

7. (B)

十 綜合題型範例 10

（出題者：顏欣怡）

閱讀下文後，回答 4-6 題。

趙老師近日公布班上同學的期中考成績，發現同學的反應不一，如小芬覺得一定是老師出的題目太難，才會導致自己考不及格，儘管全班只有小芬考不及格；而曉華則覺得自己的努力有了回報。小芬向曉華詢問其如何準備考試，曉華熱心地分享平時會一面讀書，並一面作筆記，且把類似的內容歸類在一起，此外，也會分析答錯的原因。

【題目】

4. 小芬覺得老師出題太難，才導致成績不及格，她可能無意識地用一種似乎理性的解釋，來掩飾其難以接受的結果，以降低內心的焦慮。請問根據精神分析的觀點，小芬的行為屬於何種心理防衛機轉？

(A) 合理化作用（Rationalization）　(B) 抵消作用（Undoing）

(C) 否認（Denial）　(D) 潛抑作用（Repression）

5. 根據溫納（Wenier）所提出的歸因理論，人們對行為成敗原因的分析可歸納為六個，分別為能力、努力、工作難度、運氣、身心狀況、其他。請問曉華的努力，在穩定向度、內外向度、控制向度上，分別為何？

(A) 穩定、內在、不可控　(B) 不穩定、內在、可控　(C) 穩定、外在、不可控　(D) 不穩定、外在、不可控

6. 曉華透過作筆記，及歸納整理內容，以掌握個人對自己認知歷程

的掌握、支配、監督、評價的歷程。請問此為何種學習策略？
(A) 過度學習　　(B) 整體學習法　　(C) 組織化策略　　(D) 後設認知策略

【擬答參考】

4. (A)

5. (B)

6. (D)

十一 綜合題型範例 11

（出題者：陳建銘）

4-6 題請根據各短文，回答問題。

【題目】

4. 李老師教學多年，愈發覺得學生的學習與人類「心靈特性」及「心智發展」最有關係，當他重新溫習教育哲學有關心靈學說的各種說法後，他覺得，心靈學說之於教育，就好像形上學之於哲學。

請問，李老師這樣的想法，比較符合《布盧姆（Bloom）教育目標分類學（2001 版）》認知過程中理解（Understand）的那個層次？

(A) 解釋（Interpreting）　　(B) 分類（Classifying）　　(C) 推斷（Inferring）　　(D) 說明（Explaining）

5. 李老師根據自身的教學經驗與閱讀有關心靈學說後，他認為各種學說都有其立論的依據，也都能與某些的現實狀況符合，例如：有一種心靈學說認為人類心靈天生有記憶、判斷、推理等等的能力，所以教育的過程中應該多著重在這些心理能力的訓練，就好像有些老師會讓幼童背誦四書五經，幼童不一定了解經文的意思，但是至少記憶能力被強化了。

請問，上述李老師的說法，比較符合那一種心靈學說？

(A) 心靈實體說　　(B) 心靈狀態說　　(C) 實驗主義心靈學說　　(D) 完形學派心靈學說

6. 對心靈學說深入研究後，李老師再一次研讀十二年國教新課綱，想了解新課綱背後對心靈學說的預設，李老師覺得新課綱與心靈學說比較有關係的理念是「探究」與「批判」，因為探究意指學生不斷地從問題探究中，解決問題的歷程，這就預設了心靈具有動態的特性。

根據此段的敘述，李老師應該認為十二年新課綱預設的心靈學說是下列那一個？

(A) 心靈實體說　　(B) 心靈狀態說　　(C) 實驗主義心靈學說　　(D) 完形學派心靈學說

【擬答參考】

4. (C)

5. (A)

6. (C)

 綜合題型範例 12

　　閱讀下文後，回答 4-6 題。

　　新冠疫情流行時，六年五班小強確診，當時法令規定班上有同學確診，全班採遠距教學，且導師與班上所有同學都要做 PCR，確認有無被染疫。班上許多學生聽到小強確診，又要去做 PCR，心中焦慮緊張，而小強也心想：「我完蛋了，會不會有同學因為我而染疫住院，變成重症而死掉，我不應該去表哥家裡玩，被表哥傳染。」全班 PCR 檢查結果，導師與同學都是陰性，並沒有同學被感染，小強得知後才比較心安。但小強又心想，下星期到校上課時會不會成為全班

指責對象，實體上課時，同學與小強心中事前所擔憂的完全不同。

【題目】………………………………………………………………………

4. 新冠疫情大流行時，很多同學的生活焦慮不安，擔心確診也擔心
家人有人染疫，此種現象最接近何種教育哲學觀點？

(A) 分析哲學　　(B) 進步主義　　(C) 存在主義　　(D) 重建主義

5. 從貝克（Beck）的觀點而言，小強的思考有認知扭曲的現象，此
種認知扭曲的類型最接近下列那一種？

(A) 過度的類化　　(B) 獨斷的推論　　(C) 二分化思考　　(D) 錯誤標籤化

6. 若是小強回到班級上課後，全班有同學指責或怪罪他，你是班級
導師會如何採取那些具體做法，讓同學能再與小強維持良好的同
儕關係？

【擬答參考】

4. (C)

5. (B)

6. (1) 藉由價值澄清法改變同學錯誤的認知，讓同學知道小強也不知
道自己已確診，更不想把疫情傳給同學。

(2) 機會教育：告知新冠病毒傳播速度很快，不會選擇對象，每個
人都有可能染疫，確診後只要就醫並好好休息，大多數感染者
都會復原。

(3) 若發現有個別同學排擠小強，再利用時間與這些同學對話並教
育學生。

十三 綜合題型範例 13

閱讀下文後，回答 4-6 題。

八年二班小明放學途中發生嚴重車禍後，變成短暫失語症，雖

聽得懂他人說的話但無法跟之前一樣完整的表述出來，因而只得暫時休學在家修養。小明是班上副班長，七年級時曾得過朗讀比賽第二名，導師一直無法相信小明無法言語表達的事實。由於暫時無法言語，小明常出現情緒不穩、焦慮並有自殺念頭，經老師及父母安慰輔導後，此念頭才消失，經由小明車禍事件，老師對班上同學再進行機會教育──交通安全的重要性。

【題目】

4. 小明的情況是大腦那個區域受到傷害導致？

(A) 額葉　(B) 顳葉　(C) 頂葉　(D) 枕葉

5. 林老師無法接受小明短暫失語症的事實，是屬於下列何種防衛機轉？

(A) 合理化　(B) 投射作用　(C) 否認作用　(D) 反向作用

6. 青少年自殺的警訊可從 FACT 來判斷預防，事先察覺減少意外事件發生是課堂管理首要目標，請簡述 FACT 的意涵。

【擬答參考】

4. (A)

5. (C)

6. FACT 意涵如下：

(1) 感覺（Feelings）：負向的想法、信念及低價值感。

(2) 行動或事件（Action or Events）：接觸或談論死亡相關事件並焦躁不安。

(3) 改變（Change）：人格、生活、學習及行為有很大變化（消極或冷漠）。

(4) 惡兆（Threats）：出現自我傷害的事情。

延伸閱讀

　　人們前腦中的「邊緣系統」（limbic system）主要掌管記憶、情緒及動機，主要構造有二個：1.杏仁核（amygdala）：掌管恐懼和攻擊情緒，功能受損無法察覺或辨識他人面部表情或情緒狀態，而作出適度的回應；2.海馬體：與學習及記憶有關，尤其是「事件記憶」（episodic memory），功能受損後對日後發生的事件完全無法記憶或將情節訊息儲存。腦神經系統整合的最複雜中心為大腦皮質，左右大腦各有四個葉：「額葉」（frontal lobe）、「頂葉」（parietal lobe）、「顳葉」（temporal lobe）、「枕葉」（occipital lobe）。

　　人腦主要包括後腦、中腦與前腦，前腦屬腦的最高層部分，是人腦中最複雜也最重要的神經中樞。前腦構造主要包括視丘、下視丘、邊緣系統（limbic system）及大腦皮質。邊緣系統和下視丘關係密切，邊緣系統主要包括杏仁核（amygdala）與海馬體（hippocampus）。杏仁核與情緒表現有關，掌管恐懼與攻擊情緒，杏仁核受損後，當事者無法明確辨認他人的面部表情與情緒感受；海馬體與學習及記憶（短期記憶、長期記憶與空間定位）有關，在事件記憶中扮演重要角色，海馬體受損後，當事者無法儲存記憶受傷後所經歷的事件（張春興，1991；賴惠德，2019）。

　　大腦（cerebrum）結構上由左右兩個大腦半球組成，是腦的最主要部分，腦的表層為「大腦皮質」（cerebral cortex），大腦皮質左半部擅長語言、分析及邏輯，與意識有關；右半部擅長空間、音樂、圖像，與潛意識有關。大腦一般分為額葉、頂葉、顳葉和枕葉四個腦葉（lobes），四個腦葉各自負責不同的功能（張春興，1991；賴惠德，2019）：

1. 額葉－語言區

　　與個體人格、情緒控管及社交功能有重要關聯，又稱為社交腦

（social brain），左半球額葉的布洛卡區（Broca's area）與人們語言表達能力有關，此區域受損會導致表達型失語症。

2. 頂葉－體覺區

處理輸入的感覺訊息，是個體軀體感覺區，為觸覺及身體感覺的重要腦區。

3. 顳葉－聽覺區

為聽覺的中樞，主要功能為對聽覺訊息的分析處理。左側區域顳葉的威尼克區（Wernicke's area）受損，會導致感覺型失語症（接受型失語症），症狀為聽得到他人聲音，但無法理解對方言語意義。

4. 枕葉－視覺區

主要功能為處理眼睛所接受的視覺訊息，此區域受損會導致視覺失認症，嚴重者會半盲或全盲。

十四 綜合題型範例 14

閱讀下文後，回答 4-6 題。

陳老師新學年擔任五年五班導師，常態編班完，陳老師查看班上同學的學籍輔導資料表，中年級導師對於幾位同學的行為表現書寫如下：

小明：常有高攻擊性出現，體適能佳、校慶運動會獲得年級 60 公尺、跳遠金牌，會欺凌同學行為或違抗教師權威，但同學認為他這種做法很「酷」。

大雄：觀點取替與自我控制行為差，常與人發生衝突、怪罪他人，有衝動傾向，會以攻擊手段來處理個人憤怒，同儕關係欠佳。

小強：班級適應大致良好，社交能力不輸其他同學，個性很害羞，但他自己不覺得孤單或有不快樂，也未有中高度的社交焦慮感。

小美：學業表現與社交能力皆好，能採用有效策略解決與同學間

的歧異或問題，同儕關係佳。

　　小雅：個性害羞且是退縮的，常是班上被期凌的受害者，不善
於與他人溝通，在同儕互動中總是退縮並有強烈社交焦慮，社交技巧
不佳。

【題目】

　　陳老師從受歡迎的條件判別，如何解讀小明、大雄、小強、小
美、小雅各是何種類型兒童？

(A) 受歡迎的利社會型兒童　　(B) 受歡迎的反社會型兒童　　(C) 被拒
絕的攻擊型兒童　　(D) 被拒絕的退縮型兒童　　(E) 有爭議的兒童
(F) 被忽視的兒童

【擬答參考】

小明：(B)、大雄：(C)、小強：(F)、小美：(A)、小雅 (D)。

延伸閱讀

　　從同學受歡迎程度與受歡迎條件面向，可將班級兒童類型分為四
大類（羅素貞等譯，2020）：

（一）受歡迎兒童

1. 受歡迎的利社會型兒童（popular prosocial children）

　　學業與社交能力皆好，能採用有效策略解決與同學間的歧異與問
題，同儕關係佳。

2. 受歡迎的反社會型兒童（popular antisocial children）

　　類型通常為高攻擊性男孩，體能佳、運動表現傑出，欺凌同學或
違抗成人權威的做法，被同學認為很「酷」。

（二）被拒絕兒童

1. 被拒絕的攻擊型兒童（rejectd aggressive children）

　　觀點取替與自我控制行為差，常誤解他人意圖，與人發生衝突、有衝動傾向，會以攻擊手段處理個人憤怒，同儕關係欠佳。

2. 被拒絕的退縮型兒童（rejectd withdrawn children）

　　個性害羞且退縮，常是被霸凌的受害者，不善於與他人溝通，在同儕互動中總是退縮並有強烈社交焦慮。

（三）有爭議的兒童（controversial children）

　　同時具有正、負向的行為特質，某些情境充滿敵意並違反規則，在其他情境中又有利社會行為，有朋友且滿意同儕關係。

（四）被忽視的兒童（neglected children）

　　適應大致良好，社交能力不輸他人，同儕認為他們很害羞，但他們自己不覺得孤單或不快樂，不像退縮型兒童有高度的社交焦慮感。

十五 綜合題型範例 15

　　閱讀下文後，回答 4-7 題。

　　上英課時，小明一直在折紙飛機，折好後就直接在課堂中試飛，任課林老師目睹後就告知小明，他那麼愛折紙飛機就折十隻送給老師，第一節下課時，小明折紙飛機折到厭煩；第二節上課時，小明一直於課堂中問老師為何要這麼多紙飛機，林老師均沒有理會只專心上課，小明見林老師都沒有回應就不再提問。

　　下課時，小明的學習單並沒有寫完，為了到走廊跟同學玩，也把學習單交出來，林老師發現後請同學叫小明回來補寫完才能出去玩耍，小明只好回到座位把學習單趕快補寫完（吳明隆，2021）。

【題目】

4. 林老師叫小明折紙飛機方法以改善小明課堂不專注學習的情形，林老師採用的方法在行為改變策略稱為下列何種方法？

(A) 飽足法　(B) 負增強法　(C) 系統減敏感療法　(D) 洪水療法

5. 林老師在處理小明課堂時不專注學習，故意亂提問之不當行為時，採用的對應方法為下列何種？

(A) 負增強法　(B) 忽視消弱法　(C) 祖母原則法　(D) 認知負載法

6. 下課前林老師看到小明沒有專心寫學習單，明確告知小明：「明天早自修時間若想要看課外書，下課前必須把學習單寫完並繳交給老師」，就行為主義論點而言，林老師採取的策略稱為何者？

(A) 任務強調法　(B) 系統減敏感療法　(C) 普立馬克原則　(D) 接近管理原則

7. 小明因學習單沒有寫完，林老師命令小明下課時不能跟其他同學一樣可自由活動，而是在座位上補寫完學習單，小明補寫完才能玩耍，就行為取向學習理論懲罰應用的教育心理學用語稱為何者？（　　　）。此專門用語的意涵為何，請簡要說明。

【擬答參考】

4. (A)

5. (B)

6 (C)

7. (反應代價)

反應代價指學生出現不當行為後，增強物類型（如自由活動時間、特權）的被剝奪或取消。

 綜合題型範例 16

根據表格呈現的量數說明，回答 4-6 題。

　　一個具有良好聚斂效度與區別效度的建構效度對應的多特質多方法矩陣摘要表如下：

測量方法		方法 1 （量表填答）		方法 2 （教師評定）	
	測得特質	利他行為	同理心	利他行為	同理心
方法 1 （量表填答）	利他行為	A			
	同理心	B	E		
方法 2 （教師評定）	利他行為	C	F	H	
	同理心	D	G	I	J

4. 信度係數值應是最高者有那些？為什麼？

5. 信度係數值應是最低者有那些？為什麼？

6. 何謂聚斂效度？何謂區別效度？

【擬答參考】

1. 信度係數值應是最高者有那些？

　　(A)、(E)、(H)、(H)

　　相同方法測量相同特質。

2. 信度係數值應是最低者有那些？

　　(D)、(F)

　　不同方法測量不同特質。

3. 聚斂效度與區別效度意涵如下：

　　「聚斂效度」又稱為「輻合效度」，表示的是對於相同心理特質或能力，不論採用何種的評量方法（如測驗、觀察評定），受試者所得到的分數或等第間應有很高的一致性。

　　「區別效度」又稱「區辨效度」，指的是當二份測驗測量不同的理

論建構或心理特質，二份測驗之測驗分數應有低度相關，或沒有相關。

十七 綜合題型範例 17

閱讀下文後，回答 4-8 題。

陳老師堅信教育是不好的要變好，好的要更好，學生各有專長，學習要進步就要勇於接受挑戰，最重要是自己是否已經盡力了，抱持與人競爭心態的同學很怕失敗，會怕同學嘲笑，不敢嘗試稍有難度的任務或作業。

為了讓學習更有效率，陳老師會將教材重組編排講授，並規劃有系統的教學程序，讓學生聽得懂，講得出，可以做；此外，陳老師常以讚美語鼓勵學生，很少使用處罰，因而陳老師教學與管教受到很多學生與家長的讚許。

【題目】……………………………………………………………

4. 陳老師堅信教育是不好的要變好，好的要更好，就教育定義而言，其定義指的是教育何種本質？

(A) 功能性　　(B) 規範性　　(C) 內涵性　　(D) 普遍性

5. 陳老師常以讚美語鼓勵學生，陳老師使用的是何種增強物？

(A) 物質性　　(B) 社會性　　(C) 活動性　　(D) 代幣增強

6. 陳老師所說的：「最重要是自己是否已經盡力了，抱持與人競爭心態的同學很怕失敗，會怕同學嘲笑，不敢嘗試稍有難度的任務或作業。」從目標取向而言，強調的是何種目標取向？

(A) 自我目標　　(B) 能力目標　　(C) 學習目標　　(D) 表現目標

7. 為了讓同學習更有效率，陳老師會將教材重組編排講授，並規劃有系統的教學程序，從認知負荷類型而言是在降低何種認知負荷？

(A) 內在認知負荷　　(B) 外在認知負荷　　(C) 內外在認知負荷

(D) 增生認知負荷

8. 請簡述影響學習者認知負荷的變因。

【擬答參考】

4. (B)

5. (B)

6. (C)

7. (B)

8. 影響變因：

　(1) 學習者先備經驗的有無。

　(2) 教材特性的關聯及難易度。

　(3) 教材組織編排的系統性。

十九 綜合題型範例 19

　　閱讀下文後，回答 4-6 題。

　　因應教育部教育重大政策的規劃與推動，啟大國民中學週三下午教師進修時段，特別邀請資訊管理專長的陳教授就《推動中小學數位學習精進方案》內容與實踐作一簡要講述。陳教授表示方案中的數位學習包括科技輔助自主學習、學生學習扶助、數位教學、遠距教學等應用方式。執行策略包括推動三個子計畫：數位內容充實計畫、行動載具與網路提升計畫及教育大數據分析計畫。計畫二之第 5 點為「精進數位教學與學習的實施，以培養學生數位學習素養本計畫的實施」，陳教授說要點中提及推展的「BYOD」及「THSD」活動是很好的構想。最後陳教授勉勵教師應具備資訊科技應用與載具運用的教學能力──數位教學能力的精進，因為數位內容與數位行動學習是教育脈動的變革之一，教師應勇於接受挑戰（改寫自教育部《推動中小

學數位學習精進方案》）。

4. 請簡述何謂 BYOD、何謂 THSD？

5. 方案中，教育部計畫補助行動載具的具體做法為何，請簡要說明。

6. 方案中，數位內容的充實包括發展學科與非典型課程，其中以非典型課程數位內容研發為優先，請簡述方案中之「非典型課程」指的是那些課程？

【擬答參考】

4. (1) BYOD（Bring You Own Device 的簡稱）指的是學生自攜載具到校上課學習。

(2) THSD（Take-Home Student Device 的簡稱）指的是學生攜帶載具回家自主學習。

5. 規劃優先補助中小學偏遠地區學校師生 1 人 1 台行動載具；非偏遠地區學校依據班級數以 6 班配發 1 台行動載具為主。

6. 非典型課程主要範疇為英語、本土語文及稀有師資課程。

二十 綜合題型範例 20

閱讀下文後，回答 4-6 題。

陳老師班上共有 28 位學生，單親或隔代教養學生共 10 位，新住民家庭學生有 5 位，第一次段考結束，陳老師自行統計雙親家庭與非雙親家庭（包含單親或隔代教養）二個群組分數的差異情況，陳老師以試算表統計分析結果，二個群體的平均數差距不大，但非雙親家庭群體學生間段考分數的個別差異較大，陳老師根據早期的教學場域實際經驗發現，單親或隔代教養學生群體的學習成就或學習表現平均較差，此種現況在今年的班級並沒有出現，段考成績第二名為單親家庭學生、第三名為新住民家庭學生。陳老師發現班上學生的溝通互動或分組活動學習，不會因家庭變因而有所影響。

4. 小明是隔代教養長大的學童，他常聽陳老師講教學經驗時，得知隔代教養群族學生的學習表現較差，因而考試前夕都有高度焦慮，很怕證實此種情況發生，結果小明每次的段考表現就真的低於實際的能力水平。此種現象稱為何者？請簡要說明。

5. 段考或定期考查屬於總結性評量，此種評量是一種高風險評量，命題必須原創，並根據雙向細目表出題，請簡述何謂雙向細目表？

6. 陳老師若想要跟別班教師表述班上學生家庭結構或家庭狀況的情況，以何種方式說明較適切？

【擬答參考】

4. 此種現象稱為刻板印象威脅，指的是個體知道他所屬群體的刻板印象，會感到焦慮，懼怕從個人身分驗證此刻板印象，結果造成學習表現低於個體的實際能力。

5. 雙向細目表指的是教學目標、教材內容（或學習內容）二個面向，若為紙筆測驗試題，教學目標認知歷程從低層次至高層次依序為記憶、理解、應用、分析、評鑑、創造；教材內容或學習內容即段考時的考試範圍或包含的單元。

6. 以人次及百分比說明雙親家庭、單親家庭、隔代教養與新住民家庭的分布情況，最為具體明確。

拾肆

範例題型舉例題

【範例題目 1】··

　　心理學家艾瑞克森認為 12 至 18 歲時期，最重要的發展任務與危機即「自我認同與角色混淆」，青少年在發展成更清楚穩定的自我認同前，會先經歷一段危機，自我認同是一個人對自己真實身分的感覺，包含自我同一性與連續性。Berzonsky 從「社會認知發展模式」，說明認同狀態與認同處理取向之間的關係，他將處理認同問題的取向歸納為三大類型：訊息取向（information-oriented）、規範取向（normative-oriented）、與擴散／逃避取向（diffuse/avoidant-oriented），請就這三大類型意涵加以說明（陳坤虎等，2005；陳貽婷、林彥希，2023）。

【擬答參考】

1. 訊息取向認同

　　為認同成功或認同未定者，個體會認同相關決定與解決個人問題，積極地探索、精緻化與利用自我關聯的訊息，他們會主動尋求、處理、評估、精緻化及使用與自我相關的訊息，並且願意試驗及修正自我認同。

2. 規範取向認同

　　為早閉型認同者，個體在面對自我認同議題時，多順從重要他人（如父母）與參照群體的觀點與設立的期待，受到養護照顧者很大影響。

3. 擴散／逃避取向認同

　　為認同迷失型者，特徵為直接地逃避個人問題與基本認同問題，表現拖延與盡可能延遲選擇逃避面對自我認同議題，對個人感受較具封閉性，容易受情緒影響。

延伸閱讀

奇克（Cheek）將自我認同類型分為三種，個人認同（personal identity）、社會認同（social identity）及集體認同（collective identity）（陳坤虎等，2005）：

1. 個人認同

以「私我意識」（private self private self-consciousness）為出發點，它反映個體私人或內在的心理傾向，及一種連續性與獨特性的感覺，它是個體經由獨特、真實的自我經驗所形塑而成，與個體的自我意識息息相關。

2. 社會認同

以「公我意識」（public self-consciousness）為出發點，是個人與周遭環境互動後所形塑的認同，它與公眾的印象及個人的社會角色有關，面向如個人聲譽、受歡迎度、印象整飭等等。

3. 集體認同

關注的焦點則在於納入個體之「重要他人或參考團體」的期待與規範，集體認同所涉的範圍和層面既廣且複雜，概念的測量較為困難。

【範例題目 2】⋯⋯⋯⋯⋯⋯⋯⋯⋯⋯⋯⋯⋯⋯⋯⋯⋯⋯⋯⋯⋯⋯⋯⋯⋯⋯⋯⋯

艾肯德（Elkind）認為青少年在認知發展歷程中，會產生一種極端的自我意識，他們會認為自己與眾不同並總是感受到他人的評價關注，從皮亞傑自我中心論的基礎上，認為青少年的自我中心現象是形式運思期階段思考能力擴張與自我中心的產物。青少年自我中心現象為假想觀眾與個人神話。此時，青少年自我中心的具體表現為何，請加以說明（徐楊楊，2019）。

【擬答參考】

1. 在關注自我形象的同時也會美化自己形象

　　青少年能夠區別自己與他人的想法，但卻無法區辨自己注意的焦點與他人注意的焦點之差異所在，因而常感覺時時刻刻有人關注自己。

2. 對於他人的言語或者行為更加的敏感

　　由於自我假想出觀眾，使得青少年有很高的自我心理敏感度，總是認為他人的行為言語都是針對自己，因而會產生不安情緒，於群體中渴望表現自己但是又不敢。

3. 愈來愈依賴身邊的人

　　隨著獨立意識與自我意識的增強發展，青少年可以逐步產生孤獨感，努力的想擺脫對成人的依賴，但又怕欠缺安全感，因而只得依賴夥伴好友。此時，若沒有家人陪伴與鼓勵，容易產生心理陰影。

4. 在面對挑戰時的盲目自信

　　遇到一些自認為有挑戰性的事情，表現出盲目的自信，以呼應內心的個人神話，導致了他們進行許多冒險行為，甚至是危險行為。

延伸閱讀

　　形式運思期的青少年由於思考能力的擴張，造成思考能力的自我設限與限制，使個體產生另類的自我中心現象，此種現象可能干擾青少年的思考判斷與正常生活，也和青少年犯罪行為有顯著相關。在教育場域中，幫助青少年降低自我中心現象的可行方案有以下二種（蘇建文等，2014）：

1. 角色取替能力的訓練

　　幫助個體站在他人的立場來考量事情或理解他人的觀點與感受，即設身處地的站在別人的立場，從對方的角度來察看周遭的事

物。此外，也可以採用角色扮演或角色訓練的方法來減低個體自我中心的現象。

2. 早期活動經驗的覺知

活動經驗包括工讀或參與各種服務活動或社團活動，這些活動可以增加個人社會化能力，促進人際互動及與他人溝通的機會，讓個體知悉如何不斷地轉換各種角色，以維持人際溝通的和諧，並了解不同文化背景者對事情的看法。

【範例題目 3】

美國佛羅里達州立大學凱勒（Keller）於 1970 年代末期提出 ARCS 動機設計模式，以教學設計之觀點加以探究動機理論，動機設計模式包含四大要素：「注意」（attention）、「關聯」（relevance）、「信心」（confidence）、「滿足」（satisfaction），教學過程中若有效運用此四個要素，可以激勵學生學習的動機。請簡述四要素於教學過程中對應的思考問題與教學策略為何？

【擬答參考】

ARCS 模式的動機四要素思考問題與對應的教學策略如下表：

要素／次類別（子概念）	教學過程中思考的問題	教學策略
注意 1. 喚起知覺 2. 促發探究 3. 用變化維持	1. 教師要如何能捕捉學生的興趣？ 2. 教師要如何激發學生探究的態度？ 3. 教師要如何維持學生的注意和興趣？	1. 用新奇、非預測的方式捕捉學生的注意。 2. 用奇特的問題促發學生的好奇心。 3. 變化教學方式或學習活動。

要素／次類別（子概念）	教學過程中思考的問題	教學策略
關聯 1. 目標導向 2. 動機配對 3. 相似過程	1. 教師要如何滿足學生的最佳需求？ 2. 教師如何讓教學與學生舊經驗（先備知識）產生關聯？ 3. 教師要如何與何時提供學生能做適當抉擇、負責任與自我訓練的表現機會？	1. 結合學生的先備經驗，提高學生對課程的熟悉度。 2. 藉著陳述教學與個人目標的相關性，以產生素材學習之實用性知覺。 3. 提供符合學生動機與價值學習機會，如自我學習或合作學習等。
信心 1. 學習的需求 2. 成功的機會 3. 個人可以掌控（操之在我）	1. 教師如何讓學生建立學習成功的正向期待感？ 2. 教師如何使學生知道哪些學習活動和經驗可協助其提高學習能力？ 3. 教師如何讓學生知道成功是奠基在自己的努力與能力上面？	1. 訂定明確的教學目標，協助學生創造正向的成功期望。 2. 提供學習者在適當的範圍內，可以自我調整個人的學習。 3. 提供學習者有機會成功地達到具有挑戰性的任務或目標。
滿足 1. 自然結果 2. 正向回饋 3. 維持公正	1. 教師如何提供有意義的機會讓學生可以應用新學習的知識／技能？ 2. 教師能提供哪些增強以鼓勵學生可以達到成功目標？ 3. 教師如何協助學生對成功創造正向積極的感覺？	1. 提供情境讓學生可以展現優勢智能。 2. 提供正向結果的增強行為，如社會性與物質性獎勵。 3. 安排的任務是多數學生都可以成功達成的，且任務性質要多元。

資料來源：王維君，2019，頁 35；Visser & Keller, 1990, p.470。

【範例題目 4】……………………………………………………………………

　　英國設計協會（Design Council）於 2005 年提出「雙鑽石設計流程」（the double diamond design process model, 4Ds）來引導學生更具設計思考能力，理論設計流程包含 4D。第一個菱形為尋找解決方案歷程，焦點在「尋找正確的問題」，包括 DISCOVER、DEFINE；第二個菱形為開發實行程序，重點在於「能滿足人類需求的答案」，包含 DEVELOP、DELIVER。請就上述 4D 階段的意涵加以說明（胡惠君，2018）。

【擬答參考】

　　雙鑽石設計流程中的 4D 為問題探究的四個階段：發現、定義、發展與傳遞，四個階段的意涵如下：

1. 發現（discover）階段

　　是一個問題探究的起始，透過擴散性思考，盡可能全面地認識和理解問題背景、研究者察覺要挑戰的問題是什麼，藉由對問題理解，迅速發現問題並知曉研究的需求。

2. 定義（define）階段

　　根據發現階段探索發現的問題論點蒐集資料，嘗試用不同方法來界定問題，並提出問題解決的可行性評估，再將問題聚焦在確定「要解決的問題」為何。

3. 發展（develop）階段

　　此階段透過腦力激盪、工作坊等方式發展、檢驗與重新定義多個潛在的問題解決方法。

4. 傳遞（deliver）階段

　　再次檢驗確認的一種可行解決方案，解決原先問題，並將結果與策略方法加以推廣。

【範例題目 5】⋯⋯⋯⋯⋯⋯⋯⋯⋯⋯⋯⋯⋯⋯⋯⋯⋯⋯⋯⋯⋯

　　個體的利社會行為（prosoical behavior）基本上會隨著孩童的發展，自我中心導向會減少，而他人導向會增加，利社會行為是一種有利於他人或群體的社會行為，它是一種正向的社會行為展現。艾森伯格（Eisenberg）等人以 7 歲至 17 歲的兒童為對象，分析受試者對故事的判斷，提出個體利社會行為判斷的五個時期，這五個時期為何，請加以說明（蘇建文等，2014）。

【擬答參考】

層次一：享樂與自我中心導向

　　學前與小學低年級學童以自我為中心，在對自己有利的狀態下才會幫助他人，正確的行為是滿足個人的需求。

層次二：他人需求導向

　　在他人有身體、物質與心理需求情況下才會協助他人，但表達時只用相當簡單的字詞。

層次三：刻板印象與尋求認同導向

　　以刻板印象中的好人、壞人及好壞行為作為幫助他人的依據；也考量到別人是否認同與讚許來表現利社會行為，如助人是好事等。

層次四：同理心導向與過渡時期

1. 同理心導向

　　個人判斷的準則為同情的反應、自己行為對別人所造成的結果。

2. 過渡時期導向

　　行為判斷包括內化的規範、價值與責任與對他權利及尊嚴的保護。

層次五：強烈價值內化導向

　　個體會展現利社會行為完全是基於強烈內化的道德標準，為過渡時期概念的強烈表達。

【範例題目 6】••

　　「攻擊行為」（aggressive behavior）是一種從生理上或心理上傷害他人而有意採取的行動，它是學生反社會行為的一種，就中小學教育場域而言，攻擊行為主要有那些類型？請加以說明（白惠芳等譯，2011；陳幗眉、洪福財，2018）。

【擬答參考】

　　中小學教育場域中，常見的攻擊行為有以下四種：

1. 工具性攻擊（又稱手段性攻擊）

　　當事者為之攻擊行為是有特定目的的，想要藉由攻擊行為滿足個人需求，獲得實質利益，如得到實質物品、獲得他人關注。

2. 敵意性攻擊（又稱挑釁性攻擊或蓄意型攻擊）

　　主動敵意性攻擊指當事者以干擾、破壞他人活動或行為為一種快樂，從攻擊行為本身獲得樂趣，目的就是在傷害他人，此種攻擊是一種「主動型攻擊」（proactive aggressive）。

3. 防衛性攻擊（反應型攻擊或自我保護性攻擊）

　　防衛性攻擊是個體在遭受外在威脅或他人侮辱後所激起的一種報復反擊行為，傷害別人是手段，防衛及保護自己是目的，此種攻擊是一種「反應型攻擊」（reactive aggressive）。

4. 關係性攻擊

　　當事者藉由各種行動或負向語言將對方排除於人群關係網絡中，讓對方的友誼及與同儕關係帶來不利影響，將對方孤立，持續故意的結果可能形成關係霸凌。

【範例題目 7】••

　　班級教室情境中，學生會因意見或看法不同而發生爭執或衝突，進而延伸為攻擊事件行為，若您是班級導師要採用何種策略或方

法，減低學生間衝突、促進同學間友善良好的同儕關係，進而減少班
級攻擊行為事件的發生（白惠芳等譯，2011）？

【擬答參考】

1. 多安排分組活動任務，提供學生互動機會

　　藉由分組合作的學習活動，促發學生社交知能，讓學生體會合
作、分享、觀點取替及衝突解決的技巧，並讓學生知道助人的重要。

2. 協助學生以正確有效的方式詮釋社交的情境

　　透過角色扮演、個人經驗的分享與討論、腦力激盪及針對社會認
知活動，讓學生對別人的意圖做出推論，並提出適當合理的對策，讓
學生知悉在不同情境狀態下如何展現自己。

3. 教導學生具體的社交技巧及演練實踐機會

　　教師藉由案例或場合給予學生清楚明確的口頭指示，遇到不同意
見時如何處理，並示範何種行為才是合宜行為的表現，學生演練時給
予具體的回饋意見。

4. 課室情境中指出同學適當行為並給予讚賞

　　教師能明確表揚學生適切或正向行為，有助於學生良好社交技巧
及好行為的表現。

5. 建立明確合理的班級規範並公平公正執行

　　教師除鼓勵適宜的社會行為外，對於攻擊、傷害他人或帶有偏見
的言語等不恰當的行為，要根據班規加以公正懲處，讓學生知道其行
為是錯誤且不被允許的。

【範例題目 8】

　　布魯納（Bruner）倡導認知結構學習論，強調教師的教學應仿效
蘇格拉底，鼓勵學生主動參與學習歷程，讓學生從事物中發現其原
理原則（布氏稱其為發現學習法），教學歷程要配合學生認知發展，

激勵學生從事直覺思考，以產生最大學習潛移。教學過程中，教師應掌握學生的內在動機，內在動機是學習最主要條件，根據布魯納的看法，內在學習動包括那四項？請加以說明（陳李綢，1992）。

【擬答參考】
　　布魯納認為教學者應重視學生內在動機，四種內在動機如下：
1. 好奇心（curiosity）
　　是個人一種心理滿足感，它是內在動機的原型，一般包括誘發、維持與指導三個步驟，新奇有趣的事象或活動可以有效引起學生注意力。
2. 勝任感（competence）
　　為個體與外界互動時，內在所具有的適切性、能力、精熟或技巧等表現的心理需求，強調的是學習者的責任感與獨立自主的行動，促發學習的自信心。
3. 認同感（identification）
　　以老師、父母或重要他人作為楷模，認同及內攝他們的價值意識，它是一種自我維持的內在規範，教師應提供學生自由思考的空間，以內化其價值意識，進而促發學習及認知。
4. 互惠感（reciprocity）
　　個體與生俱來的與他人交往、互動溝通，為完成共同目標而結合在一起的心理傾向，互惠感可促發學生與同儕合作學習及有效溝通能力，促進學習效果的提升。

【範例題目 9】
　　數位學習（Digital learning）是指學生能具備適切地數位素養並據以應用數位工具與資源、活用學習策略與教學者或同儕進行互動，以達成設定的學習目標及提升學習興趣。依據學生在數位學習歷

程中的主導性，可區分為教導式、協作式、自主式的三種不同型態數位學習，請就此三種型態意涵加以說明（教育部中小學數位教學指引2.0，2023）。

【擬答參考】

教導式、協作式、自主式型態數位學習的意涵如下：

1. 教導式的數位學習

數位學習以教師規劃的學習目標／任務、內容、方法、評量等為主；學生在教師教導下運用數位工具或資源進行聆聽、模仿或練習等依據步驟完成學習任務。例如：依據示範或指派作業，學生透過數位平臺或是透過數位載具（如平板）進行文本閱讀、習題演練與學習評量。

2. 協作式的數位學習

學生與教師協作，學生參與學習設計，在學習歷程中，經由提問、對話、督導、教練等，師生互為學習夥伴。例如：由在開放性任務或問題中，透過數位科技輔助合作學習，學生小組合作討論、分享、互動、解決問題，並且透過小組自評與回饋提升學習成效等。

3. 自主式的數位學習

學生主導學習，由學生決定學習主題／問題，設定學習目標、策略與進程，搜尋與管理資源，依需求選用數位工具與平臺，進行學習與自我評估及調整，以達成所設定的學習目標。

【範例題目 10】

中小學教學場域中，教師常會採取「合作學習」（cooperative learning），合作學習符合建構主義精神，經由各小組成員間的合作、對話與協商，完成教師指定的任務。學生小組成就區分法（STAD）、小組協作教學法（TAI）、拼圖法 I（II）都是合作學習

的一種。如果你是任課教師，在實施「合作學習」時應把握那些原則或策略，才能突顯合作學習的精神？

【擬答參考】

課堂實施「合作學習」時應把握的原則如下：

1. 讓全班知悉合作學習目的

教師採用全班授課方式，明確說明節課的學習任務、目標準則，任務目標須以分組合作學習方式達成。

2. 採用異質性的隨機分組

各小組人數依任務的困難度而定，分組時宜採用異質性分組，座位編排可適用於同學面對面討論方式。

3. 告知合作學習任務主題

教師明確說明學習的任務主題與學習評量方法，讓各組都知道學習目標與合作學習要完成的任務。

4. 巡視各組組內學習情況

教師巡視各組內共學與討論情況，配合評量檢核組員學習與參與態度，引導學生如何解決遭遇的困難。

5. 各組展示分享作品成果

各組展示完成的作品，或展示達成的任務目標，讓他組提問或修正，以發揮組間互學分享的目標。

6. 教師導學與學習評量

給予學生正向回饋與鼓勵，根據原先訂定的評量準則進行各組與成員的成績評定，給予增強獎賞，並提出積極建設性的建議。

【範例題目 11】

「強韌知識」（robust knowledge）為每個教學技巧所能達到的一般學習目標，強韌知識的架構包括知識―學習―教學（knowledge

–learning–instruction [KLI]），強韌知識的三個關鍵特徵為「深層」（deep）、「連結」（connected）與「連貫」（coherent），請就上述三個關鍵特徵知識的意涵加以說明（Richey & Nokes-Malach, 2015）。

【擬答參考】

1. 深層知識（Deep knowledge）

　　指了解與解決問題所需關係知識與批評性知能，允許專家識別原則與根據原則發展解決策略，促發進一步工作的策略。

2. 連結知識（Connected knowledge）

　　將資訊分離片段進行彼此聯結，找出抽象原則到特定問題的特徵，連結程序的概念以讓產生的程序性知識更有彈性，幫忙學習者更能有效校正錯誤，應用程序技能於新奇情境，策略地修改步驟以克服障礙。

3. 連貫知識（Coherent knowledge）

　　亦即一致而沒有矛盾的知識，矛盾的知識是不正確知識，迷思概念與缺乏深層了解就會產生矛盾知識，藉由對新資訊的導引注意與已有知識架構的一致性，連貫知識影響專家的教學精進行為。

延伸閱讀

　　新手和專家之間的行為以及假設的知識結構比較表（Richey & Nokes-Malach, 2015, p.186）。

■ 新手和專家之間的行為以及假設的知識結構比較表

新手	專家
特徵	特徵
1. 較為表面：問題編碼通常包括表面或膚淺的特徵，這些特徵對於理解問題並不是很關鍵。 2. 無條理的：關於概念的知識是沒有關聯的，且新資訊與先前（先備）知識也沒有聯繫。 3. 不一致的：知識包含矛盾，並且可能包含強烈的錯誤觀念。	1. 較有深度：編碼通常包含解決和理解問題所需的關鍵特徵。 2. 有關聯的：在問題解決的各個步驟之間，領域內以及跨領域的問題或概念之間，知識是互相連結的，是有關聯的。 3. 連貫性的：知識是一致的，沒有矛盾。
整體評估	整體評估
1. 感知方面：著重在問題的顯著表面特徵。 2. 記憶方面：記憶力受到工作記憶容量的限制，也容易受到記憶編碼[1]和檢索錯誤[2]的影響。 3. 解決問題方面：使用領域通用方法（例如：手段—目的分析、嘗試錯誤法以及從目標出發的逆向工作方法）來解決新問題。容易出錯、解決問題時間長且效能不一致。 4. 知識遷移部分：基於表面細節不易變更的知識，限制了遷移至具有相同表面細節的相似問題。	1. 感知方面：著重於問題的結構和概念特徵。 2. 記憶方面：能夠回想起很多領域內相關資料的關鍵細節。 3. 解決問題方面：能使用前瞻性工作策略以及許多領域特定的推理策略和特定問題類型的方法。準確度高、解決問題時間短且對解決一般例行問題的效能一致。 4. 知識遷移部分：靈活變通的知識，幫助遷移到領域裡新的問題。

註解：

1. 記憶編碼：資訊需要重複或排練才能讓人們記住。例如：當有人想到他們最喜歡的歌曲時，他們可能會逐句跟著唱。這種回憶是因為多次聲音重複已經編碼了記憶。

2. 檢索錯誤：無法檢索儲存在記憶中的信息，例如：某個字或名字就在舌尖，但想不起來。

【範例題目 12】⋯⋯⋯⋯⋯⋯⋯⋯⋯⋯⋯⋯⋯⋯⋯⋯⋯⋯⋯⋯⋯⋯⋯⋯⋯⋯⋯⋯

　　認知發展論的代表學者皮亞傑，將人們的認知發展分成四個階段，感覺動作期、前運思期、具體運思期與形式運思期；此外，皮亞傑認為影響人們認知發展的變因有四種，請問這四種因素為何（陳李綢，1992）？

【擬答參考】

1. 成熟

　　個體隨著年齡增長、生理變化，基因與外在環境交互作用，使個人的內分泌及神經系統產生變化，影響了認知發展。

2. 經驗

　　個體透過成就與經驗（身體－物理經驗與邏輯－數學經驗），導致生理、心理與身體變化，此種變化順序首為身體動作發展，次為心理動作發展，最後個人將身體動作轉化為思考活動。

3. 社會傳遞

　　兒童經由與他人交互作用之溝通及語言能力的發展，讓個人從自我中心想法轉換為非自我中心觀點，進而培養出其道德認知及人際關係的價值觀念。

4. 平衡作用

　　個體由於認知結構與外在環境交互作用時，產生不平衡，經由動態及自我適應之同化與調適歷程維持平衡，使個人的認知結構產生有機連結，拓展個人的認知結構，促進認知的發展。

【範例題目 13】⋯⋯⋯⋯⋯⋯⋯⋯⋯⋯⋯⋯⋯⋯⋯⋯⋯⋯⋯⋯⋯⋯⋯⋯⋯⋯⋯⋯

　　認知結構學習論簡稱「認知結構論」（cognitive structure theory）是認知學習論中的一種理論，布魯納（J. S. Bruner）為認知學習論的代表學者，在教育過程中強調學生的主動探索，倡導發現學

習論，布魯納認為教育場域中，教師的教學設計要把握四個原則，此四個原則為何，請加以說明（張春興，1994）。

【擬答參考】

1. 動機原則

　　教材難易必須適切，太難會有失敗感，太容易會缺少成就感，利用兒童的好奇與好勝驅力編排教材，讓兒童喜愛學習、願意學習，進而提升其內在的動機。

2. 結構原則

　　教師教學時必須配合學生經驗與學習心理，將教授教材加以有效組織，較佳的教學方法是由具體到抽象，由動作表徵到符號表徵，不同教材宜採用不同的方式教學。

3. 順序原則

　　順序有二種意涵，一為配合學生準備度、二為配合兒童智力發展順序，教學之教材難度與邏輯上的前後次序，必須針對學生的心智發展水平與表徵方式做編排，讓學生前後經驗或新舊經驗可以銜接，產生正向遷移，依此原則編製的教材為螺旋課程。

4. 增強原則

　　指教師的教學要能激發學生主動的、自發的精神，學生因好奇而活動，因活動而滿足，如此活動就產生了增強作用，要讓學生於學習情境中主動發現原則而獲得知識，教師須先將學習情境與教材性質，解說清楚、明確。

【範例題目 14】……………………………………………………

　　認知發展論研究潮流中，皮亞傑（Piaget）與布魯納（Bruner）都強調認知發展的階段及認知的結構發展，二人所提之認知發展論

有相同也有相異之處，請就二者認知發展論的異同點加以說明（陳李綱，1992）。

【擬答參考】

（一）相同點

1. 均強調認知之歷程有一定順序的發展階段：皮亞傑將兒童認知發展分爲感覺動作、前運思期、具體運思期與形式運思期四期；布魯納則分爲動作表徵、圖像表徵、符號表徵三期。動作表徵期近似皮氏之感覺動作期；符號表徵期與皮氏之形式運思期相當。

2. 均強調認知發展階段具有階層統整性特徵：二者均認爲認知發展階段的後期也包含之前的認知能力，較高階層的認知發展能力將統合或具有較低層的認知發展能力，此爲階層統整性，如布氏之符號表徵期也具備動作及影像表徵期的認知能力。

3. 均強調認知結構改變爲質的不同非量改變：二人均認爲個人的認知發展能力是質的整體改變，而不是量的增加，因而認知發展的評估與測量要著重在質的分析而非統計量數的解釋。

4. 均強調兒童期動作發展影響未來認知發展：皮氏認爲兒童認知展階段的關係是一種不變的順序，階段演進一定是循序漸進，階段不能跳躍，兒童動作發展不佳會影響日後其他階段的發展；布氏認爲兒童都從行動中獲得經驗，產生認知作用，早期發展的技巧及動作，影響到認知發展。

（二）相異處

1. 皮氏從自然發展觀點支持學習準備度，強調發展重於學習；布氏則較傾向於從引導發展論觀點支持加速學習。

2. 皮氏認爲認知成長與學習準備度是自然成熟的結果；布氏則認

為認知成長與學習準備度是教導出來的，教師若消極等待學
習準備度的程度才施教，是一種教育浪費。

3. 皮氏重視成熟及自然本質，兒童認知發展未達某一水準，教
師不可踰越教學；布氏則認為環境、教育重於成熟，藉由外在
教育力量引導學童學習。

延伸閱讀

■ 皮亞傑認知發展階段特徵

期別	年齡	基模功能特徵
感覺動作期	0-2 歲	1. 憑感覺與動作以發揮個人基模的功能 2. 由本能性的反射到目的性的活動 3. 對物體的認識具備物體恆存性概念
前運思期	2-7 歲	1. 能使用語言表達概念，但有自我中心傾向 2. 能使用意象表示實物，意象可能為再生或猜測 3. 能直接推理但無法考量事物全貌，未具因果觀念 4. 缺乏守恆與不可逆性的思維能力
具體運思期	7-11 歲	1. 能依據具體經驗進行思維以解決問題 2. 能理解可逆性（包含逆性與互換性）邏輯 3. 能理解守恆性的道理 4. 智力活動具有靈活性
形式運思期	11 歲以上	1. 能進行抽象的思維，具有反射性思考能力 2. 具有演繹推理能力，能按假設驗證的科學法則以解決問題 3. 具有命題的心理運作能力，能按形式邏輯法則思考問題

■ 布魯納認知表徵三個階段

階段	特徵
動作表徵	指 3 歲以下幼兒靠動作來認識了解周圍的世界，即靠動作來獲得知識，「做中學」為此階段的經驗，兒童經由做及看他人做什麼而學習，此表徵期近似皮亞傑的感覺動作期。
影像表徵／圖像表徵	指兒童經由對物體知覺留在記憶中的心象，或靠照片圖形等獲得知識，兒童知覺的事務類似照片或實物，「觀察中學」為此階段的經驗，此表徵期近似皮亞傑的具體運思期。
符號表徵／象徵表徵	指運用符號、語言或文字等抽象化符號來了解事物，「由思考中學」為此階段的經驗，此表徵期近似皮亞傑的形式運思期。

資料來源：張春興，1994，頁 90；陳李綢，1992，頁 48。

【範例題目 15】

從文化人類學的觀點而言，涵化（acculturation）、濡化（enculturation）和社會化（socialization）是三個描述人們如何在文化與社會環境中成長及發展的概念。三個概念各自有特定的涵義，請就三個概念意涵加以說明，並就其意涵列舉一個教育實例。

【擬答參考】

1. 涵化

指個人或群體在接觸到不同文化後，逐漸認同與採用該文化的特徵、習俗和行為模式的過程。涵化情況通常發生在移民、跨文化交流或多元文化社會中。涵化可以是雙向的，即兩個文化群體互相影響和改變。在學校裡有些弱勢族群的學生正在學習優勢族群的文化，另一種情況是教室內的學生正在學習一種優勢卻又陌生的異國文化。

實例：一個美國留學的臺灣學生，他可能會開始適應和採用一些

美國的生活方式和價值觀，如飲食習慣、語言使用等。

2. 濡化

　　指個人在成長過程中，藉由與周圍社會成員間的互動，自然而然地學習和內化自己文化的特徵、習俗、價值觀、宗教信仰與思想意識等，此為從小在一個文化環境脈絡中成長的一個自然過程。教育是一種濡化的形式，是人們學習自身文化的過程，當此一過程發生在正式的教育環境裡，則稱之為學校教育。

　　實例：一個在美國出生長大的孩子，透過與家人、老師和同儕的互動，學會了英文，養成遵守西方的社會禮儀和價值觀。

3. 社會化

　　是指個人透過與社會互動，學習並適應社會規範、角色和行為模式的過程，社會化不僅限於文化，還包括學習如何在特定的社會環境中扮演各種角色。功能論學者帕深思（Parsons）非常重視家庭與學校的社會化功能，經由社會化，一個社會的成員即可擁有一組共通的信念、知識與價值，以凝聚成員的共識。

　　實例：一位新進教師進入學校職場後，透過同事與行政人員的指導，認同了學校文化、學會了學校的工作行政流程和團隊合作的方式。

【範例題目 16】⋯⋯⋯⋯⋯⋯⋯⋯⋯⋯⋯⋯⋯⋯⋯⋯⋯⋯⋯⋯⋯⋯⋯

　　星期日小明班上有位同學與媽媽回外婆家探視外婆，回程途中，媽媽的車被後面的大卡車輛追撞，小明同學不幸往生，隔天同學上課得知這個消息後都十分難過，如果你是這個班級的導師，會對班級學生進行那種輔導策略？

【擬答參考】

在學校的預防輔導工作，分成三種層次，分別是初級預防、次級預防以及三級預防。三個層次的預防工作各自有其內涵、功能上的差異。而針對題目小明同學不幸往生的哀傷失落事件，也依據上面三種層次依序做回答：

（一）初級預防：主要是在預防學生問題發生，增進學生的適應能力、心理強度。重點在預防。假如我是小明班上的導師，我所進行的輔導策略會以初級預防為主，主要是提升個人及環境的支持度。分成以下幾個方向來進行：

1. 首先在知道事件發生的當下，通報相關行政單位，因此屬於哀傷失落事件又是每天朝夕相處的同班同學，同學及老師受到的衝擊想必非常大。故需要聯繫輔導室一起關懷受到影響最大的親近朋友、玩伴、左右鄰居等。

2. 在課堂上，進行相關討論及追思。導師帶領全班同學一同追思、分享、討論跟小明互動的點點滴滴以及心中的不捨，一同面對心中的不捨、難過，並且在過程中提供支持網絡及相關資訊。

3. 對異常舉動的學生能保持敏銳，留意學生日常生活作息的改變或是班級行為的改變，適時提供轉介二級輔導，以及早提供相關協助。

4. 針對追思活動，可以透過班級內部的摺紙鶴紀念追思活動、寫紀念小卡等等，透過實際的活動，共同讓情感在不斷的儀式化行為中逐漸追思懷念、撫平傷痛。

（二）次級預防：主要是預防問題惡化，及早介入解決問題。導師在知悉的當下即通知校內相關行政單位，進行相關資源的介入。聯繫輔導室，可以尋求專任輔導教師的協助進行班級輔導，評估班上學生受到影響的程度，藉此篩選出高風險學生進行更

進一步的個別輔導或是團體輔導。專輔教師透過關心真誠的協助，對高危險群學生進行篩檢，評估所需的輔導處遇。而導師在這個階段也持續跟校內教務、學務、輔導處室保持聯繫，持續對班上同學給予支持與關懷。

（三）三級預防：主要是預防功能退化，預防更重大的傷害。而如果學生受影響程度很大，身心狀況還是持續惡化，沒有改善的徵兆時。例如：持續性的懊悔、生氣、自責，甚至失眠、想要去找小明等負面想法時，此時，可以考慮轉介三級輔導資源介入。導師在這個階段除了持續關懷、跟學生進行討論幫助舒緩悲傷情緒，另一方面也同時跟輔導處室密切討論，留意學生身心狀況的改變程度。而三級輔導網絡的介入有社區資源網路、醫療資源、各縣市政府的學生輔導諮商中心等。根據學生的情況，提供相對應的資源協助學生，避免更加惡化。

【範例題目 17】⋯⋯⋯⋯⋯⋯⋯⋯⋯⋯⋯⋯⋯⋯⋯⋯⋯⋯⋯⋯⋯⋯

　　七年級的小強常因小事跟班上同學發生爭執吵架，同學都很討厭他，分組活動學習時，大家都不喜愛跟小強分在同一組，若你是班級導師會如何輔導小強與班上同學，請分別加以說明。

【擬答參考】

　　根據美國心理學家 Hall 提過，青少年期譬喻為個人生命階段中的狂飆期，在這個階段，個體的身體意象、生理發展、心理發展都有了急遽的變化。而 Cooley 提出的鏡中自我理論，更是提到我們透過跟他人不斷的互動，接收到他人的反應，來建立自我意識與身分認同。而這個在青少年身上更是明顯的反應出來，青少年在這個階段正在歷經身分認同對角色混淆的階段，人際關係轉移到同儕關係上，不穩定的身體、心理發展，更是加劇在國高中時期，處理人際關係的複

雜及困難度。

　　如果我是小強的導師，我會有以下幾個輔導措施來協助小強與班上同學：

1. 導師會開門見山的去說明今天這堂課的目的。導師將最近在班上看到的事件、情況儘量用客觀的方式簡單說明，說明的重點要持續強調是要跟大家討論如何面對解決最近持續發生的糾紛事件，告訴班上同學，學校以及導師都很重視這個事件，彼此包容適應相處。也要留意班上同學避免陷入批鬥大會，持續提醒分享的同學要講的是自己的感受及當下的想法，而非單純的抱怨、指責。

2. 處理過程中，不管是小強的想法以及班上同學的想法，都需要同時有被聽到的機會，導師也持續給予建設性、同理支持的回應，導師避免特別偏袒那一邊，適時溫暖回應，給予支持接納，引導學生思考如果自己是對方的話，可能會有什麼感受，學習同理他人的處境，並做一個小統整。

3. 跟同學討論有什麼樣的因應方式、行動計畫的發展。導師可以跟同學一起集思廣益，討論在不同的事件衝突可以怎麼回應，提供一些人際互動策略。例如：討論一些人際互動的原則，當遇到自己不喜歡的人事物情境時，可以不用主動回應或招惹對方，減少雙方感受到威脅、防衛的情緒，淡化處理；不過度評價對方，也不要隨便取綽號或是私底下針對對方的行為、外貌做太多討論；另外針對彼此不合拍的行動，不要太過於放大處理，可以選擇不回應對方。

4. 提醒同學可以彼此包容、接納，嘗試建立跟對方擁有正向、開心的共同話題，了解對方在想什麼，有時候彼此的誤解就在不斷的溝通中，慢慢化解開來了。另外也練習轉移注意力、調節情緒的方法，例如：找朋友聊天、打掃環境、暫時離開現場、深呼吸等，來舒緩自己的情緒。如果真的累積太久的情緒，持續沒有改善，就要找導師、或是輔導室討論解決。

拾伍

生成式 AI 創建題

以下範例題目及擬答參考由生成式 AI 創建，經筆者修改增補。

【範例題目 1】⋯⋯⋯⋯⋯⋯⋯⋯⋯⋯⋯⋯⋯⋯⋯⋯⋯⋯⋯⋯⋯⋯⋯⋯⋯

神經科學的研究有許多實徵發現，這些研究發現有共同之點，神經科學是行為科學的尖端，它一直提供人們認知拼圖的新拼圖片，請列舉神經科學學者同意的共同發現觀點。這些神經科學共同發現對中小學教育的啟示為何，請列舉說明。

【擬答參考】
（一）神經科學學者同意的共同發現觀點
1. 大腦具有可塑性

大腦的神經連結，在一生中會持續改變，稱為神經可塑性（Neuroplasticity），經驗、學習和環境文化都能影響神經網路的改變，特別是在兒童和青少年時期。
2. 大腦功能區域化

雖然大腦是高度整合的，但不同區域專門負責不同的功能。例如：額葉負責執行功能和決策，頂葉處理感覺訊息，枕葉則與視覺處理有關。兒童與青少年的認知成就是一種領域特定的。
3. 多感官整合促進學習

大腦同時處理來自多個感官的資訊，並將其整合以形成完整的理解。多感官刺激能加強記憶和學習效果，因為它們激發了多個大腦區域。
（二）對教育的啟示
1. 促進多感官教學法

大腦能通過多感官整合來加強學習效果，教師應在教學中融入視覺、聽覺、觸覺等多感官刺激，以助於學生更全面地理解學習內

容，並增強記憶的持久性。

2. 支持差異化教學

大腦的可塑性意味著學生的學習會因個體經驗和環境而有所不同，教師應根據學生的不同需求來調整教學方法，提供個別化的學習體驗，如差異化教學、彈性調整學習進度、運用多元評量等。

3. 設計適齡學習活動

大腦功能的區域化與不同發展階段的大腦能力相關，教師應考慮學生在不同年齡階段的大腦發展特點，設計與之相呼應的學習活動，如對於年幼的學生，著重基礎感知和運動技能的培養；對於較年長的學生，則可強調高階認知能力的培養。

4. 創造積極學習的環境

神經可塑性明確指出積極和支持性的學習環境能夠促進大腦的健康發展，教師應創造一個鼓勵探索、容錯、並能激發好奇心的課堂環境，以提升學生的學習動機和自信心。

5. 持續學習與反思

大腦在整個生命週期中都在發展，教師應鼓勵學生養成終身學習的習慣，這不僅符合大腦的可塑性特點，還有助於學生在快速變動的社會中持續成長，此外，教師也應保持對教學策略的反思和改進，以不斷適應新的教育挑戰。

【範例題目 2】⋯⋯⋯⋯⋯⋯⋯⋯⋯⋯⋯⋯⋯⋯⋯⋯⋯⋯⋯⋯⋯⋯⋯⋯⋯

神經科學的研究有許多實徵發現，這些研究發現有共同之點，若要將神經科學的研究應用到中小學教育場域，教師應注意那些事項，請條列說明。

【擬答參考】

將神經科學應用於中小學教育時，教師應注意的事項：

1. 避免神經神話

教師應警惕過度簡化或錯誤解讀神經科學研究，以免陷入「神經神話」迷思，如「只用到大腦的 10%」等錯誤觀念，確保教育策略基於科學實證。

2. 尊重個別差異

理解每位學生的大腦發展與學習方式皆有獨特性，教師應採取差異化教學策略，滿足不同學生的學習需求與式態，促進全面發展。

3. 強調多感官學習

神經科學證明，多感官參與能增強學習效果。教師應設計結合視覺、聽覺、觸覺等多種感官的教學活動，提升學生的學習體驗。

4. 營造良好環境

大腦的學習受環境影響，教師應創造安全、支持性和刺激性的學習環境，鼓勵學生積極參與，增強學習動機。

5. 結合腦發展階段

了解學生在不同年齡階段的大腦發展特點，教師應調整教學內容和方法，確保教學與學生的認知發展相呼應。

【範例題目 3】

請說明梅西克（Samuel J. Messick）提出之統一效度理論（unified validity theory／或稱效度整體觀）的內涵？此效度理論對中小學學習評量的啟示為何，請條列式各列舉三點加以說明。

【擬答參考】

梅西克認為效度應被視為一個整體性概念，而非單獨的一種測量特性。

（一）統一效度理論的主要內涵

1. 效度是多重證據的整合與整體性之評估：效度不僅僅是測量結果的信度或內容效度，而且是要考慮各種證據，包括測量工具的內容、內在結構、結果的效應和測量過程的公平性等。

2. 效度關注測量結果的後果、解釋與使用：統一效度理論強調，效度的評估不僅在於測量工具的設計是否合理，更重要的是測量結果的解釋是否正確，使用是否合宜。

3. 重視倫理和社會影響與評量工具公平性：Messick 認為，效度不僅是一個技術問題，還涉及倫理和社會正義。測量結果的使用必須考慮其對受測者及社會的潛在影響。

（二）統一效度理論對中小學學習評量的啟示

1. 整體性評估：教師在設計評量時，應綜合考慮多種效度證據，如內容效度、建構效度和效標效度，以確保評量能全面反映學生的學習情況，不能以單一測驗結果作為學習表現的指標。

2. 重視結果的解釋和應用：教師應謹慎解釋評量結果，避免片面或不當使用，確保評量結果能夠準確反映學生的實際能力，並合理應用於教學決策中。要考量評量結果對學生的潛在影響，避免因評量而產生負面結果，如標籤化或不公平的學業對待。

3. 考量社會公平性：在中小學評量中，應特別注意評量工具的公平性，避免任何形式的偏見，確保所有學生都能在公平的條件下被評估，以促進教育機會的均等。

【範例題目 4】⋯⋯⋯⋯⋯⋯⋯⋯⋯⋯⋯⋯⋯⋯⋯⋯⋯⋯⋯⋯⋯⋯⋯⋯⋯⋯⋯

　　拉康（J. Lacan）提出「鏡像階段」（Mirror Stage），認為構成了人們生活世界的三個動力因素為「想像」、「象徵」與「現實」，鏡像階段是嬰兒生活史的關鍵時期與重要轉折，它是每個人自我認同

初步形成的時期。鏡像階段的三個階段意涵為何？此理論對於中小學教育場域的班級經營或教學活動有何啟示，請條列說明。

【擬答參考】

（一）鏡像階段

1. 鏡像階段：拉康認為，嬰兒在 6 到 18 個月大時，會認識到鏡中的影像作為「自我」。這個鏡中的影像成為孩子形成自我認同的基礎，雖然這個「自我」只是個虛幻的統一體。

2. 自我與他者：在這個階段，孩子開始區分「自我」與「他者」。他們會認為鏡中的影像是「完整的自己」，雖然內心仍然充滿了矛盾與分裂。

3. 象徵秩序：當孩子進入語言和社會規範的「象徵秩序」（symbolic order），他們會試圖追求這種鏡像中的「完整性」，這往往導致個人內在的焦慮和不滿，因為現實中無法達到這種完美。

（二）對於中小學教育場域的啟示

1. 自我認同的發展：理解學生在不同年齡階段如何形成自我認同，尤其是早期的鏡像階段，能幫助教師在班級經營中更有效地支持學生的心理發展。老師可以設計活動來幫助學生更適切地認識自我，避免過度依賴外在的認同。

2. 團體動力與自我映射：學生在學校中經常會將他人（如同儕好友）當作「鏡子」來認識自己。教師應該創造一個支持性和包容的環境，幫助學生正面地與他人互動，避免他們在比較中感到焦慮或自卑。

3. 象徵秩序的作用：了解拉康的象徵秩序概念，可以幫助教師在教學中設計規則和活動，這些規則和活動不僅是行為控制工具，更是學生理解社會規範和語言系統的途徑。這可以促進

學生的社會化過程。

4. 多元的自我表達途徑：教師可以在教學活動中融入不同形式的自我表達（如藝術、寫作、表演等），幫助學生探索並理解自我的多樣性，而不僅僅依賴於單一的「鏡像」認知。

5. 心理支持與干預：對於那些在自我認同或群體中感到迷失的學生，拉康的理論提醒教師重視心理支持的必要性，提供個性化的輔導或資源，幫助學生應對自我認同中的困境。

【範例題目 5】

解釋學派之社會學家庫理（C. Cooley）提出「鏡中自我」（looking glass self）理論，此理論的意涵為何？「鏡中自我」理論對於中小學教育場域的班級經營或教學活動有何啟示，請條列說明。

【擬答參考】

（一）庫理「鏡中自我」理論意涵

1. 自我反映：庫理認為，我們的自我概念是通過他人的反應來形成的。我們觀察他人如何看待我們，並以此作為鏡子來塑造我們的自我形象。

2. 他人的判斷：我們會假設他人對我們的行為和形象作出評價，這種想像的評價影響了我們對自我的看法。

3. 情感反應：我們對他人所想像的評價會產生情感反應（如自豪、羞愧），這進一步影響了我們的自我概念和行為。

（二）「鏡中自我」理論對於中小學教育場域的啟示

1. 關注學生的社會認知發展：教師應該了解學生如何透過同儕和教師的反饋來形成自我概念，並鼓勵積極正面的互動，讓學生感受到被接納和認可。

2. 培養積極的班級學習氛圍：創造一個支持性和積極的班級環

境，使學生能夠在相互尊重和支持的氛圍中發展自我，避免因負面的社會反饋而產生不良的自我形象。

3. 促進自我反思與正向認知：教師可以設計活動讓學生反思他人對自己的看法，並討論這些看法對自我概念的影響，幫助學生建立適切的自我認知。

4. 調整反饋方式給予正面評價：在給予學生反饋時，教師應該注意用語和態度，避免不必要的負面評價，因為這些評價可能會影響學生的自我形象。

5. 鼓勵同儕互動接納良性建議：教師可以促進積極的同儕互動，例如小組合作學習，讓學生在彼此的反饋中得到成長，並學會如何給予和接受建設性的批評。

6. 針對不同學生的個性化支持：理解每個學生可能對社會反饋的敏感程度不同，教師應提供個性化的支持，特別是對那些容易受到他人評價影響的學生，幫助他們建立強大的自我概念。

【範例題目 6】

中小學教師在班級經營的歷程中常遇到不理性的家長（或稱恐龍家長），家長動不動就要告老師，造成老師班級經營的困擾，如果你是班級導師，碰到此類型的家長，老師要如何因應，以營造雙贏結果？

【擬答參考 1】

1. 保持冷靜與專業

在面對情緒激動的家長時，教師應保持冷靜和專業，不與家長發生衝突，顯示出穩重和可靠的態度。

2. 及時溝通與傾聽

及時與家長進行有效的溝通，傾聽家長的訴求和感受，表達理解

和共情，避免問題的積累和惡化。

3. 清晰表達與記錄

　　在溝通中，清晰表達學校規定和管理原則，並詳細記錄溝通內容和過程，保存相關文件和證據。

4. 尋求學校支持

　　遇到無法自行解決的問題時，及時向學校管理層尋求支持，利用學校資源如法律顧問和輔導員協助解決問題。

5. 建立合作關係

　　努力與家長建立合作關係，讓家長參與到學生的教育過程中，增強合作和理解，改變家長錯誤認知。

6. 提供解決方案

　　在溝通過程中，積極尋找並提供解決方案，顯示教師解決問題的誠意，增強家長的信任和支持。

　　透過這些策略，教師可以在面對不理性家長時保持冷靜和專業，並透過有效的溝通和合作，達到雙贏的結果。

【範例題目 7】

　　教育哲學之存在主義強調個人的主體性，共同的教育哲學觀為我在故我思，存在主義對於中小學教師的課室管理或教學活動有何啟示，請加以條列說明。

【擬答參考】

1. 培養個體主體性

　　尊重學生的獨特性，避免標籤化，創造安全環境供學生自由表達。設計活動探索自我，鼓勵學生思考「我是誰」，幫助形成自我認知。

2. 重視自主與選擇權

　　提供學生決策機會，讓他們參與課堂規劃與選擇學習資源。學生設定個人目標，對自己的學習負責，進而培養責任感。

3. 強調批判性思維

　　教導學生提出有建設性的問題，鼓勵獨立思考與形成個人觀點。透過開放性問題引導深度思考，幫助學生反思學習與實踐應用。

4. 連結生活與情感

　　將學習與生活經驗結合，設計真實問題情境供學生解決。關注學生情感需求，幫助他們學會情緒管理，創造安全的學習環境。

5. 培養應對不確定性

　　教導學生面對不確定性並保持積極態度，提供應對變化的策略。鼓勵學生嘗試新事物，並從困難中尋找成長機會。

6. 重視成長與關係

　　採用多元評量方式，重視個人進步而非比較。以真誠互動建立信任，鼓勵開放對話與尊重不同觀點。

【範例題目 8】

　　班級情境布置屬境教之一，就課程型態而言，它是一種潛在課程，此種課程對學生情意、態度都會有所影響，因而班級教室布置或情境規劃十分重要，在布置或規劃方面應把握那些原則，請加以說明。

【擬答參考】

1. 安全舒適的學習環境

　　確保教室布置安全無害，避免尖銳或易碎物品，提供良好的通風和照明，讓學生在健康舒適的空間中學習。

2. 整潔有序與美觀設計

　　保持教室整潔有序，方便物品取用和歸還。運用色彩與布局提升美感，營造吸引人的學習環境。

3. 靈活適應的功能布置

　　設計多功能空間，能根據不同教學需求靈活調整，支持多樣化學習活動，快速轉換以適應不同的課堂活動。

4. 具教育性與文化包容

　　展示學生作品和學習資料，增強學習興趣。反映文化多樣性，讓學生感受到尊重，提升歸屬感與文化自豪感。

5. 互動參與的學習角

　　設計互動性展示區，鼓勵學生參與。讓學生參與布置過程，增強主人翁意識，更加愛護學習環境。

6. 實用且功能性強

　　布置應實用且具功能性，避免過度裝飾，確保不浪費空間且不干擾正常教學活動。

【範例題目 9】……………………………………………………………………

　　教育心理學中主要的動機理論有那些，請加以說明？動機理論對中小學教育場域之教師有何啟示，請簡要說出你的看法。

【擬答參考】

　　以下是教育心理學中主要的動機理論及其對中小學教師的啟示：

1. 馬斯洛需求層次理論

　　說明：馬斯洛提出人類需求分為生理、安全、社交、尊重和自我實現五個層次。

　　啟示：教師應關注學生的基本需求，創造安全友善的學習環境，並鼓勵學生追求更高層次的需求。

2. 期望價值理論

　　說明：學習動機取決於成功的期望和任務的價值。

　　啟示：教師應協助學生建立成功的期望，並強調學習內容的實用性和重要性。

3. 自我決定理論

　　說明：強調自主性、勝任感和歸屬感對內在動機的重要性。

　　啟示：教師應給予學生適度的選擇權，提供適切的挑戰，並營造班級歸屬感。

4. 目標設定理論

　　說明：具體、可衡量、有挑戰性但可達成的目標能提高動機。

　　啟示：教師應指導學生設定合適的學習目標，並提供達成目標的策略和回饋。

5. 歸因理論

　　說明：個體對成功或失敗原因的解釋會影響未來的動機。

　　啟示：教師應引導學生將成功歸因於努力和策略，將失敗視為學習機會。

【範例題目 10】

　　教育心理學之動機理論中的自我決定理論（Self-Determination Theory, SDT）強調自主性、勝任感和歸屬感對學習者內在動機的重要性，這三個向度完整意涵為何？三個向度對於教師之課堂管理或教學活動有何啟示，請加以說明。

【擬答參考】

　　自我決定理論中的三個核心心理需求：自主性、勝任感和歸屬感，對於激發學習者的內在動機具有關鍵作用。

1. 自主性（Autonomy）

自主性指個體感覺到自己是行為的主導者。學習者需要感受到行為來自內在選擇而非外部壓力。啟示包括：

- 提供選擇：讓學生在學習任務中有選擇的空間。
- 解釋理由：說明學習內容或規則的重要性。
- 承認感受：接納學生在面對挑戰時的負面情緒。
- 使用非控制性語言：多用建議性語言，避免命令式指示。

2. 勝任感（Competence）

勝任感是指個體對完成任務的能力感到自信。學生需要在挑戰中感受到效能感。啟示包括：

- 提供適度挑戰：設計難度適中的學習任務。
- 給予具體回饋：提供及時、具體的回饋幫助學生進步。
- 強調成長思維：鼓勵學生相信努力能提升能力。
- 教授學習策略：幫助學生掌握有效的學習方法。

3. 歸屬感（Relatedness）

歸屬感指個體感到被他人接納，與他人建立良好聯繫。啟示包括：

- 營造包容氛圍：創建尊重每位學生的班級環境。
- 促進合作學習：通過小組活動增強學生間的互動。
- 建立師生關係：關心學生並理解其需求。
- 鼓勵參與：讓每位學生都有表現自我和貢獻的機會。

參考文獻

一、中文部分

丁儀馨（2012）。從認知負荷理論談學習障礙學生之教學設計。國小特殊教育，41，41-48。

方永泉（2011）。批判教育學新近的發展及爭議－兼論 Gur-Ze'ev 的「反向教育」觀念，市北教育學刊，40，55-82。

方永泉（2006）。批判取向教育哲學的發展、議題及展望。載於李錦旭、王慧蘭（主編）：批判教育學—臺灣的探索（23-57 頁）。臺北市：心理。

方德隆（譯）（2004a）。課程基礎理論。臺北市：高等教育。

方德隆（譯）（2004b）。課程發展與設計。臺北市：高等教育。

王文科（2007）。課程與教學論（第七版）。臺北市：五南。

王維君（2019）。起心動念齊樂樂——以 ARCS 動機模式探討音樂劇場通識課程設計及大學生的學習成效。大學教學實務與研究學刊，3(2)，31-70。

白惠芳等譯（2011）。教育心理學（J. E. Ormrod 原著）。臺北市：洪葉。

行政院公報（2021）。修正「十二年國民基本教育課程綱要總綱」。27(46)，教育科技文化篇。

余民寧（2011）。教育測驗與評量—成就測驗與教學評量。臺北市：心理。

吳明隆（2019）。班級經營—理論與實務。臺北市：五南。

吳明隆（2021）。學習評量精要 75 講。臺北市：五南。

吳明隆（2023）。班級經營理論與實務精要。臺北市：五南。

吳明隆、陳明珠、方朝郁（2019）。教育概論：教育理念與實務初探。臺北市：五南。

吳明隆、蘇素美（2020）。發展與適性輔導概論。臺北市：五南。

吳瓊洳（2008）。台灣青少年次文化之實踐形貌與解讀。台灣教育，653，52-56。

呂美慧（2012）。多元文化教育。國家教育研究院教育大辭書。

李崇建（2017）。薩提爾的對話練習：以好奇的姿態，理解你的內在冰山，探索自己，連結他人。臺北市：天下雜誌股份有限公司。

李涵鈺、陳麗華（2005）。社會重建主義及其對課程研究的影響初探。課程與教學季刊，8(4)，35-56。

周新富（2018）。教育社會學。臺北市：五南。

林佩璇、李俊湖、詹惠雪（2018）。差異化教學。臺北市：五南。

林昱貞（2002）。批判教育學在臺灣：發展與困境。教育研究集刊，48(4)，1-25。

邱兆偉（主編）（2010）。教育哲學。臺北市：師大書苑。

侯秋玲（譯）（2022）。整合運用差異化教學和重理解的課程設計（Tomlinson, C. A. & McTighe, J 原著）。臺北市：心理。

姚經政、林呈彥（2016）。STEM 教育應用於機器人教學—以 6E 教學模式結合差異化教學。科技與人力教育季刊，3(1)，53-75。

洪有義（1986）。價值澄清法。臺北市：心理。

洪儷瑜、陳聖謨（2019）主編。跨年級教學的實踐與眺望。臺北市：心理。

胡惠君（2018）。4Ds 教學方法於農鄉服務設計之課程實踐。大學教學實務與研究學刊，2(1)，79-106。

徐宗林（1988）。西洋教育思想史。臺北市：文景。

徐楊楊（2019）。利用青少年自我中心主義促進有效教學。China Science & Technology Journal Database，15，175-176（簡體字版）。

張文哲（譯）（2018）。教育心理學（R. E. Slavin 原著）。臺北市：學富。

張秀雄（2000）。價值澄清。國家教育研究院教育大辭書。

張欣戊（等譯）（2010）。發展心理學（上冊）（D. R. Shaffer & K. Kipp 原著）。臺北市：學富。

張建成（2000）。社會測量分析法。教育大辭書。

張春興（1991）。現代心理學——現代人研究自身問題的科學。臺北市：東華。

張春興（1994）。教育心理學——三化取向的理論與實務。臺北市：東華。

張映芬、程炳林（2015）。國中生自我決定動機、目標導向與動機涉入之關係。教育心理學報，2015，46(4)，541-564。

張素貞（2019）。新課綱的實踐與對話。教育部國民及學前教育署。

張清濱（2018）。教學理論與方法。臺北市：心理。

梁雲霞、陳淑麗（2019）。跨年級教學實務手冊。取自 https://cirn.moe.edu.tw/Upload/NEWS/636857625376487296.pdf。

莊明貞（2001）。當前台灣課程重建的可能性：　個批判教育學的觀點。國立臺北師範學院學報，14，141-162。

許舜賢（2015）。青少年中途輟學相關因素之探討臺灣教育評論月刊，4(8)，161-178。

陳木金、黎珈伶（無日期）。曼陀羅思考法對精進學習策略的啟示。取自 https://

ctld.ntu.edu.tw/fd/teaching_resource/page1-1_detail.php?bgid=&gid=18&nid=293。

陳玉蒼、楊政郎（2021）。專業課程全英語授課導入 CLIL 的實踐與成效。DOI：10.6852/JCBM.202112_6(1).05

陳志銘（2012）。問題導向學習。國家教育研究院之圖書館學與資訊科學大辭典。

陳李綢（1992）。認知發展與輔導。臺北市：心理。

陳坤虎、雷庚玲、吳英璋（2005）。不同階段青少年之自我認同內容及危機探索之發展差異。中華心理學刊，47(3)，249-268。

陳奎憙、高強華、張鐸嚴（1998）。教育社會學。臺北縣：國立空中大學。

陳奎伯、顏思瑜（譯）（2009）。教育心理學—為行動而反思。臺北市：雙葉。

陳宥儒等譯（2010）。教育心理學（R. J. Sternberg & W. M. Williams 原著）。臺北市：華騰。

陳茂雄（2020）。薩提爾的自我覺察練習：學會了，就能突破內在盲點，達成人生目標。臺北市：天下雜誌股份有限公司。

陳迺臣（1990）。教育哲學。臺北市：心理。

陳偉仁、楊婷雅（2020）。素養導向課程設計：「設計本位學習」的應用。雲嘉特教，32，10-23。

陳國泰（2016）。社會重建主義的課程設計：以社會性科學議題（SSI）為例。國民教育學報，13，1-20。

陳國泰（2018）。提升中小學教師的 TPACK 之有效策略。臺灣教育評論月刊7(1)，227-235。

陳貽婷、林彥希（2023）。青少年的自我認同危機。彰化護理醫護論述，9月，15-18。

陳幗眉、洪福財（2018）。兒童發展與輔導。臺北市：五南。

陸偉明（主編）（2020）。補救教學理論與應用。臺北市：心理。

單文經（2002）。現代與後現代課程論爭之平議師大學報：教育類，47(2)，123-141。

湯梓辰等譯（2010）。教育心理學：教室之窗（P. Eggen & D. Kauchak 原著）。臺北市：華騰。

黃文定（2011）。跨越都會多重邊界：從 H. A. Giroux 邊界教育學探究後塗鴉文化在課程與教學上的意涵。課程與教學季刊，14(3)，1-26。

黃光雄（主編）（2004）。教學原理。臺北市：師大書苑。

黃聿芝（2008）。P. Freire 批判教育學對於教師角色的啟示。東海教育評論 2008，

1，1-16。

黃德祥（等譯）（2006）。青少年心理學。臺北市：心理。

楊育儀、陳秀芬（2018）。從自我決定理論探究社經弱勢大學生之生涯決定。當
　　代教育研究季刊，26(3)，1-33。

溫明麗（等譯）（2005）。教育心理學－教育的行動研究（Parsons R. D 等原
　　著）。臺北市：洪葉文化。

葉學志（1988）。教育哲學：臺北市：三民。

詹棟樑（1988）。精神科學的教育思潮。載於中國教育學會主編：現代教育思潮
　　（頁 159-200）。臺北市：師大師苑。

蒲逸悧、吳國誠（2020）。學科內容及語言整合學習在健康與體育領域應用研
　　究。教育研究與實踐學刊，67(1)，65-86。

歐陽教（1991）。教育哲學導論。臺北市：文景。

歐陽教（主編）（2004）。教育概論。臺北市：師大書苑。

潘奕叡、吳明隆（2016）。翻轉教室的理論與實務。臺北市：五南。

蔡文山（2003）。後現代主義思潮對台灣當前課程改革的影響與啟示。臺中師院
　　學報，17(2)，113-130。

賴光眞（2017）。課程實施觀點新論。臺灣教育評論月刊，6(11)，35-40。

賴惠德（2019）。心理學－認知、情緒、行為。臺北市：雙葉。

謝廣全、謝佳懿（2016）。學習評量：概念與應用。高雄市：麗文。

鍾榮進（2014）。學科教學知識之呈現－以一位國小社會領域教師為例，新竹教
　　育大學教育學報，31(1)，1-46。

鍾鴻銘（2019）。W. W. Charters 課程理論探究：兼論 Charters 與 Bobbitt 課程理論
　　的異同。課程與教學季刊，22(3)，99-122。

簡成熙（譯）（2018）。教育哲學導論（G. R. Knight 原著）。臺北市：五南。

羅郁晴（2016）。以自我決定論探討成人閱讀動機、態度及行為之研究。國立臺
　　灣師範大學圖書資訊學研究所碩士學位論文。

羅素貞等譯（2020）。教育心理學（A. Woolfok 原著）。臺北市：華騰。

譚光鼎（2018）。教育社會學。臺北市：學富。

蘇建文等（2014）。發展心理學。臺北市：心理。

二、英文部分

Deci, E. L, & Ryan, R. M.(2008). Self-determination theory: A macrotheory of human motivation development, and health. *Canadian Psychology, 49*(3), 182-185.

Doll, W. E. (1993). A Post-modern perspective on curriculum. New York: Teacher College Press.

Hyry-Beihammer, E. K., & Hascher, T. (2015). Multi-grade teaching practices in Austrian and Finnish primary schools. *International Journal of Educational Research, 74*, 104-113.

Mishra, P., & Koehler, M. J. (2006). Technological pedagogical con- tent knowledge: A framework for teacher knowledge. *Teachers College Record, 108*(6), 1017- 1054.

Ornstein, A. C., & Hunkins, F. P. (1998). Curriculum foundations, principles and issues(3rd ed). Boston: Allyn & Bacon.

Richey, J. E. & Nokes-Malach, T. J. (2015). Comparing four instructional techniques for promoting robust knowledge. Educational Psycholgy Review, 27, 181–218.

Ryan, R. M. & Deci, E. L. (2002). Overview of self-determination theory: An organismic dialectical erspective. Handbook of self-determination research. Rochester, NY:University of Rochester Press, 3-33.

Visser, J., & Keller, J. M. (1990). The clinical use of motivational messages: An inquiry into the validity of the ARCS model of motivational design. Instruction Science, 19, 467-500.

Woolfoil, A. (2011). Educational psychology(11th ed.). Boston: Pearson Education Inc.

Woolfolk, A. (2011).Educational psychology(11th ed.). Boston: Allyn & Bacon.

Woolfolk, A. (2019).Educational psychology(14th ed.). Boston: Allyn & Bacon.

附錄 113 年度教師資格考試答案卷樣式及作答注意事項（取自教師資格考試網站）

113 年度教師資格考試答案卷樣式及作答注意事項皆有修改，考生必須於指定作答區內作答。

國語文能力測驗答案卷正面之作答注意事項說明為：

作答注意事項：

一、請核對准考證與答案卷上之號碼是否相符。

二、不可使用擦擦筆，限用黑色或藍色墨水的筆，由左而右由上而下橫式書寫。

三、不可揭露足以辨識自己姓名或就讀師培學校之相關資訊，或做任何與作答無關之文字符號。

四、無須抄題，各題型作答內容均不得超出該題型作答區。「綜合題」應書寫題號後依序作答，未依規定作答影響掃描區塊或評閱，後果由考生自行負責，不得提出異議。

五、如因違反用筆或其他作答規定，致評閱人員無法辨識答案，後果由考生自行負責，不得提出異議。

六、答案卷使用以一張為限，請撙節使用，不可另外加紙，並請勿折毀答案卷影響評閱。

答案卷第一頁（正面）為綜合題作答區，考生要在題號欄書寫題號，型態為 23 個直欄、29 個橫列。考生填答時之作答注意事項：

1. 綜合題作答區在正面，不可跨區作答。

2. 綜合題要先寫題號再作答。題號要寫在題號欄，答題內容寫在綜合題作答區。

3. 寫作作答區在背面，不可跨區作答。

113年度高級中等以下學校及幼兒園教師資格考試
答案卷

作答注意事項：
一、請核對准考證與答案卷上之號碼是否相同。
二、不可使用擦擦筆，限用黑色或藍色墨水的筆，由左向右由上而下橫式書寫。
三、不可揭露足以辨識自己姓名及與測驗相關學校之相關資訊，或做任何與作答無關之文字符號。
四、應順序作答，各題作答內容均不得超越自題號作答區。「綜合題」應書寫題號依序作答，未依規定作答將酌予扣分，後果由考生自行負責，不得提出異議。
五、如因違反上開事及其他作答規定，致評閱人員無法辨識答案，造成由所列答案無由喪失評閱。
六、答案卷限使用以一整頁，請橫寫使用，不可夾附紙款，且應列於紙張答案卷號暨評閱。

題號	綜合題作答區（請寫題號後再開始作答）

（綜合題作答區到此結束，寫作請由下往上翻面，由背面開始作答）

　　第二頁（反面）為寫作作答區，作答紙格子為 25 個直欄、36 個橫列，可書寫的文字數共 25×36 = 900 個。

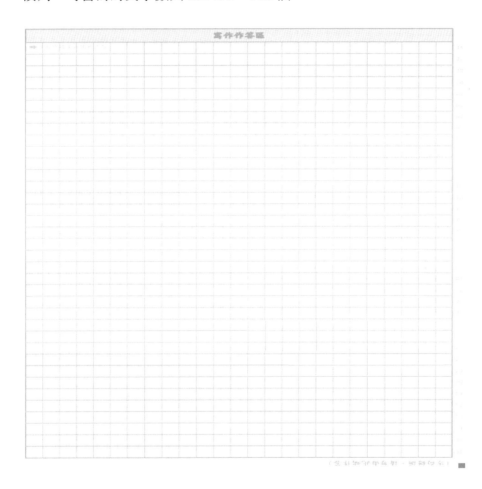

　　教育專業科目答案卷正面的作答說明為：

作答注意事項：

一、請核對准考證與答案卷上之號碼是否相符。

二、不可使用擦擦筆，限用黑色或藍色墨水的筆，由左而右由上而下橫式書寫。

三、不可揭露足以辨識自己姓名或就讀師培學校之相關資訊，或做任

何與作答無關之文字符號。

四、無須抄題，各題型作答內容均不得超出該題型作答區。「非選擇題」須依照答案卷所標定之題號作答區內作答，不可擅自更改題號，未依規定作答者，該題不予計分。「綜合題」應書寫題號後依序作答，未依規定作答影響掃描區塊或評閱，後果由考生自行負責，不得提出異議。

五、如因違反用筆或其他作答規定，致評閱人員無法辨識答案，後果由考生自行負責，不得提出異議。

六、答案卷使用以一張為限，請撙節使用，不可另外加紙，並請勿折毀答案卷影響評閱。

教育專業科目非選擇題作答注意事項規定：

1. 非選擇題作答區在正面，不可跨題跨區作答。

2. 非選擇題要依據題號作答。如第二題作答內容寫在題號 2. 的非選擇題作答區。

3. 綜合題作答區在背面，不可跨區作答。

4. 綜合題要先寫題號再作答。題號要寫在題號欄，答題內容寫在綜合題作答區。

第一頁（正面）非選擇題作答區（問答題）共有 27 個橫列，每一題只能書寫 9 個橫列，各答書寫作答區域只限各題號對應的 9 個橫列空間內。作答時都無須抄題，各題型作答內容均不得超出該題型作答區。

113年度高級中等以下學校及幼兒園教師資格考試
答案卷

作答注意事項：
一、請核對準考證號與答案卷上之號碼是否相符。
二、不可使用擦擦筆，需用黑色或藍色墨水的筆，由左向右由上向下橫式書寫。
三、不可揭露自己姓名及畢業或就讀學校之相關資訊，或與任何與作答無關之文字符號。
四、**無論何題，各題作答內容均不得自該題題作答區。「非選擇題」須依照答案卷所規定之題號作答區內作答，不可跨自更改題號，未依規定作答者，結果不予計分。「綜合題」，應書寫題號後依序作答，未依規定作答影響評閱結果或評閱，後果由考生自行負責，不得提出異議。**
五、如因違反用筆及其他作答規定，校評閱人員無法辨識答案，後果由考生自行負責，不得提出異議。
六、答案卷使用以一張為限，請擦勿使用，不可另外加紙，且請勿折毀答案卷影響評閱。

題號	非選擇題作答區（一律依照題號作答）	
1.	▶	01
		02
		03
		04
		05
		06
		07
		08
		09
2.	▶	10
		11
		12
		13
		14
		15
		16
		17
		18
3.	▶	19
		20
		21
		22
		23
		24
		25
		26
		27

（非選擇題作答區到此結束，綜合題請由下往上翻面，由背面開始作答）

第二頁（反面）為綜合題作答區域，考生必須先於題號欄內書寫題號再於對應的橫列開始作答，可作答橫列數為 35 個橫列。

題號	綜合題作答區（請寫題號後再開始作答）	
		01
		02
		03
		04
		05
		06
		07
		08
		09
		10
		11
		12
		13
		14
		15
		16
		17
		18
		19
		20
		21
		22
		23
		24
		25
		26
		27
		28
		29
		30
		31
		32
		33
		34
		35

國家圖書館出版品預行編目資料

教師資格考試：專業科目建構反應素養導
　向試題作答祕笈／吳明隆著. ——三版.
　——臺北市：五南圖書出版股份有限公司，
　2025.01
　面；　公分
　ISBN 978-626-393-851-9（平裝）

1.CST: 教師專業資格

522.1　　　　　　　　　　113015631

1I3Z

教師資格考試
專業科目建構反應素養導向試題作答祕笈

作　　　者 — 吳明隆

編輯主編 — 黃文瓊

責任編輯 — 李敏華

封面設計 — 姚孝慈

出 版 者 — 五南圖書出版股份有限公司

發 行 人 — 楊榮川

總 經 理 — 楊士清

總 編 輯 — 楊秀麗

地　　　址：106臺北市大安區和平東路二段339號4樓

電　　　話：(02)2705-5066　　傳　　真：(02)2706-6100

網　　　址：https://www.wunan.com.tw

電子郵件：wunan@wunan.com.tw

劃撥帳號：01068953

戶　　　名：五南圖書出版股份有限公司

法律顧問　林勝安律師

出版日期　2021年4月初版一刷
　　　　　2024年2月二版一刷
　　　　　2025年1月三版一刷

定　　　價　新臺幣500元

經典永恆・名著常在

五十週年的獻禮——經典名著文庫

五南，五十年了，半個世紀，人生旅程的一大半，走過來了。

思索著，邁向百年的未來歷程，能為知識界、文化學術界作些什麼？

在速食文化的生態下，有什麼值得讓人雋永品味的？

歷代經典・當今名著，經過時間的洗禮，千錘百鍊，流傳至今，光芒耀人；

不僅使我們能領悟前人的智慧，同時也增深加廣我們思考的深度與視野。

我們決心投入巨資，有計畫的系統梳選，成立「經典名著文庫」，

希望收入古今中外思想性的、充滿睿智與獨見的經典、名著。

這是一項理想性的、永續性的巨大出版工程。

不在意讀者的眾寡，只考慮它的學術價值，力求完整展現先哲思想的軌跡；

為知識界開啟一片智慧之窗，營造一座百花綻放的世界文明公園，

任君遨遊、取菁吸蜜、嘉惠學子！